任性出版

覺醒父母的育兒地圖

父母給子女的最棒禮物，
不是無私的愛，而是「**劃清界線**」，
讓他不論幾歲，
都能獨立思考、勇敢逐夢。

《紐約時報》暢銷書《覺醒父母》作者
喜法莉・薩貝瑞（Dr. Shefali）——著
朱家鴻——譯

The Parenting Map

我期許本書能讓家長都明白一個道理：子女從來都不是我們的所有物，也不該受我們控制、管理或搓圓捏扁。孩子是禮物，他們降臨到你家只有一個目的——在你的內心激起一場革命。

希望我們都能牢記在心，並讓他們自由發展。

我的孩子……

你的難過是我最大的痛，
你的勝利是我最大的樂。
這世上最叫我心煩的，是你的吵鬧；
最令我絕望的，是你轉身的背影。

你帶給我的情緒，我過去從未感受過，
撫養你長大，是獨一無二的體驗。
這世上所有的旅程，缺了你都索然無味；
這世上所有的冒險，都比不上見證你長大。

孩子，我親愛的孩子，你是我的導師，
因為你，我學會不帶控制的愛，
學會放下占有的照顧，
也學會在教養你之前，先教育自己。

在你散發的生命之光面前，我感覺自己好渺小；

但你因我而誕生，我認為自己該無所不能。
你有一顆廣袤無垠的心，
你有不可限量的潛力。

我什麼都不能給你，
因為你的心中有一顆太陽，
它散發的光彩耀眼奪目，
它不知道疲倦，蘊含無窮的力量。

我是孕育你並給你健康的人，
但你才是賦予我生命的那個人。
如果沒有你，我怎麼可能從蒙昧中醒來，
所以說，為我找回靈魂的人，是你。

目錄

各界讚譽

喜法莉博士在《覺醒父母的育兒地圖》中，大方分享了自己與客戶交流後獲得的智慧和見解，並將其編纂成一部輕鬆、易讀又頗具啟發性的實用指南，讓家長在日常生活中，實踐覺醒育兒的技巧。

——嘉柏・麥特（Gabor Maté），《紐約時報》暢銷書《正常的迷思》（*The Myth of Normal*，中文書名暫譯）作者

喜法莉博士再次推出一本顛覆常規的作品。這本育兒指南包含詳細的步驟說明，目的是為了造福所有希望了解自覺式育兒法的讀者。你可以按照《覺醒父母的育兒地圖》提出的建議，打破世代相傳的負面循環，並為所有家庭成員創造出健康的情緒環境。根據近年來相繼出現的證據，童年會對人造成巨大影響已是不爭的事實，而喜法莉博士提出的覺醒育兒法包含同情心、智慧與真誠，完全符合現代社會的需求。

——妮可・勒佩拉博士（Dr. Nicole LePera），心理學家、《紐約時報》暢銷書《全人療癒》（*How to Do the Work*）作者

打破毀滅性的舊模式是育兒關鍵。對所有家長來說，無論你的孩子年紀多大，都可以在本書中，按圖索驥找到你要的解決方案，培養出獨立、忠於自我、開心的孩子。

——嘉柏麗・柏恩斯坦（Gabrielle Bernstein），《紐約時報》暢銷書《宇宙是你的靠山》（*The Universe Has Your Back*）作者

無論你現在身處育兒的哪個階段，都能從《覺醒父母的育兒地圖》學到與自覺式育兒有關的知識（自覺式育兒的目的，是治療父母內心的創傷，並幫助我們成為孩子的最佳照護者與支持者）。我們可以利用本書提供的各項工具，讓自己搖身一變，成為能滿足孩子需求、積極且具備同理心的父母。

——凱薩琳・史瓦辛格・普瑞特（Katherine Schwarzenegger Pratt），母親、《紐約時報》暢銷書作者、社運人士

在這個瘋狂的世界撫養小孩，可不是件簡單的事。喜法莉博士的《覺醒父母》（*The Conscious Parent*）改變了我的人生，讓我初次接觸到在全世界廣傳的自覺式育兒。現在，喜法莉博士又完成了一項不可能的任務：為所有家長提供一本育兒教戰手冊——《覺醒父母的育兒地圖》。

——伊娃・朗格莉亞・巴斯頓（Eva Longoria Bastón），演員、導演、母親

推薦序一

照顧好自己，是父母最重要的一課

美國正向教養協會講師／戴首嫻

我想，我將永遠記得那個失手打罵、對孩子崩潰的午後。孩子一雙小腳向後退到牆角的畫面，也使我聯想起小時候那個蜷縮在牆角的小女孩。

當晚我無法入睡，自責的聲音不斷浮現：「聽這麼多講座、看這麼多書，有用嗎？」、「還說不想重蹈傳統教養的覆轍。」、「唉！認真檢討自己吧！」

親子衝突無論大小，自責的聲音總不時冒出，一點一滴磨滅我作為母親的價值感，一次次感到更加挫折。明明愛孩子，也想伸展溫柔又堅定的臂膀，但低落的價值感卻讓我心有餘而力不足。即使當時我已是位親職講師，冒名頂替現象（按：impostor phenomenon，一個人懷疑自己的能力，並把自己所有成就歸功於運氣或巧合的心理現象）依然在我內心發酵：「找我諮詢的父母會怎麼看我？」、「妳不配做親職講師！」

親子關係是我人生中最失控、混亂、具挑戰性且複雜的關係。我即將九歲的大兒子，這位我人生的第一位心靈導師，帶領著我踏上一段奇幻旅程，走向面對自我、覺察自我、與過往和解，也與自我和解之路。

我持續進修親子連結與溝通方式，包括同理、傾聽、幽默、感謝、表達感受、設立界線、說客觀事實等，其中**幫助我邁向覺醒之路，被我認為最重要的一課，就是照顧自己**。於是，我開始**從親子互動中反思自身行為、情感情緒和年幼創傷，撫慰及善待養育過程中不斷犯錯的自己**。

當時，還沒有像《覺醒父母的育兒地圖》如此溫柔並清晰指引父母走向自我覺察、和解的書，因此我找上諮商心理師協助我探尋幼時創傷，過去說不出口的緊張、害怕和恐懼，都在一次次的探訪、書寫中娓娓道出，而在真正願意敞開心胸，給小時候的自己關愛的那一刻得到寬慰。

近幾年，我在教養諮詢中常遇到自責的爸媽，他們跟我一樣愛孩子、視孩子為珍寶，生活中遭遇教養困境時，會有意或無意識的鞭策自己。自責與自卑真如同一把雙面刃，使用得當便能引領自己向前行，成為助力；一旦掉入泥淖，便是一場拖垮自信的大海嘯。

七年前，我剛開始寫作記錄親子生活，妄想自己是個超人媽媽，總是追求完美，心中時常怪罪自己做得不夠好；現在，我還是會在人生及養兒育女過程中犯錯，但自責的聲音已不再如先前那般啃噬內心、攪和我的人生。我接受了不完美是身為人母的特質，學會接納自己，更是帶自己、親子、家庭走向踏實和幸福的關鍵一大步。

真心感謝喜法莉．薩貝瑞博士寫了這本書，讓世上更多父母有機會學著更溫柔的貼近自己，進而更有餘裕面對失控、混亂又極具挑戰的育兒生活。推薦正在閱讀的你，跟著作者走一趟精彩的覺醒育兒之旅吧！

推薦序二

育兒不迷途，越走越省心

親職教育推廣人／陳其正（醜爸）

終於等到了！

透過喜法莉・薩貝瑞博士的《覺醒父母》、《覺醒家庭》（*The Awakened Family*），我和許多在育兒路上困惑、受傷的父母，在讀書會、講座中學習覺察，分辨教養迷思，以符合孩子真我的方式陪伴他們。雖然收穫滿載，但兩本前作在「操作面」上著墨不多。還好，《覺醒父母的育兒地圖》回應了嗷嗷待哺父母們的需求。

薩貝瑞博士把覺醒分為三階段。第一章著重於把父母「搖醒」，好似用一盆盆冰水當頭沖下，讓人心頭一凜，恍然大悟！「覺醒」不只是看清自己的育兒觀，對父母角色、親子如何建立連結，甚至對家庭的各種假設，都須好好審視，全新、全心翻轉。

第一章完成相關觀念的調整與轉化，把親子關係的焦點從孩子轉向父母後，一連串的「清創」工作蓄勢待發。

作者在第二章帶讀者重新認識我們是如何成為現在的我們，及如何調整自己、擁抱真我，進而成為覺醒父母。

關於兒時創傷修復、轉化原生家庭的負面影響等工作，薩貝瑞博士在前作中已侃侃而談，但本書除了介紹重要概念之外，也整理出更易理解的分類與舉例，佐以清楚、可自行利用的表格，讓清創不囿於情緒宣洩；覺醒也不只是空談，可以落地實踐。

第三階段才讓孩子登場！呼籲、邀請家長專注於自我成長，喚起覺醒洞察的內省我之後，再來談陪伴、互動與溝通。在第三章我們將學到如何應用前述所學於親子互動與溝通之中。

「我們無法給孩子自己沒有的。」這句教養界流傳已久的金句，完全能體現本書精髓。當你擁抱、接納自己的各個面向，才有可能運用覺醒育兒，和孩子真實的——而非你幻想的——樣貌，建立關係。

你或許會想：「這太理想了，不可能這樣育兒！伴侶、長輩、學校可能認同嗎？」

的確，包括我自己、其他覺醒育兒的實踐者都有同樣感觸，這選擇非常不容易，阻礙也幾可預見。但作者再三強調：**覺醒不只是為孩子，更是為自己**。

投入親職教育推廣以來，我不斷強調：除了極端例子之外，我們每個人都是稱職的父母。然而，你是否想對自己更好一點？在心靈上更靠近自己、體驗到更多富足，孩子也更能體驗自己的美好。

《覺醒父母的育兒地圖》不是寫給雄心萬丈的新生兒父母，也非資優父母的教戰守則，說白了，是給「無計可施、苦苦掙扎」的你我他。

其實，我們只是從過去自以為是的「幸福、成功孩子為中心」的育兒法，轉向覺醒的起點，即將脫胎換骨，迎向以「覺醒真實的互動為中心」的全新關係。

祝福我們的覺醒之路！

推薦序三

孩子，使我們蛻變成更好的自己！

正念教養推廣者、「費雪阿姨說故事」主理人／李瑜晏

美國投資界的傳奇人物查理．蒙格（Charlie Munger）曾說：「閱讀真是上帝的禮物！」閱讀時，你可以挑選喜歡的主題，它會跟你說話，也許會告訴你一些你不知道的事，也可能是你已經知道的事。它可能講得太快或太慢，但你在閱讀時都可以任意調整速度。

相當幸運的，我遇見了喜法莉．薩貝瑞博士的教養智慧！**《覺醒父母》是我的育兒啟蒙之書，給我莫大的幫助，引領我實踐自我覺察與無條件的接納**。

曾經有人跟我說，若能以現在擁有的育兒知識，重新教養孩子，那該有多好？此時此刻，打開這本書的你，已經擁有想要改變的勇氣。活在當下，讓我們一塊啟程，帶著耐心與勇敢，準備認識全新的自己。

《覺醒父母的育兒地圖》教養知識涵養相當豐富，建議讀者放慢腳步，保持開放的心，打開覺知，一層一層的撥開內心感受，不急於一時一刻消化，讓文字緩緩的走入你心裡，帶來沉澱與反思。

本書提供具體的做法，有助於切斷上一代留下的情緒遺產。當我們被孩子觸發「無意識的反應」，該如何理解自身感受？在孩童時期，經歷了什麼事，讓我們選擇戴上這副為了自保、求生存的面具呢？當你了解這副面具的來由，便有能力與方法摘除這副面具。

用同理心擁抱我們的內在小孩，當內在小孩得到安定，便可擴展自身情緒的頻寬，在劃清界線的情況下，使用同理心、同情心、不批判的方式，與孩子進行連結。當孩子知道父母是他們的最佳盟友，願意傾聽、肯定、擁抱他們，孩子就能快樂的活出全然的本質——這聽起來是不是很迷人？

孩子，是來幫助和滋養一個全新的你！真心感謝我的孩子，重啟我的第二人生。我曾經是「平事人」的角色（關於這個角色的特質，請見第二章），總想幫孩子做得更多，盡可能給他最好的，殊不知這已經超越了媽媽的職責。

「我好愛孩子，我一定要好好的呵護他。」我曾經是這麼想的。但透過學習，我才懂得往內看。原來，一直想要做更多、更好的我，內心對於被愛和被肯定是渴望的：「我把你照顧得這麼好，你一定會很愛我，並且肯定我吧？」幸好，我已經在覺醒的路上了。冥想時，我會對內在小孩說：「妳是被愛的，也是被肯定的！」以此進行自我的療癒。

現在，我僅在媽媽的責任界線內做我該做的，不再跨界幫孩子做得更多。不當「直升機家長」，剝奪孩子學習與體驗的機會。

我希望孩子能有韌性的應對未來，而自然結果是他最好的人生導師，我該做的是放手讓他承擔責任、體驗生活最真實的樣貌與形態。

謝謝任性出版的邀約，讓我感動了好幾天！希望你也能在這本書中，帶走幫助你的養分。世上真的沒有完美的父母，我們都在不斷試錯與蛻變，相信我們已走在正確的路徑上。祝福你的孩子，在你耐心培育下，成為父母園丁眼中最欣賞的那株植物。

作者序
我是當了媽媽之後，才開始學當媽媽

「我真的不知道怎麼辦才好，好像我不管做什麼都是錯的。」黛安（Diane）眼中含著淚水，用無助的語氣說道。

她彎著腰，手不停的顫抖，一邊說著自己和九歲兒子的相處問題。黛安表示，兒子的言行舉止越來越衝，也越來越封閉，她不知道自己該如何和他相處。

兒子的改變，是因為社群媒體成癮嗎？是受朋友影響嗎？是學校壓力導致的嗎？霸道的棒球教練會是罪魁禍首嗎？還是說，問題出在黛安身上，因為她總是忙著處理四歲妹妹的事？到底是哪裡出了問題？她該如何改善親子關係？

黛安已經受不了每天和兒子爭吵，她完全不知該如何是好。這對母子的關係為什麼會變得這麼僵？

黛安的悲傷與絕望並非個案。在過去幾十年間，我曾與上千名父母合作過，他們都有相同的經歷。我完全可以理解黛安的心情，也懂那種害怕與子女失去連結的恐懼感。在我與女兒瑪婭（Maia）徹底鬧僵那陣子，腦中也不停迴盪著黛安說的那些話。

如果你有孩子，在感覺到親子關係出現阻礙、不知該如何是好時，一定也體會過相同的沮喪感。你的腦中可能還會出現這樣的想法：無論自己再怎麼努力，也不可能與子女深入溝通。就像現在的黛安，進退兩難、屢試屢敗而感到心力交瘁。

絕大多數父母都和黛安一樣，會竭盡所能改善或「修復」親子關係。重視親子關係的家長與孩子處得不好時，自己也會受到影響。這是世界上最叫人心煩意亂的事。

父母總會盡一切努力支持子女，希望他們能和自己保持連結，但大部分的人都不知該如何達成這個目標。我認為，只要是為人父母者，無論年齡、種族與收入高低，都一定經歷過黛安正在經歷的煎熬。這是所有人的必經之路，也是育兒的本質。很多時候，**我們的處境就像在大海中迷失方向的小船**。

我為黛安制定了一套計畫，藉此修復、更新她與兒子的關係。在突破幾道難關後，她學會運用新策略完成親子關係轉型，結束混亂狀態、重新找回連結。看到他們的關係回溫，我的心頭感受到一股暖流——這就是我如此熱衷於親子關係治療的原因，我能幫助客戶改變舊有親子關係的本質，而親眼見證這類轉變則是無與倫比的回報。

我也曾覺得自己不懂育兒

女兒瑪婭還小時，曾經有一段時間我感到毫無頭緒，不知該如何和她相處。我覺得自己根本不會帶孩子，並產生了負罪感，覺得只有我不懂育兒。

以下是我們日常相處必經的循環模式：她做了我不喜歡的事，我生氣、對她大吼，她哭，而我產生負罪感。在負罪感的驅使下，我會過度補償瑪婭，而她也會利用我這個弱點，導致底線不斷下修，她也更有理由不聽我的話。這個模式不斷循環，整件事顯得更加可悲。

那時，我覺得自己好無助，無法與女兒建立好關係，更可怕的是我還會因此心生怨懟。我知道這不是個好兆頭，於是便急著要改變現況。

一直到我研發覺醒育兒法（conscious parenting），才算是徹底打斷這種負面循環，並以全新的心態照顧瑪婭。**在使用及實踐覺醒育兒法的工具與策略後，我終於重新找到通往女兒內心世界的道路，而且過程相當愉快。**

覺醒育兒法給了我一張地圖，挽救我和瑪婭的關係。**我不再是迷失在大海的孤舟，**而是找到一條明確的路線，與她建立深度關係。

我嘗過育兒的酸甜苦辣，在長達二十餘年（個人經驗與工作經歷）的育兒生涯中，我幾乎每天都能嗅到它的花香，也感受到它的尖刺。父母總是會驚訝於自己對子女的愛，因為這份愛一方面沒有邊際，一方面又令人焦慮難耐，就像是摻了極端寵愛與極端痛苦的混合物。這就是孩子為父母帶來的一場靈魂洗禮，他們會先將你的靈魂膨脹到無限大，再把它擰成碎片，並插上一把刀子點綴，然後若無其事的走開。

成為母親之前，我壓根不相信有什麼東西可以同時融合愛與恐懼，也不知道孩子會掏空父母所有資源，不只是你的每分每秒、所有金錢和體力，也包括情緒與心理狀態。子女對父母帶來的影響，是三百六十度無死角的，且可能會持續到我們離開的那一天為止。

我是直到身為人母之後，才知道這個擔子有多沉重。以前的我根本不知道家長的任務是什麼，還以為當媽媽就是「做生日蛋糕、跟孩子一起養小狗、帶孩子到公園玩耍」而已。

沒有人會告訴我們為人父母幽微的另外一面，也不會告訴你成為父母會對你的心理造成什麼影響。我想，在成為父母之前，你一定也不知道當父母的「黑暗面」，更不知道在面對育兒過程中層出不窮的狀況時，自己會陷入多少次徬徨無助的狀態。

例如，你的孩子可能會被霸凌、學業表現欠佳，或是無法融入同儕群體、不願意上大學，又或者是被親密伴侶虐待等。但是，沒有人會遞給你解決這些問題的工具箱，我們只能各憑本事，用著可能是最糟糕的方式解決問題。

此外，也不會有人告訴你，當孩子拒絕與你溝通、不接受你的意見，甚至否認你的威信時，內心的感覺會有多糟，更別說你可能會因為被拒絕而做出幼稚的反應。

我們就這樣連人帶船被拋進汪洋中，連船槳、救生衣與航海路線圖都來不及拿，就栽進這段可能是人生情緒最高昂、飽滿的一段關係之中。

這本書，就是我為家長們繪製的育兒地圖

我從事親子關係治療已有二十五年，曾幫助並陪伴無數家長度過各種高潮與低潮。從這些案例中，我發現父母與子女間這種獨特、全面的關係，是人類共有的體驗，此現象不由得讓我感覺自己多麼渺小。

身為一名專業人士與母親，我研發了一套幫助父母與子女治療內心創傷的育兒法：覺醒育

兒，並在二〇一〇年以此為主題，推出了第一本書《覺醒父母》。我的處女作有幸請到達賴喇嘛尊者（His Holiness the Dalai Lama）作序，並獲得知名作家艾克哈特．托勒（Eckhart Tolle）的背書，與電視製片人歐普拉．溫芙蕾（Oprah Winfrey）的推崇，她說我提出的概念足以顛覆傳統，而《覺醒父母》也順理成章的登上《紐約時報》（*New York Times*）暢銷書名單。之後，我又寫了三本討論育兒的書籍，市場的反應也相當熱烈。

你可能會好奇，現在這本書跟我過去的其他作品相比，有什麼特別之處？以下是我的答案：我之前的作品，旨在闡述覺醒育兒是什麼，以及我們應該採用覺醒育兒的原因，而**這本書將告訴你具體的做法**。這些年來，一直有人問我能否提供一份步驟明確的地圖，讓家長可以遵循、按部就班的扭轉親子關係。千呼萬喚始出來，**這本書就是我為家長們繪製的地圖**。

我在帶瑪婭的時候毫無頭緒。雖然我已經輔導過數百名家長，但這些經驗只要一套用到自己身上，就完全失效。指導別人帶孩子，跟自己帶孩子完全是不同的兩件事。我們在為他人的生活下指導棋時，個個都是專家，可一旦討論到自己的生活便會大呼困難！

如果沒有採用覺醒育兒法，我不僅會摧毀女兒的個人價值，還會令自己成為一個極度不快樂且內心有缺憾的人，而這就是我撰寫本書的原因。在我初為人母時，沒有人為我提供一部育兒指南，告訴我正確的做法，而現在，我想把這項禮物交到你們手上。

我想把重話說在前面：本書所傳達的理念，將徹底改變你的人生。讀完所有內容後，你可能會對自己與旁人徹底改觀。也就是說，這本書並沒有那麼好讀，你會發現真實的自己根本不是原本想的那樣，而你的人生也將徹底改變。

曾有人說，我的作品總是能顛覆別人的世界觀，為什麼？我寫書的目的，是為了打破範式、改變文化、扭轉大環境、挑戰現狀。我的文字會質疑讀者的觀念、揭露眾人的失調行為，粉碎你對自己、子女、人生懷抱的不切實際幻想，並強迫你直視最赤裸的現實。總而言之，我的書旨在振聾發聵，以及幫助讀者打破一切會虛耗生命的模式。

想閱讀本書的讀者，必須具備勇敢、大膽與渴望真相這三項特質——既然你已經讀到這裡，想必符合資格。千萬別因為本書的內容暴露或戳中了你的痛處，就將其束之高閣，這些文字的目的是用全新的方式，刺激、激勵、改變、整頓你的言行。每個孩子都應當擁有敢於拋下窠臼，並願意嘗試用新方式與他們連結的家長，而你可以成為這種家長——在你翻開本書的那一刻起，你就已經做到了。

當代家長恰好落在一個關鍵的時間點，我們所面對的，是前所未見的快步調科技世界。我們的父母當然也擔心我們未來的發展，但現代父母內心的恐懼是上一代無法比擬的。

我們親眼見證科技的高速發展，而自己只能望其項背，內心充滿無助感與絕望感。而我們排解這種恐懼的方式，是將其轉化成高期望值，並對子女施加更多壓力，將當年父母要求自己的標準提高，套用在他們身上。孩子當然能感受到這種壓力！

讓證據說話吧：罹患精神疾病的人數正逐年上升，速度之快前所未見，且暫時沒有減緩的趨勢；青少年自殘與自殺的通報量直線攀升，罹患焦慮症與憂鬱症的青少年，人數多到你無法想像。孩子們明明都出問題了，我們這些大人卻像個手足無措的旁觀者。

但我們不是真的求助無門，也並非只能當旁觀者。我們可以做的事很多，前提是我們必須學會怎麼做。本書將教你如何掃除親子關係間的障礙，構築新的基礎，並在此基礎上再次感受身為父母的自信，以及親子間的連結。當你將本書列出的步驟付諸行動，便會漸漸（或立刻）發現，自己與孩子的互動發生翻天覆地的變化。覺醒育兒法就像一道曙光，可以帶領你走出迷惑叢林，並與子女建立起全新的連結。

覺醒育兒法適合願意打破舊模式和戳破假象的勇者，以及敢於重新開始、能忍受短暫孤獨的父母。我必須誠實告訴你，覺醒育兒確實可怕，但它也能帶來傳統育兒所無法創造的回饋：**讓父母與子女建立起真實的連結**，使你能在不訴諸操弄與控制的前提下，重視彼此的價值。在覺醒育兒中，連結的意思是親子雙方都可以維持個人價值，同時擁有並認可這些價值。若你渴望與子女建立這類連結，本書絕對是你的不二之選。

這本書是你扭轉育兒方式與人生的關鍵第一步。你選擇拿起這本書就是一種宣言，代表你並不滿意現狀。並非所有家長都能意識到覺醒育兒的必要性，但你注意到了，而且主動做出回應。

覺醒育兒能賦予我們一樣所有人都求之不得的東西：深刻且持久的內在價值。我們都希望真正的自己能被人看見、受人認可，這是人類內心深處最渴望的事。每個人都想不顧世俗眼光，在毫無負罪感與羞恥感的狀態下，活出最真實的自己，而我們的孩子也同樣渴望這件事情，覺醒育兒可以教你如何滿足這個欲望。

當你的子女終於開始擺脫社會強加的期待，以真實的自己示人，這將是他們今生能收到的最大贈禮。我想先代替他們謝謝你。

那麼，我們就開始吧！

前言
完美父母不存在，別對自己太嚴苛

親子的紐帶獨一無二，就像一把雙面刃，它能給你超能力，也可讓你心碎一地。
它可以將你放到無限大，也能把你壓縮成虛無的塵埃。
它可以點燃你的創意與想像，也能粉碎你的幻想與美夢。
它是你的終極導師，能夠改變你的靈魂，也是自我的剋星，隨時都能把你炸得粉身碎骨。
它可以將你提升到至高的境界，也能將你打壓到最卑微的低谷。
只有親與子的紐帶具備這些雙面的能力，也只有在親子的紐帶面前，
你會允許自己舉起雙手投降。

你與孩子的關係獨一無二，原因有二：第一，你必須對他們負起全責，直到他們成年為止（子女成年後，你只須負部分責任）；第二，每個孩子都是不一樣的個體。有鑑於上述兩個原因，親子關係將會是你此生碰過最難搞、最令人抓狂，也最複雜的關係。想讓親子關係健康發展，家長就必須用獨門的技巧與工具來呵護這段關係。

無論你是不是孩子的親生父母，他們都算是你的「產物」，也是你這輩子的終極責任。因

此，家長對子女福祉的投資與關心程度，可以說是沒有上限。除了孩子，你不可能和另一個人類產生相同的連結。當一切發展順利時，親子連結可以為家長帶來無比的喜樂；一旦事與願違，焦慮、挫折與痛苦也會油然而生。

若對方是成年人，我們可以甩掉對方，或是避不見面。朋友會失聯、友情會變淡，感情有結束的一天，離婚也不是不可能發生。但你與孩子的連結，無論是好是壞都不會消失，你無法擺脫他們。你只有兩個選擇：設法克服沿途的崎嶇障礙，努力攀上高峰；或是墜入無盡的深淵，與他們徹底脫節。

親子關係之所以如此特別的第二個原因，是因為你要面對的是「孩子」。我之所以加上引號，是因為**兒童是一種特殊的人類類別，他們有自己的一套規則、不同於成人的大腦結構，我們必須用截然不同的語言和他們溝通**。

我認為，人們其實都低估了成人與兒童的差距，所以才會產生「帶小孩很難嗎？小孩就是縮小版的成人啊！」這種想法。

兒童絕對不是縮小版的成人，但他們和我們一樣也是人類，這是雙方唯一可以拿來比較的地方。在其他方面，成人與兒童可以說是天差地別，毫無可比性。

由於我們不願用正確的工具處理雙方的差異，所以只能不停犯錯。例如，大多數成人都不具備與孩子溝通的能力。你修過童言童語（KidSpeak）或小朋友心理學（KidPsychology）嗎？我知道有些人可能修過兒童心理學（child psychology），但這些知識跟實際與自己的子女相處，根本是兩回事。

於是，我們不得不面對育兒這件事最殘酷的現實：無論我們目前處在養兒育女的哪個階段，都會感到一股巨大的壓力。我們一方面知道孩子是自己的責任，另一方面又很清楚自己缺乏理解子女、與子女溝通或連結的技能。

世上沒有完美家長，別對自己太嚴苛

唯有承認自己的不足，我們才能踏出成長與改變的第一步。若學生無心求知，再多的教誨也只是徒勞，所以，我們一定要先承認自己是無知的父母。若我們能虛心接受自己的無知，便能騰出空間學習、成長。當我們心中感到不快時，我們不要選擇一走了之，而是要主動靠近痛苦與掙扎，並藉此改變自己。

我們這些家長之所以喜歡裝懂，或是認為自己應該懂得所有育兒知識的現象，其實是一種集體式的妄想症。我們太想裝出完美家長的模樣，而一旦親子關係受挫，我們便會試圖隱藏自己的掙扎，在沉默與羞愧中承受這份煎熬。我們拒絕向外界求援、拒絕分享、拒絕學習、拒絕用新方法解決問題。最終，這種不願承認自己無知的心態只會害了孩子。

人類並非天生就具備育兒的知識，這是不可否認的事實。若你覺得扮演父母的角色就快把自己逼瘋了，正好說明你沒瘋。認為自己無能又無助，絕對不代表你是怪咖或「壞家長」。請記住，你本來就不應該具備這些知識。

我勾勒出的育兒地圖步驟明確，可以扭轉眾多家長面臨的窘境。我會按部就班，用最溫和的方式教你使用覺醒育兒法。在實踐的同時，你的思維、處事與溝通的方式都會徹底改變。當你完成蛻變，你與孩子、與自己的關係也會隨之改變。

我將覺醒育兒分為三個階段（三章），你必須在每個階段完成相應的成長任務。

第一階段的任務，是**清空自己的思維與觀念**。家長心中都有一些根深柢固的文化觀念，認為子女理應扮演特定的角色，並做出相應的舉止。這些觀念會使我們將各種標準與期待加諸在他們身上，導致我們無法與子女的真我連結。唯有完成第一階段的改變，我們才會具備深入子女內心的能力。

到了第二階段，我想讓你看看**人的生活方式與決策，是如何在不知不覺間被過去的行為模式制約。而我會教你打破模式的方法，讓你能遵循真我的聲音，做出全新、自信且有意識的選擇。**完成本階段的任務後，你與子女的連結就會變得更直接、更強韌。

第三階段目標是要**打造緊密相連的親子關係**。我會教你理解孩子的內心世界，聽出他們到底想表達什麼，並和他們建立更深層的紐帶。

每個階段都有相應的步驟，只要跟著練習就能達成目標。當然，改變並非一蹴可幾，而是需要一步步的累積。閱讀本書時，你很有可能會想起自己曾經犯過的錯，被負罪感與羞愧感搞到反胃，這種反應完全正常，我建議你在這種感受浮現時，好好善待自己。

知名作家馬雅・安傑洛（Maya Angelou）曾寫道：「盡力去做，直到學會為止。」請用關愛的心對待自己。別忘了，如果沒有過去的渾渾噩噩，今天你也不會讀到這本書、這些文字。逝者已矣，來者可追，當下的時光才是最重要的，而閱讀本書想傳達的訊息，是你最英勇的舉動。

改變需要時間，所以你必須懷抱耐心。**你所要改變的，不只是你和子女的互動模式，還有世代因循的慣常互動。因此，請不要對自己太過嚴苛**，我們沒有要達成完美的目標，也不是非要贏得什麼比賽不可。我覺得，你光是願意接受新的觀點就已經很了不起，我會陪你走到最後，為你的每一個新體悟與每段成長歡呼，這是我們共同的任務。

世界上沒有完美的家長，絕對沒有！我希望你把這句話記在心上。你可能會認為其他人很完美，但身為一名輔導過上千名家長的親子關係治療師，我可以很自信的告訴你：事實恰好相反，所有人都有困惑與疑惑的時刻。

若你覺得我是一個完美的人，我可以向你坦承一件事，破除你的迷思：我之所以選擇幫助他人，是因為我更想幫助自己。我們是一樣的，你的感受我也體驗過，全世界的家長都有過類似的感受。

育兒是人類共同的困境，因此這本書給出的育兒地圖才會如此珍貴。

第一章

覺醒父母第一課——和孩子劃清界線

孩子，正是因為你的緣故，我才渴望完美。我真是傻啊！因為也是你讓我發現，完美是不可能達到的境界，我的渴望不過是譫妄。

如果你有孩子，育兒過程中的出包（而且往往是特大號的包）只是時間早晚問題，這就是家長的宿命。說真的，你在親子關係中犯錯的次數，極有可能遠高於你在其他關係中犯錯的機率。

這個現象的成因如下：**孩子人生中最關鍵的幾年，一刻都離不開父母，而這幾年碰巧也是家長進化與了解自己的時間**。在這個階段，大多數家長的情緒都還不夠成熟，想法也太過幼稚。**這兩種狀態疊加在一起，勢必引發重大災情**。

孩子在成長過程中，需要父母表現出最佳的一面，但此時的我們，可能也正處於發展階段，尚未臻於成熟（或許連最佳狀態的一半都還達不到）。這種錯配狀態（mismatch）正是育兒的最大問題：孩子的所有方面都尚未成形，而家長也只能算是個半成品。這種差距必然會出現，所有家長都躲不掉，要怪就怪大自然吧。

我認識的每位父母都出過大包，沒有例外！若你覺得自己的育兒手段差勁到沒臉見人，你大可放輕鬆。育兒這件事本就無須追求完美或卓越，而是要讓自己的意識覺醒。**覺醒指的是了解掙扎的核心成因**。例如，為什麼自己有時會像三歲小孩一樣情緒失控，不停跺腳，或是變成憤怒咆哮的青少年。**我們要做的，不是逼自己永遠不要陷入這種抓狂狀態，而是了解抓狂的原因**。了解原因後，我們不僅可以減少暴怒的次數，還能理解自己為何一開始會感到憤怒（這樣更好）。

為什麼六個月大的孩子半夜不睡覺，會讓你氣到跪在地上流淚？為什麼五歲大的孩子情緒失控，會刺激你說出一些難聽的話？為什麼孩子的一句頂撞，會令你像個小孩一樣大發脾氣？若你能釐清這些反應的背後原因該有多好。

想把育兒這項工作做好，就必須先從原因下手，弄清楚原因之後，才能了解方法。**如果我們不清楚自己為什麼會搞砸事情，自然也不可能知道要從何改起。就像處理身體病痛，只有先了解病因，才能對症下藥**。因此，覺醒育兒第一階段的目標，就是了解。

我自己育兒時也參考了這份地圖，並花了不少時間實踐各個階段與步驟，在多次試錯和失誤後，我終於開始改變處事之道，從惶惶不安的控制狂，成為心平氣和的家長。從此，育兒這件事不再帶給我壓力，而是讓我感到快樂。

但我覺得最大的收穫，莫過於女兒瑪婭的改變。她越來越能與內在價值及自身力量連結，並大方展示自己真實的一面，也能愉快接受自身的平凡和優秀。最重要的是，我與瑪婭再也不吵架了，當我放開控制她的手，她自然也就無須將我推開。緊接著，我們便能帶著自信的態度，輕鬆融入對方的內心世界。

耐心與勇氣是覺醒育兒法的必要條件。本書所列的每一個步驟，都能拉近你與內在真相及療癒的距離，除了能使你徹底了解自己的本質之外，還能清除路上的障礙，讓子女更靠近他們真實的自己。

在踏上這段旅程之前，你們都受制並受控於陳舊的模式與世代的傷口，而覺醒育兒將幫助你擺脫根深柢固的思維，找到全新的自己，並在你重獲自由後解放你的孩子。

準備好了嗎？深呼吸，我們出發了！

1 我們都把「家長」角色看得太嚴重了

我試過左右你的每個情緒，
修正你的感受，
主宰你的命運，
掌控你的靈魂，
直到我發現我錯了。
需要解決方案的人不是你，
有問題的人是我！

在我女兒瑪婭三歲那年，發生了一件事，留給我的心理創傷至今仍未癒合，就好像是昨天才發生一樣。在協助過無數家長後，我才發現這段經歷並非個案。如果當初我知道的話，就不會覺得自己是個失敗的媽媽了！

當時，我帶著女兒在公園玩，眼看到了該準備晚餐的時間，我便叫她收拾一下準備回家。為了預防小孩賴著不走，我還給自己留了好長一段緩衝時間。我以為自己做好了萬全的準備，壓根沒料到她居然把場面鬧得這麼難堪。

瑪婭堅決的表示自己不想回家，一瞬間就從可愛的小甜心，變成彷彿被惡魔附身的可怕小孩。你也經歷過類似的事情嗎？明明上一秒孩子還很正常，下一秒卻變成不可理喻的神經病。那天是我第一次碰上這種情況，驚訝、羞愧、尷尬都不足以形容我當下的心情。

為了順利離開公園，我不得已將她抱進娃娃車。我的女兒放聲尖叫，哭喊著不要，接著大聲號哭，在我們走路回家的那二十分鐘裡，她全程都維持這種狀態。她聲嘶力竭的抗議聲，可能會讓不知情的人覺得她坐的是電椅，而不是嬰兒車。

她僵著身子，雙手不停揮舞，導致所有人都轉頭朝我們的方向看。我可以感受到眾人投來指控的眼光，彷彿都在指責我是全天下最爛的媽媽。

我原以為她會因為疲累而安靜下來，但她中氣十足，聲音還越來越宏亮，動作也越來越大，令我每分每秒都備受煎熬。

我當然也沒有閒著，這段時間嘗試轉移她的注意力、吼她、低聲下氣求她、發出痛苦的呻吟、大哭、罵她、急得跳腳，但這一切都是徒勞。我還唱歌哄她、安慰她、威脅她，並嘗試以各種聲音跟她說話，包括恐怖的、甜美的、憤怒的、溫柔的。

除此之外，我也逗她、跟她說笑話、騙她，甚至試著跟她講道理。最後，我選擇擺爛，接受命運的折磨，踏著羞恥的步伐一路哭著走回家。那是我人生中最長也最丟臉的二十分鐘，用度秒如年形容也不為過。

最終結果是瑪婭大獲全勝，而我徹底累垮了，一走進家門我便跪在地上哀號，花了整整十分鐘自怨自哀。那時的我心想：「我是全世界最爛的媽媽，我應該被關進酷刑室（torture chamber）接受虐待，我應該被當成女巫燒死。」無助和痛苦的感受在我的體內化成岩漿，我不得不發出震天的尖叫，以宣洩我的挫折與憤怒。

我老公聽到後，立刻衝過來抱走孩子，還用鄙視的語氣叫我控制好情緒，更令我備感羞愧與恐慌。我從地上站起來，走出家門，散了場好久、好久的步。

這件事是我人生的轉捩點，我在散步時終於接受了殘酷的現實，那就是我的情緒狀態完全無法應付孩子的脾氣、想法與情緒。也是在那一天，我發現不只是我的女兒，所有孩子都能讓父母陷入束手無策的狀態，進而激起大人的怒氣與瘋狂。**問題其實不是出在孩子的行為上，而是這些行為激發的情緒和行為**。

我猛然覺得自己看見了真相的曙光，**我的反應其實與孩子沒有任何關係**，她只是在做自己，想在公園玩久一點而已。**我的每一個念頭、感受與行為，都是源自我內心深處某個地方，原來始作俑者是我自己！**

於是我哭了，腦中閃過自己小時候不知所措、絕望的想掌控周遭環境的模樣。我看見自己渴望從家長與老師身上，獲得認同和價值的樣子，小時候的我一臉迷茫、缺乏安全感，急著想讓大人們注意到自己，而徹底失去自己。

我赫然發現，三歲大的瑪婭喚醒我內心深處的舊傷口。她拒絕配合的行為使我感到無助、無能、無力，和我童年經歷到的情緒如出一轍。過去的傷口再次浮現，蒙蔽了我的雙眼，而我也陷入恐慌，想嘗試拯救自己內心的小女孩。

我於是將自己「真正的」小孩當成敵人，喪失與她共情的能力，對她的掙扎視而不見，一心只想打倒她。我內心的小女孩開始掌控局面，把聚光燈強行打在自己身上——她想贏，而且不惜任何代價。

童年時期經歷的痛太過強烈，導致我直接進入生存模式。瑪婭的意志與我的意志相撞，擦出名為恐懼的火花。我想控制瑪婭，但她拒絕臣服於我，於是我崩潰了，並立刻將她視為「邪惡的」敵人，想把她丟下，離她越遠越好。負罪感與羞恥感如浪潮般向我襲來，我簡直不敢相信自己居然可以如此冷血。

此時我突然驚覺，做出這種反應的人並不是「我」本人，而是埋藏在內心深處，就連我自己都察覺不到的那個受傷小女孩。

想了解我的反應，就必須先意識到一個關鍵元素：橫亙在當下與過去之間的情感隔閡。我在事件發生當下的行為，其實是我基於童年創傷而做出的反應，這些傷口其實都是舊傷。當時，猶如醍醐灌頂般，我徹底清醒過來，所有的迷霧都在那一瞬間消散了，覺醒育兒的種子也在我心田發芽。

最可怕的育兒觀：孩子必須優秀

每當我告訴客戶「問題並不在孩子身上」時，他們都會立刻開口反駁：「不然問題是出在誰身上？」

而我接著說出：「你！」對方都會像當機一樣沉默不語。

我非常能理解，**承認自己是育兒過程中的唯一障礙很困難，但這是通往覺醒育兒的第一步**。我們大多是在傳統家長模型中被養育成人，所以會理所當然的認為子女是育兒的焦點，但這種教養方式其實是錯誤且有毒的。育兒的重點對象應該是家長，而不是孩子。我覺得育兒（parenting）應該改成育親（childing）才對。

每當我在演講現場提到這個概念時，聽眾大多會出言反駁。例如：「妳也太自以為是了吧！」或是「妳是說育兒應該聚焦在父母身上，所以都是我們的錯囉？」你可能也會這樣想：「所以，孩子有過動症是我的錯，他們一天到晚發脾氣也是我的錯嗎？」或是「孩子有社交恐懼症是我造成的嗎？」

家長都討厭被人責備或品頭論足。但事實是，我們都把「家長」的身分看得太重了，以至於隨便一句批評都能打擊、甚至褻瀆我們脆弱的自我（按：本書的「自我」〔ego〕，指的是人根據與他人互動而對自己產生的一種概念，讓人逐漸相信自己就是那樣的人）。你怎麼能暗指小孩的問題是家長造成的，你不可以這樣說！

我和大家一樣，在成為母親之前抱持著許多錯誤的想法。我以為只要愛孩子、聚焦在孩子身上，所有問題都會迎刃而解。我以為「好」媽媽的定義，就是把焦點放在女兒身上，不把她當成重心就是自私自利的表現。

但接下來，我要向你們證明這種觀念錯得有多離譜，以及聚焦在孩子身上會帶來的傷害。

事實是，我們都被文化荼毒了。在文化的洗腦之下，我們認為好家長必須將所有注意力，都放在教育出完美的子女上；我們認為家長有義務創造、主導與製造完美的童年和完美的子女。而當我們的表現達不到文化的期待時，自然就會被羞恥感與負罪感掩埋。

無法滿足文化期待，會為你和孩子帶來多大的負擔？家長總是認為，自己應該生下或培養出充滿創意、具備藝術家性格、會玩樂器、喜歡運動、聰明、善良、懂社交、喜歡冒險，以及時時刻刻都洋溢幸福笑容的孩子。在文化與自我心態的催眠下，我們也以為自己夠特別，能夠完成這項不可能的任務。

但現實是殘酷的，我們會意識到自己根本沒這麼厲害，孩子也不具備過人的天賦。我們會發現孩子其實很普通（請原諒我的用詞），但我們的文化不能接受普通人的存在，於是家長便會感受到偌大且不合理的壓力，要成為不凡的人，並將這種壓力強加在子女肩上。**我們承受的所有壓力，都是來自於一個有毒的觀念：好的育兒法，必須培養出超級優秀的孩子。**

若你覺得好的育兒法旨在「修正」孩子的行為，你一定會成為那種管超寬的家長，並開始嘗試操弄孩子、改變孩子。你一定知道試圖改變自己以外的人會引發什麼後果，結果肯定是以失敗告終，接著兩敗俱傷、玉石俱焚。

我們必須理解「能改變的人永遠只有自己」這個道理，相同的邏輯也適用在育兒之上。然而，因為所有人都在告訴家長，他們的任務就是要修正子女的言行，所以當孩子不聽話時，父母便會感到無助與憤怒，並訴諸吼叫與處罰，還覺得自己這樣做是正確的。我們認為，修正子女的言行是家長的天職，並對此深信不疑。

育兒的真諦是育己

覺醒育兒之所以會顛覆眾人的觀念，是因為它是第一個揭露舊觀念背後負面意涵的育兒模型。從覺醒育兒的角度來看，舊育兒模型那種力求完美的壓力，不僅不切實際，還會對人的身心造成傷害，最終造成親子雙輸的局面。

所以，家長應該怎麼做？轉移育兒的焦點，不要再想著打造完美的孩子。新的焦點應該落在誰身上呢？

就是你！

你的任務是打造一個全新的自己，從你選擇轉移焦點的那一刻起，你會發現和育兒有關的一切也會隨之改變。

試想，如果每位父母自一開始就能明白**育兒的真諦是「育己」**，那該有多好。家長會開始反求諸己，力求讓自己達到最佳狀態，也不會再去糾正子女，而是糾正自己。此外，他們還會明白一個道理，那就是**唯有在重育自己**（reparenting）**後，自己才有能力撫育兒女**。

當我們把重心放在修正與創造孩子的童年，就會進入管理者與暴君模式，而成為工頭和控制狂。在這種模式下，家長們搖身一變成了孩子的上級，也是他們最可怕的噩夢。

覺醒育兒可以扭轉這種局面。透過聚焦在家長自身，父母將用不同於以往的能量面對子女。也就是說，父母將停止操控孩子，並努力和他們建立連結；不再自詡為導師，而是從他們身上學習；放下管理者和上級的威嚴，並成為他們的盟友。你在子女面前散發的能量，以及養育他們的方式將徹底改變。

這種焦點轉移將喚醒一種全新意識，使你了解到**育兒的重點不是孩子做了什麼，或沒做什麼，而是你的反應、你在回應對方時的感受，以及你如何消化一切情緒**。

此時，我們必須考慮到你過去的包袱。假設孩子情緒突然崩潰，或是表現出無禮的言行，你內心會有什麼感受？腦中會閃過哪些念頭？想大吼大叫嗎？你會認為孩子是在針對你嗎？你會跟他們開幹、逃跑，還是僵在原地不動？

所有反應全都取決於你。

養育孩子的關鍵字，是你。

育兒的重點不在於孩子的感受、情緒或反應，也與他們是品學兼優或中途輟學無關，更無所謂他們是習慣服從或頂撞。育兒的焦點只有一個，那就是你，你掌握了決定權，關鍵在於你回應孩子的方式。

成人的思維有一個重大的缺陷，那就是我們總是認為，自己的反應取決於子女的行為。這種想法大錯特錯，因為家長的反應大多與子女本身或子女的行為無關。

很多時候，我們的反應跟孩子以及當下的情境根本毫無關聯，而是源自過往的歷史。所以，我們並不是在反應當下的事件，而在回應過去的事件。也就是說，**我們之所以會與子女失去連結，有很大一部分是因為自己還沒治癒過去的傷口。**

我們的反應取決於內心世界的恢復程度。當一個人越是能治癒自己童年時期的傷口，就越能在覺醒的狀態下做出回應。所以說，內心世界的恢復程度就是育兒的焦點、關鍵與核心。

你可以將覺醒育兒當成精神轉型的過程，而孩子的任務就是喚醒家長，讓我們看見自己的弱點與不足之處。子女可以反映出家長的內在，讓我們看見自己欠缺的療癒和成長。

誠如我之前所說，家長和子女的所有衝突與爭執，其實都和孩子無關，而是關於我們欠缺的覺醒，以及歷史創傷影響當前情緒狀態的程度。我們越不治療過去的傷痛，當下的生活就越可能被痛苦與衝突占據。

所以，只要我們轉個念頭，將育兒遭遇的問題當成治癒創傷的投射，或是缺乏療癒的警示，便能踏上成長與進化的道路，開始修正自己，而不是糾正孩子。

接受這個觀念後，家長便能透過育兒統整自身情緒，並提升個人的幸福度。

子女是最能凸顯出父母問題的人。當我們越不讓他們遵循個人意願發展，代表著我們內心空缺的面積越大。家長越希望孩子「成龍成鳳」，就表示他們內心認為自己有多麼「不如旁人」。當我們發現自己對孩子的渴求和期待，都是源於內心深處的意識，親子關係便會有所改變。

而隨著內心的創傷開始癒合，我們就越能活出真實的自己，並直接影響我們與子女連結的能力。家長對自身狀態越敏感，對子女的狀態也越敏感；家長的內心越富足，子女在我們眼中也越富足。我們與外部的連結，會投射出內心深處的自身連結，催生出深層且具靈性的親子合作關係，而我們也會慢慢發現，與其說是家長在養育孩子，倒不如說是孩子在教育家長。

當家長開始轉換焦點，著眼於自己的成長，便能利用與子女相處的每分每秒喚醒個人意識，這就是交換重心蘊含的力量。**育兒絕對不是修正子女的言行或改變他們，而是設法讓自己進化。**你能否感受到，或許能藉此成長並療癒自己？如果答案是肯定的，代表你已經準備醒來，成為一名覺醒家長。接下來，我要教你實踐覺醒育兒第一步驟的方法。

你成為父母的原因是什麼？

子女帶給家長的挫折與衝突，其實和孩子本身無關，而是和我們個人的情緒傷口與童年包袱有關。認清這一點，父母才能進一步改變親子連結，停止責備和羞辱孩子，並為自身反應負責。

當你理解個人問題會影響你的育兒方式後，便可以將焦點從子女轉移到自己身上。

下列練習可以幫助你釐清，自己過去的恐懼、傷口與期待，對你的育兒方式，以及對子女的影響有多大。請完成這個句子：「**我之所以會成為家長，是因為……。**」

你的答案可能會是：

- 我喜歡小孩。
- 我一直都想當媽媽（或爸爸）。
- 我想要組成大家庭。
- 我想被愛、被接納。

你的答案是用第幾人稱開頭？是「我」嗎？

如果是的話，那麼你想要孩子的原因就不是為了他們，而是為了實現自己的願望、完成自己的夢想、滿足自己的想像。

為什麼了解自己的意圖很重要？因為**「我」這個字指出了你身為父母的自我，你會發現即使孩子還沒出生，你心中就對他們有各種需求、願望、想像和期望**。

你會在不自知的狀態下，將這些需求、願望、想像和期望一股腦兒傾注在孩子身上，全然不顧這些夢想是否符合他們的本性。

請細細品味自己的答案，你會發現自己是帶著滿滿的自我投入育兒這項任務，並任由這種心態左右你的育兒決策，包括所有讚美與羞辱、失望與興奮。也就是說，你的所有決定，都是源於自己成為父母前就已形成的期望值。

接下來，請想一下孩子給你帶來的壓力，並完成以下句子。

我的孩子令我備感壓力，因為……

在「因為」後出現的第一個詞是什麼？是你女兒或兒子的名字嗎？是第三人稱代名詞「她」或「他」嗎？是你認識的其他人名字嗎？如果答案肯定的話，就表示**你把自己的壓力歸咎在其他人身上**。

也就是說，若你的答案不是以「我」開頭，我們就要深入探討你是不是把焦點放錯位置了。我有個客戶艾莉（Ellie），她和十四歲的女兒貝卡（Becca）永遠都在吵架，我請她用「我壓力會這麼大，是因為……」造句。

她的回答是：「因為貝卡太難搞，她不僅喜歡頂嘴，還很固執，根本不聽我的話。」艾莉告訴我，她試過所有她親身體驗過的育兒技巧，包括大聲喝斥、給女兒時間冷靜，甚至連禁足都用上了，但全都以失敗告終。她說：「貝卡是全世界最難相處的小孩，我的生活因為她變成了一場惡夢，我是說真的！」

你是否把自己的需求，錯置到孩子身上？

你可以看出來，艾莉把注意力通通放在貝卡的行為上，而只要這種情況不改善，她們的關係就會永遠在原地踏步。

唯有當艾莉了解這種互動模式是兩人共同的產物，情況才會有所改變，如果她不能領悟到這一點，就只能永遠重複這負面循環。

我問艾莉：「妳想改變跟女兒的互動模式嗎？」

她幾乎是用大喊的方式回答：「當然想啊！不然我的壓力怎麼會這麼大？」

我接著說：「如果妳真的想改變現狀，就必須正視自己的問題！」

她目瞪口呆：「我的問題？為什麼有錯的人是我？不聽話的人是貝卡，不做家事、不交作業的人也是她，她既懶惰又叛逆是我的錯嗎？」

而我說：「妳跟貝卡的連結出了問題，進而影響到妳的精神狀態。妳是這段互動關係的另外一半，所以必須聚焦在妳的問題上，搞清楚自己為何會無法和貝卡連結。」

接著，我再請艾莉做一次剛剛的練習，要求她完成「跟貝卡相處壓力很大，因為……」的後半段。

這次，她給出的答案是：「因為我覺得自己是個失敗的媽媽！我希望她按照我想要的方式生活，但她永遠不肯配合，讓我覺得自己像廢人跟空氣。我覺得她很恨我！」艾莉終於找到了雙方互動的焦點：她個人的感受。

隨著治療推進，艾莉發現她的感受源於自己的母親。她說：「從小，媽媽就沒時間陪我。她自己開了間公司，在那裡擔任執行長，所以她每天都很忙。我覺得自己一點都不重要，她根本不會注意到我。我試過凡事都聽她的話，也試過認真讀書，但最終我還是沒能成為那個夠重要的人，讓她把目光聚焦在我身上。我一直認為，她覺得我的表現不夠好，還會思考自己是不是哪裡有缺陷。」

艾莉終於了解，**當時的自己希望能從母親身上得到注意感與價值，而在成為母親後，她將此需求錯置在女兒身上**。所以，當貝卡反抗母親的權威，或是像一般青少年無視父母一樣的徹底無視她時，艾莉才會認為女兒是在針對自己，並覺得自己就像小時候那樣被忽視、失去所有價值、找不到人愛她。

艾莉不知道女兒只是在經歷正常的發展階段，她眼中只看得見自己對權力與身分的需求。從本質上來看，艾莉是在將自身需求投射到無辜的女兒身上。她不理解貝卡只是順從自己的本性，也不明白貝卡沒有責任照顧自己童年時期未被滿足的需求。

經過一番討論，艾莉終於了解到自己之所以會欠缺育兒的能力，是由於母親當年沒有用正確的方式撫養她，也意識到她對女兒的反應之中，夾雜著自己對母親的憤怒。得知真相後，她便開始嘗試澆熄心中的怒火，並發自內心改變自己。這種重育自己的過程不僅徹底改變了艾莉，也扭轉了她與女兒的關係。

回到「我」，正視自己

現在，你已經知道家長會將自身的痛投射到子女身上，讓我們重新做一次練習，將句子的後半段補上，看看你能不能停止將挫敗感歸咎在孩子身上，並正視內心的感受。

跟孩子相處時我的壓力很大，因為……

當家長承認自己對孩子的感受，主要都是源於自己過去未實現的理想與期待，就算是踏上覺醒育兒的第一步。有了這層新的體悟後，我們便可以正視「真正的」問題：自己。

從現在開始，我們不會再責罵或糾正孩子，而是會要求自己回答一些反思性與個人問責式的問題，例如：

- 為什麼**我**會對孩子產生這種感受？
- 跟孩子相處時，**我**內心哪一個部分感覺到恐懼與匱乏感？
- 跟孩子相處的哪些瞬間，會令**我**回想起過去的事情？

● 生活中，有哪些事情會讓**我**產生類似的感受？

當你堅信育兒的本質是育親，便會開始頻繁的反思，並將內心深處那盞鎂光燈，聚焦在自己的心理狀態。每當你將燈光打在自己身上，反思的能力就會變得更強一些，而這正是覺醒育兒幫助父母進化的方式：利用育兒的機會，提升個人意識。

在接下來的幾天，我希望你多留意自己在面對壓力時，會用哪些方式責備子女，並嘗試用個人意識取代責備。問自己：「我過去或現在的情緒狀態，是否影響了我對子女行為的看法？」從蒙昧到覺醒的關鍵第一步，就是意識自己投射到子女身上的感受。

2 孩子不該活在你導演的電影裡

我把劇本修改到完美，也選好登場的演員與掌鏡的導演。
布景就位，燈光已開，好戲就要上場。
但你的出現讓製作暫停，
你說你不想出演這齣戲，拒絕扮演我安排的角色，
扯掉身上的衣服、抹掉臉上的妝、毀掉舞臺與布景。
你一把火燒掉我獲獎的美夢，只因為你堅持要做自己。
於是我迫不得已，只能放下對你的一切期待，
親手摧毀我對你的所有幻想。
我不該為你寫下完美的劇本，
不該為你設想完美的人生，
不該為你設想完美的目標。
我把這些東西通通燒成灰，
並在灰燼中看見了最意想不到的事物。

我救回了一件自己都不知道已經丟失的東西——
我的靈魂。

家長們個個都是拍電影的好手。我們永遠都在寫劇本、為作品挑選結局。我們指導的電影，有些是記錄單一時刻或事件的短片，而有些則是史詩巨作，時間跨度長達數年之久。父母腦中永遠都有數不清的劇本上演，我們的思維模式可以說全都被這些電影毀了。

這些劇本將我們困在幻想的世界中，使我們失去與子女最真實一面互動的能力。這些劇本最終只能以破碎的期待作結，因為電影根本拍不出來。

在幻想的世界裡，父母想拍的電影可能像是：《我和天才兒童的那些事》、《完美之家：神鬼假期》、《超級老媽／爸之救世主》⋯⋯。

在孩子還沒出生前，我們就會一口氣寫好三部曲的劇本、在腦中決定每個角色該由誰擔任，並在導演椅背後印上自己的名字。對於子女該扮演的角色、自己育兒的方式，以及家庭該呈現出的樣貌，我們都有精準的要求。

但老實說，所有家長要的東西都一樣。我們想要的，不外乎是完美的一家人、永遠幸福快樂、無與倫比的成功。

父母腦中的電影裡，自己的孩子都是天才，而且「必須」是能終止國際貧窮現象、找到癌症解藥、終結毒品戰爭、解決氣候危機的那個人。而即便他們做不到上述事情，至少也要成為世界級的領導者或名人，例如南非政治家尼爾森・曼德拉（Nelson Mandela）、諾貝爾和平獎得主馬丁・路德・金恩（Martin Luther King Jr.）或歐普拉・溫芙蕾。

在我們的幻想中，教育出完美的子女彷彿和做菜一樣：加兩勺亞伯特・愛因斯坦（Albert Einstein），灑一點莫罕達斯・甘地（Mahatma Gandhi，印度國父），佐以少許德蕾莎修女（Mother Teresa）和巴拉克・歐巴馬（Barack Obama）。

此外，還別忘了搭配名人的天賦，例如愛黛兒（Adele，英國創作歌手）、湯姆・布雷迪（Tom Brady，美式足球員）、李奧納多・狄卡皮歐（Leonardo DiCaprio，美國演員）、茱莉亞・羅伯茲（Julia Roberts，美國演員），還有碧昂絲（Beyonce，美國歌手及音樂製作人）。

其實，我們真的沒這麼挑，我們只是希望孩子能具備當代首富、天才、成功人士的特質，這樣就可以了。就算我們跟這些人天差地別又怎麼樣？家長的平庸，絲毫不會影響我們幻想中的完美子女。

電影的拍攝地點定在迪士尼樂園，孩子們在這裡永遠幸福快樂、永遠愛父母，而且聽話知足。他們品行端正、懂得親手寫感謝函、還會主動提出要到醫院當義工；他們會主動洗碗、沖馬桶、鋪床、吃蔬菜，學科更是每科都拿優；到了可以打工的年紀，還會自動自發賺錢。

你一定幻想過這些事。**在成為家長前，每個人都對自己的孩子抱有各種幻想**。正是這些幻想，讓我們

義無反顧的選擇生兒育女，朝著光榮的願景邁進，並以為自己最終將獲得百萬美元的獎金。

然而，到最後我們才發現育兒根本沒有想像中簡單！**養兒育女根本不會讓人感到光榮，也沒有獎金可領，只有終生的苦難與勞動**。為人父母後，你會發現家裡多了一個新老闆（還是不給加班費的那種），而你就像簽了賣身契的長工，必須為這位毫無人性的主管賣命。

他只說喜歡音樂，你就幻想自己是星爸

全天下的父母都是傻子。在孕育生命的那九個月期間，我們居然任由自己的幻想膨脹成一頭巨獸，讓感性壓倒理性；我們天真的以為自己正在「創造」能服從父母的小天使，把他們當成寵物、娃娃或木偶。畢竟，我們已經把所有的時間都用來照顧孩子，他們理所當然就屬於我們，這個邏輯有什麼問題嗎？

其實，**家長會要求子女從事各式各樣的活動，並不是因為我們想為他們提供最好的機會，而是想將自己的幻想化為現實**。我們想看到自己的孩子成為舞臺上的主角、賽場上的明星選手，而不是只有一個鏡頭的配角、坐冷板凳的候補球員。

沒有家長認為自己會「教出廢柴小孩」，或是在心中告訴自己「接下來十八年，我每天都要跪求孩子記得洗澡、把謝謝掛在嘴邊、收拾自己造成的爛攤子」，也不會認為自己「無法勝任父母的角色」。我們之所以決定要孩子，是因為我們對自己和對孩子都抱持著不切實際的幻想，認為自己一定會是最棒的家長，可以教出最優秀的孩子。

即便現實戳破了家長在子女誕生前，捏造出來的各種幻想，我們依舊樂此不疲的在腦中指導各種電影。父母對子女的投射與期待，隨時都在變動與進化，我們始終對心中那個完美又偉大的幻想念念不忘。

我們知道育兒很難，卻不曾放下對未來的憧憬，認為只要自己努力控制孩子的一切，他們或許就能在拼字比賽或其他賽事中勝出——要是順利的話，拿下奧斯卡金像獎（Oscar Award）或奧運獎牌也不是不可能。

當你的孩子只是說了一句「我喜歡敲打桌面的感覺」，你就立刻送鼓組給他當禮物，還幫他報名音樂才藝班；發現孩子喜歡從一數到十，你就立刻將他們送進數學加強班深造。每個父母都默默幻想，自己能成為優秀的家長，哪怕再微小的刺激，都能使這種念頭占據我們的大腦，並瞬間化身為令人聞風喪膽的「星媽」跟「星爸」，在場外朝孩子尖叫、吶喊，把自己活成一場失控的悲劇。

而那些被迫參演父母電影的孩子，終其一生都會覺得自己與環境格格不入，認為所有人都不懂自己，感覺受到限制。他們只想尖叫，讓家長知道「我想過自己的人生，不想活在你指導的電影裡」。

但是，你的子女沒有拒演的權利，因為他們還在襁褓時就已經被欽點為主角，即便到了童年階段，導演也沒有換人的打算。或許你小時候也曾被分配到自己不想扮演的角色，但由於罷演的代價實在太高，你只能默默承受這種令人抓狂的挫折感，帶著表裡不一與被迫違背本性的感受長大成人。

我們的心之所以會一直感到匱乏，彷彿有個空洞，導致自己永遠都在尋覓什麼東西、什麼人、什麼成就或財產，以填滿體內那個沒有價值的空間，就是因為我們在童年時，沒能看見並尊重真實的自己。雖然這種渴求的感受因人而異，也不是每個人都會感覺自己一定要如此尋尋覓覓。但有一件事放諸四海皆準，就是所有人都渴望填補內心的空虛。

我們帶著這種渴望成為家長，並將其投射在自己的子女身上，孩子就成了我們最後的救贖，是我們感受個人意義與價值的最後手段。這種渴望與投射，是蒙昧育兒的標誌，而我的目標，就是要藉由全新的覺醒育兒扭轉窠臼。

你之所以會選中這本書，和我一起踏上這段旅程，正是因為你也渴望進入覺醒與個人實現的狀態。

子女正是最能任由你擺布的對象

當我們越渴望教出完美的小孩、過完美的生活，就越感受不到自己的內在價值。渴望與內在價值缺失，這兩種心理元素的關係錯綜複雜，且會互相影響。

其實，所有家長腦中的電影劇本都大同小異，字裡行間都會不經意透露出對「完美生活」的渴求。這是所有人的終極夢想，但我們也都知道這只是幻想，人們想追求外在的完美，是因為想獲得控制權。當所有事情都按照計畫發生，我們便覺得自己能掌控局面，這使人感到舒適、安全，覺得自己成功了。

伴隨成功而來的是價值感。**當一個人感覺自己的內在價值越低，就越會追求外部的控制與完美。於是，我們會設法掌控自己能控制的一切人事物，而子女正好就是可以任由我們擺布的最佳對象。**

控制父母與同齡人是不可能的，所以我們便將魔爪伸向弱小的孩子，開始幻想他們的容貌、姓名、嗜好、言行舉止、個性、理想、結婚對象。接下來，我們會將自己加進畫面中，幻想孩子能讓我們的心情變好、找到個人價值、覺得自己很重要且成功。

每一位準父母都有過這種幻想，而內心越是有匱乏感的人，幻想出的細節就越多，得知美夢無法成真後情緒的翻湧也會越劇烈。

寶寶誕生後，家長就會開始規畫與雕琢細節，例如為嬰兒房塗油漆、買玩具，順便塑造與控制孩子、策劃他們的未來。我們會用各種手段，讓子女符合幻想中的形象，孩子們只要配合就會獲得獎勵，一旦抗拒，我們就會大發雷霆，傷害、打壓他們的感受。

身為家長，必須知道我們腦中的電影，都是源於內心的渴望與匱乏，雖然可能有些難以接受，但這是覺醒的關鍵。

我們的情緒完全被自尊心控制，導致我們會太過專注在一些事情上而不自知。我有個客戶名叫蘿倫（Lauren）。有天，她突然打電話給我，要和我討論她青少年的兒子布萊恩（Brian）。

蘿倫從電話另一端咆哮著告訴我，布萊恩申請進入學校籃球隊失敗，讓她現在既害怕又生氣，她說：「今年夏天，我千拜託萬拜託，要他練球跟保持體態，他卻把我的話當耳邊風，成天跟他那幫朋友鬼混。這下好了，他沒入選籃球隊，放學後的時間這麼多，他一定會惹麻煩，我現在真的氣炸了。」

我聽得出來她心情很亂，而且還認為所有的事情都與自己有關。面對來自外界的觸發點（trigger），特別是當這件事與孩子有關時，若我們會立刻以強烈的情緒回應，就代表背後有更深層的心理因素。挖出問題的源頭需要勇氣與自省的能力，身為一名治療師，我明白這個道理，也有能力引導客戶認清這一點，但他們通常都不會立刻接受我提出的建議。

我對蘿倫說：「妳之所以會這麼生氣，並非全是因為兒子跟棒球。這股怒氣源自妳內心深處，可能與妳對生活的想像有關。」

聽完我的回答，蘿倫一時語塞，但很快就回過神來，並說：「妳說想像是什麼意思？我根本就沒幻想過布萊恩會成為運動員，好嗎？是他自己說想要加入校隊的。我情緒會這麼激動，是因為他實在是太廢了！他完全可以靠努力進入校隊，甚至拿到獎學金！他有一段時間籃球真的打得很好，結果現在徹底荒廢，這就是我生氣的原因！」

你發現了嗎？家長永遠都有辦法提出合理的解釋，讓他們可以堂而皇之的將怒火宣洩在孩子身上。我之所以這麼懂這種心態，是因為我自己以前也是如此。我最愛用的解釋句型是「我聲音這麼大是因為擔心」，事由可以是女兒拖延症發作、找不到錢包，或任何事都行。我們不會審視自己的內心，嘗試找出憤怒與恐慌的源頭。

我向蘿倫解釋，告訴她感到失望很正常，但她表現出的憤怒已經過頭了，目的是要掩飾內心深處的問題。

蘿倫真正的問題是什麼？為什麼她在看到兒子放棄籃球後，會如此大動肝火？她真的相信自己的說辭嗎？蘿倫會這麼生氣，是因為她培養籃球運動員的美夢破滅嗎？我花了一點時間突破蘿倫的辯詞，讓她明白自己不完全是因為關心兒子，才發這麼大的脾氣。

我溫柔的提醒她：「其實，妳大可以用其他方式表達自己的關心，例如同理心與同情心，但妳選擇生氣。」

經過幾週心理治療後，她終於鬆口：「看兒子打球是我人生一大樂事，他真的很有天分，我也與有榮焉。我可以預見他的前途一片光明，只要他成功了，我就會覺得自己是個好媽媽。」最後，她終於接受現實，承認自己生氣是因為失望，並說出藏在內心深處的自私念頭：「我希望兒子成為運動員，因為這件事會讓我感覺自己育兒有方。」

蘿倫慢慢開始跟我分享她童年的經歷，拼湊內心世界的真實樣貌，她說：「雖然我演技一般，在學校舉辦的話劇表演上，也總被分配到龍套角色，但我一直都渴望成為鎂光燈的焦點，當一名專業演員。我父母從來沒有鼓勵過我，還說我不可能成功，於是我親手埋葬自己的夢想，扮演能讓他們感到驕傲的藥劑師。直到今天，我還是清楚記得那種不被人相信、被拒絕的感受。」

蘿倫一說完這些話便恍然大悟，理解自己當下的反應與過去有關。她說：「妳會不會覺得我之所以這麼氣我兒子，是因為他的情況使我想起那些不被人相信，以及沒有機會追逐夢想的感受？他可能根本就不在意有沒有入選，這件事卻令我回憶起兒時未竟的理想。」

蘿倫終於了解，過去的創傷會影響自己育兒的方式，使她在不自覺的狀態下，過分看重布萊恩的校園籃球生涯，並對兒子的選擇傾注太多情緒與投資。因此，當布萊恩決定放棄籃球，蘿倫便很難不對這件事做出反應。

我相信，不少家長都能理解蘿倫。或許子女的決定或讓你心太煩、意太亂，導致你無法體諒他們對自己生活選擇的感受。我記得，有好幾次我都因放不下對幻想的執念而影響情緒，導致自己無法活在當下、讓女兒從我這裡得到她最需要的同理心。

瑪婭第一次參加馬術比賽就拿下絕佳的成績，但在賽後她決定不再練習馬術。當時，我已經開始幻想陪女兒四處比賽的生活，所以我完全無法接受自己的美夢就這樣破碎。更讓我生氣的是，瑪婭連再試一下都不肯。

如果不是因為覺醒育兒的話，我可能早就開罵了。那時候，我已經寫了兩本以覺醒育兒為主題的書，所以我很清楚問題不是出在女兒身上，而是我對她的期望在作祟。假設這些年來我完全沒有意識到這件事，一定會把所有幻想強加於她，並在她拒絕實現我的夢想時訴諸情緒勒索。

你的「家長電影」劇本是什麼？

當家長開始意識到腦中的電影不切實際時，最大的受益人便是孩子。我們不只能終止這些幻想，還能在孩子無法實現父母的夢想時，讓他們從負罪感與羞愧感中解脫。

從此以後，子女不必再扮演家長擅自選定的角色，而是可以根據天性，演出最適合自己的劇本；他們再也不用處處受制於家長的幻想，而是可以自由飛翔，投奔屬於個人命運與真我的藍天，擁抱無限的機遇。

親子衝突大多是因期望與現實的分裂而起，割裂的情況越嚴重，衝突也就越火爆。當孩子做出某個決定，你的情緒因而起了波瀾，請不要責怪他們，因為問題很有可能不是出在子女身上，而是源於幻想與現實的分裂。

家長應該探索內心，誠實審視自己的電影與劇本。若父母對子女的期望被潛意識操控，那麼當孩子未能達成期望時，父母的失望感就會加劇。這樣對孩子一點也不公平，他們根本不知道家長在腦中幻想些什麼，怎麼可能達成我們的期望？當我們在不自知的狀態下實踐這些劇本，親子雙方都將成為輸家。請根據下列問題，回答你的「家長電影」相關細節：

- 這部電影的片名是？
- 這部電影包含哪些人物？
- 每個人物扮演的角色分別是什麼？
- 電影的結尾是什麼？

接著，請寫下電影的內容與劇本：

請參考範例，在上欄寫下你對孩子的幻想，下欄則是現實的情況：

幻想	現實
我的孩子是運動員。	我的孩子不愛運動。
我的孩子性格外向、待人和善。	我的孩子既害羞又內向。
我的孩子學業成績優異。	我的孩子有學習障礙。

輪到你了，請將你的狀況填入左邊的表格：

幻想	現實

現在，你知道為何幻想與現實的差距，會令人倍感焦慮和壓力了嗎？這世上最讓家長心碎的

事，莫過於對子女的幻想全數落空。你可能會覺得孩子讓自己蒙羞，或是以自己為恥，認為自己或孩子一定有什麼問題。

當家長意識不到自己的幻想，便會陷入長期的失望與焦慮狀態，卻找不到背後的原因。完成幻想與現實的對照表後，請回答下列問題：

- 我能坦然放下這些幻想嗎？
- 我能在電影下檔後，接受現實與子女真正的樣貌嗎？
- 放下對子女的期待後，我的內心有什麼感受？
- 如果現實情況使我感到恐懼與痛苦，該怎麼辦？
- 孩子真實的樣貌，能使我感到快樂與富足嗎？

將幻想中的電影下檔固然心痛，但學會接受現實能使我們感到平靜。與其責備孩子不願出演我們的電影，不如轉換心境，放下怪罪的言語和羞恥感，為他們的新生活喝采。

孩子和我們一樣，有權主導自己的人生電影，而不是非得參與父母或誰的作品不可。當一個人可以根據自己的夢想和願景，打造他專屬的人生經歷，便能培養出韌性與個人價值，並發自內心的覺得自己「真的很好」。

相同的道理也適用於孩子，相較於為了家長的期望與幻想而活，和真實的自己建立起關係才能站穩腳跟。

當父母放下對子女的幻想，允許他們擁抱自己、選擇自己人生的道路，就等於賦予孩子個人價值與讚賞自己的能力。但首先，我們必須了解孩子的真實樣貌，別再嘗試將他們改造成自己幻想中的版本。

3 有毒父母都有這些口頭禪

照顧與控制只有一線之隔，一旦踏錯就會出大事。
如何在對的時機現身，如何給予適量的愛，
如何默默陪伴孩子，如何用理解代替質問，
是育兒的藝術與核心，是育兒的風波和魔力所在，
是育兒不可言傳的奧祕。
育兒沒有公式、不可預測，也不會有人撫慰你的心靈，
你只能踩著無限延伸的鋼索，邁向未知的領域。

許多家長喜歡裝出一副道貌岸然的表情，宣稱自己對孩子的愛獨一無二，還說自己是這世上唯一真心愛他們的人。家長常說，自己所做的一切都是為了孩子著想，是出於一片好心。你也是這樣想嗎？

請做好心理準備，因為我要來拆穿你的面具了。

首先，我想說**你確實愛自己的孩子**，可能你此生都不曾、也不會再如此深刻的愛一個人。**然**

而，這份愛有很大一部分是出於控制欲和占有欲（我知道，這句話一定刺傷了你的心）。你以為你對子女的愛是出自真心且無條件，實則不然，因為這份愛的主要成分是控制。我可以向你打包票，只有認清這一點，你與孩子的關係才有可能改善。

面對子女時，父母會展現出極度強烈的控制欲和占有欲，並發自潛意識的認為，自己既然提供了全年無休的照護，孩子理應屬於「自己」。按照這個邏輯，父母還會認為孩子的想法、感受與行為，絕大部分也是自己的。

正因如此，我們的潛意識才會期待子女服從自己的意願，按照我們的規畫而活。一旦孩子不聽話，家長便會開啟控制狂模式，用盡各種方法操縱他們，使他們能遵循自己的意志。其中，父母最常用的手法是憤怒與懲罰，若這兩項手段不管用，可能就會祭出沉默對峙、情感退縮，甚至是刻意忽視。

回想一下，你有沒有嘗試用控制孩子的方式控制過成年人？面對成年人時，我們總是會三思而後行，以更多的溫柔、寬容與耐心對待他們。

假設朋友遲到、把鑰匙忘在家裡、忘記將碗盤從洗碗機拿出來，或是無法抽出時間跟你見面，你的理智線會因此斷掉嗎？如果他們把你最愛的書或項鍊弄丟了，你會對他們大吼大

叫嗎？你會處罰他們、用言語羞辱對方、不再愛他們，或是拿走他們最重視的東西嗎？我認為，你不太可能輕易對成年人做出上述行為，而是會認真評估這些行為可能引發的後果。

但是，為什麼我們成了家長後，就沒辦法用禮貌的態度對待子女？當孩子忘了背背包出門，為什麼我們要朝他們大吼大叫？當孩子把運動衫或手機弄丟，為什麼我們要懲罰並羞辱他們？唯一的原因就是我們覺得自己擁有孩子，一切都是家長的占有欲和控制欲在作祟。

最諷刺的是，父母往往認為這才是表達愛的正確方式，甚至還美其名曰「嚴厲的愛」。愛非得用「嚴厲」的方式表達嗎？你能接受嚴厲的愛嗎（就我個人而言是不能接受）？你希望朋友或父母也用嚴厲的愛對待自己嗎？為什麼愛一定要和懲罰與控制扯上關係？為什麼愛不可以只和同理、同情、交流、連結有關就好？

控制不應該出現在愛的成分表中，但我們育兒方式的主要原料正好就是控制。**傳統的父愛與母愛，並不是最純粹、真誠的愛，而是愛＋占有＋控制**。

我們必須意識到自己給孩子的愛，其本質是控制，否則就只會一而再、再而三的用各種操弄的手段，削弱孩子的安全感與個人價值。無論孩子年紀多小，他們的內心深處都知道唯有適應父母，自己才能成長茁壯。

家長該怎麼做？我們要**以無條件的接受和理解，徹底取代控制欲**，並問自己：「孩子究竟是什麼樣的人？他們究竟需要什麼？」而不是「孩子應該變成什麼樣子，才能滿足我的需求」。

你可能會反問：「如果我完全不控制或懲罰孩子，他們要怎麼學會當個好人？」

不少父母都喜歡把這句話當成反駁的口號，就好像他們這輩子只會控制別人，或認為這世上只有「控制」跟「完全放任」這兩個選項。這類家長認為，一旦孩子得到探索發言權與命運的自由，他們就會立刻投奔毒品、性愛與搖滾樂（代指所有反現行社會體制行為）的懷抱。

為什麼許多父母都會這樣想？因為我們都被灌輸了傳統的「恐懼—責備—羞辱」模型，在此模型中，我們都被迫要壓抑自己的搖滾夢。由於家長還沒將這些被壓抑的真我統整起來，因此便會將此模型投射到孩子身上。

正是因為我們成長的環境充滿控制與壓抑，導致我們特別害怕活在不受控的環境中，於是便將控制和壓抑的魔爪伸向孩子。

我不是鼓吹家長採用零干預的被動育兒法，而是解釋控制思維是什麼，以及這種思維會對親子連結造成的負面影響。覺醒育兒法要求父母意識到自己的控制思維，以及自己是如何將個人私心強加在子女身上。

唯有意識到自身的控制心態，父母才能在孩子與自己作對時，能與他們共情（因為我們明白，自己是在強迫孩子順應家長的私心），而不是讓他們因為和我們的「愛」唱反調，而產生負罪感。

我們之所以會鼓勵年幼的子女放棄長號改學鋼琴，或是強迫他們溜冰、打籃球（或是唱歌、跳舞、畫畫、演戲等），很多時候不是因為我們看見了孩子的本質，而是為了滿足我們的需求。當家長能要求孩子按自己的命令行事，便能獲得控制感，因而感覺自己相當重要。

當年，瑪婭說她不想再上馬術課時，身為金主的我勃然大怒，還罵了她一頓。你認為，背後真正的原因是因為我愛她，還是因為我覺得自己無法再控制她，也無法親眼見證她成為我幻想中的馬術師？

還有，在瑪婭五年級時，我曾因為她的成績沒有拿到A而生氣。你覺得，我是因為太愛她而發怒，還是因為無法實現自己的私心（希望她成為校園菁英）？每當我因瑪婭無法達成我的期待而生氣，我的憤怒究竟是源自對她的愛，還是對控制的需求？

其實，我每一次生她的氣，都不是因為我有多愛她，而是因為自己對控制與權力的需求沒有被滿足。只要事情的走向不如預期，我就會抓狂。

你對孩子的每句「你應該」，都很危險

我當然可以戴上愛與關心的假面，宣稱自己會生氣只是因為太關心女兒，但這樣做是公然撒謊。**家長的每一個期待、每一句「你應該」，以及對子女言行的每一項要求，其實都是源自我們對控制的需求**。

你可能會問：「萬一孩子做了不明智的選擇怎麼辦？如果他們欺負自己的兄弟姊妹、偷東西，甚至是吸毒怎麼辦？」我的答案還是一樣：「為什麼要用憤怒與控制解決問題？」這兩種情緒源自未達成的期望與破碎的幻想，它們無法解決任何問題。

當孩子做出錯誤的決定時，真正的解決之道不是引發孩子內心的恐懼感，讓他們不敢再犯，而是要嘗試找出問題的根源，問自己：「為何孩子會做出這種問題行為？」

一般來說，孩子出現問題行為的原因有三個：第一是缺乏資訊，因為他們的生活經驗不夠豐

富，腦中具體數據還不夠多；第二是缺乏技能，因為兒童的大腦尚未發育完全，無法像成年人一樣決定事情；第三是缺乏自我價值，因為孩子害怕、擔心父母拒絕他們，或是指出他們的錯誤。

只要家長願意放下憤怒與控制，開始展現共情與同理，並深入探究問題的源頭，便能扭轉親子間的所有矛盾。**憤怒與控制只會使父母與子女產生隔閡，最終斷開彼此的連結。**

如果你想與孩子建立連結，就要徹底戒斷憤怒與控制這兩種有毒情緒。人的控制欲相當狡猾，它會將自己偽裝成關心、支持、保護等情緒，所以很難被察覺。身為父母的我們，已經太久都沒有審視自己的內心，以至於我們總是將所有行為都說成是愛。

- 我知道妳不想，但妳還是必須學小提琴，因為我愛妳。
- 我希望你當醫生，是因為我愛你。
- 我希望妳留長髮，是因為我愛妳。
- 我前幾天會說你胖，是因為我愛你。
- 我前幾天罵妳，是因為我愛妳。

更誇張的是，家長居然真的相信自己說的話。他們從沒懷疑過，自己的要求可能並非完全出自愛。畢竟，家長的所作所為如果不是出於愛，還有可能是出於什麼？

直視隱藏在「愛」之下的控制和操弄是一種煎熬，只有懂得反思並誠實面對自己的人能做到。父母確實可以用愛包裝一切，但只有真正的勇者，敢面對自己潛意識中對控制的盤算。唯有看穿我們口中的「愛」，並見到潛在其背後的控制陰影，親子關係的本質才會改變，從階層制度和支配，轉型為連結和對等。

不願正視內心的控制獸，會引發一種極其弔詭的現象，那就是**當孩子不聽話時，家長會認為自己才是受害者，不明白自己為何會落得如此下場**。

但事實恰恰相反：**孩子才是家長控制欲和心理狀態的受害者**，很多時候，他們的言行都不是針對父母，而是在做孩子本來就該做的事。孩子確實會做出錯誤的決定，也不夠成熟，但他們的錯誤與幼稚並不是為了傷害家長。

我們之所以會扭曲現實，把自己當成受害者，是因為未能意識到心中需索無度的控制欲。

對父母來說，放下控制權確實很難，但停止控制並不代表放下掌管權。停止控制的意思是，當你覺得孩子違反自己指令時，不要嘗試控制對方。分清楚控制跟掌管的差別：掌管的意思是負起保護與照顧子女的責任，控制則是要求子女對你的感受負責。掌管是沒有附加條件的，但控制會伴隨一大堆條件，我會在本書後續的章節中闡明兩者的區別。

你對孩子的愛，是否有條件？

為了讓你對控制與愛的概念有全新的認識，你必須清楚知道，對孩子發怒、責罵、大吼大叫、懲罰、抽離情緒等負面行為，都不是出於愛。無論你用什麼理由為自己辯護，這些都不是愛。你當然是真心愛孩子，但在做出這些負面行為的當下，你所傳達的並不是愛，而是控制欲。

下次當你想做出這些行為時，請暫停幾分鐘，思考下列問題：

- 為何我會覺得，孩子必須照我的心意做事？我能放下這種執念嗎？
- 為何我會覺得自己必須是正確的一方？我能放下這種執念嗎？
- 為何當孩子不遵循我的計畫時，我會感到被威脅？我能放下這種執念嗎？

每當我們伸出控制的魔爪、禁止子女發表意見時，便會貶損他們的個人價值，在無意間剝奪他們應有的權利、使他們懷疑自己。孩子可能會想：「也許我還不夠好，或是沒有價值，所以不能遵循自己的想法。」或是：「我真的是個壞孩子，爸媽這樣對待我，是我自找的。」如此一來，家長不僅沒能和子女建立牢固的紐帶，還讓親子間的互動徹底失調。

切記，一旦恐懼介入，親子連結勢必會在某處斷開。而為了締造真正的連結，我們一定要提供安全感給孩子，並讓他們能自由表達想法。

當我們開始反思，自己和子女之間的互動有哪些是基於控制時，不僅能終結單方面將意志強加給孩子的模式，還能與他們共情，體諒他們被父母控制欲摀住口鼻的處境。

唯有在無控制的環境中，共情才能蓬勃發展，它是親子連結的基石，也是親子關係的地基（我在後續的章節中，會詳細解釋此觀點）。

家長大多難以接受，自己給子女的愛其實是有條件的，但只要我們願意承認這個事實，便能撤回自己加諸在孩子身上的一切條件。

下列練習可以讓你看見，你所付出的愛其實有條件：

● 如果你＿＿＿＿，我會感到無比驕傲。
● 如果你＿＿＿＿，我會感到難過。
● 如果你＿＿＿＿，我會感到憤怒。
● 如果你＿＿＿＿，我會感到失望。

透過這個練習，你會發現自己對孩子的愛其實充滿條件，其本質脫離不了「如果你……我就……」。請記錄一下，你每天用「如果你……我就……」句型和孩子溝通的次數，我想最少也會有十幾次。

這種有條件的控制會讓孩子產生一種感受，覺得自己必須聽話並取悅父母，才能獲得認可。當子女表現良好，我們會表揚他們，賦予他們價值；但如果他們不乖，我們就會收回讚美。

倘若你直到現在才知道自己的愛有條件，也不要太過自責。你並不是壞家長，只是一個普通、平凡的家長，只有極少數人擁有無私的愛。

我們的父母大多不曾對我們付出無條件的愛，因此大多數人都對這種愛感到陌生。扶養我們長大的，是「如果你……我就……」的愛與控制，以及「恐懼—責備—羞辱」模型，所以我們便理所當然將其沿用在子女身上。

若你想從控制轉型到無條件的愛，就必須具備意識與和清晰的思維。

放下「如果你……我就……」的條件式育兒法

首先，我們必須意識到自己時時刻刻都在控制子女，並努力改掉這個惡習。我們要用自己不曾親身體驗過的育兒法照顧子女，這需要反覆練習並下定決心。說真的，你這輩子可能從沒體驗過無條件的愛。

大衛（David）和瑪希亞（Marcia）的女兒索妮雅（Sonia），今年十二歲，最近決定退出學校的體操隊。

索妮雅是隊上的明星選手，因此大衛和瑪希亞完全不能接受她的決定。她從小學就開始學習專業體操，是當地體操比賽的常勝軍，贏得不少獎盃與獎牌。大衛和瑪希亞認識所有體操隊成員的父母，眾人關係相當融洽，就像是個幸福快樂的大家庭。

索妮雅的決定讓她的父母備受打擊，他們來找我時已經徹底和女兒鬧翻。他們試過育兒書籍裡的各種策略，嘗試操控女兒的行為，但都以失敗告終。索妮雅現在完全不理爸媽，甚至還出現了焦慮症的症狀。

第一次見到他們三人時，我被索妮雅瘦弱的體態嚇到了，她告訴我體操隊所有成員都在節食，還必須照教練的規定按時運動。瑪希亞立刻插話：「節食菜單上的食物都很健康，索妮雅將來會感謝我們的！」

而大衛打斷太太，用沮喪的語氣說道：「我們現在沒空聊這些小事，索妮雅已經三週沒練習了，她再不參加訓練就會被踢出團隊。天知道她現在回去還能不能跟上大家，而我們居然還在這浪費時間！」

我問索妮雅為什麼她想退出，她的回答既簡潔又有力：「我想當個正常的小孩，不想再一天花六個小時練習體操。我以前覺得體操很有趣，但現在我覺得不好玩了，我每天都覺得壓力超大。我不能和朋友出去玩，也不能做年輕人該做的事情。我的生活永遠都只有念書、運動、練體操，我恨這種生活，我受夠了！」

這時，大衛又跳進來插話：「索妮雅，體操本來就不好玩！練體操是要磨練妳的決心和毅力！我以為妳懂這個道理！看看妳現在的成就！要是妳中途退出，這一切都白費了！」

很明顯，這對爸媽比女兒還放不下退出體操隊這件事。他們太執著於索妮雅的體操選手身分，已經忘記女兒的真實面貌，也聽不到她想表達什麼。

於是我問大衛和瑪希亞：「為什麼你們無法好好聽女兒說話？」兩人一時語塞，他們從沒問過自己「為什麼我不願聽孩子說話」。

我輔導過的家長，有很多都認為自己有權控制子女、替他們做決定，這種觀念根植在潛意識之中。

當索妮雅拒絕被父母控制，他們非但不會問自己「為什麼要控制她」，反而還加大控制的力度。我說：「尊重並接受孩子的決定，是很困難的事嗎？索妮雅付出的還不夠多嗎？她贏得的成功還不夠多嗎？你們現在想要她怎樣呢？是還想要她再練十年體操，你們才肯同意她退出嗎？」

我真的很想幫助這些家長，因為我能看見他們思維的閉塞之處。這些人的子女承受了極大痛苦，但他們無法拋下既有的觀念。

捨棄舊有模式，並接受自己需要改變不是件簡單的事。大多數家長就像大衛和瑪希亞一樣，眼中只看得見負面的事情：他們害怕如果女兒放棄體操，未來就上不了好大學。大衛和瑪希亞希望索妮雅能成為體壇新星，自己便可以當一回星爸、星媽。在他們幻想的電影中，女兒是天賦異稟、拿獎拿到手軟的體操選手，但這個幻想並不會化為現實。

大衛和瑪希亞認為，控制是「拯救」女兒、以免她「誤入歧途」的唯一手段。他們以為只要自己態度夠強硬，她就會屈服；他們以為控制與操弄是接近孩子、糾正孩子的唯一途徑。但他們忽略了一件事，那就是當下他們給索妮雅帶來的痛苦，將成為她此生最深的傷痕。

我們對孩子的愛，其實常常帶著控制和恐懼，而唯有願意審視躲在潛意識內的恐懼，我們才會願意改變。當大衛與瑪希亞了解自己有條件的愛已經傷害到女兒，他們才能放下控制的手，好好了解孩子的想法和處境。

大衛與瑪希亞發現，索妮雅其實很想跟學校的新朋友相處，而且還喜歡畫畫，但之前太忙了，一直沒時間投入這項愛好。此外，他們還發現女兒並不是不負責任、說變就變的人，只是願意誠實面對自己。

當索妮雅的父母學會無條件接受女兒，並放下支配的欲望和權力時，便能發揮同情心和同理心，與她建立連結，育兒的整體機制也會徹底改變。

大衛和瑪希亞重新思考，不再認為女兒的決定「大錯特錯」，而是將其視為幫助生命綻放的選擇，讓索妮雅可以展開雙翼，擁抱新的夢想。他們漸漸明白，給女兒自由，讓她去認識真正的自己、開創屬於自己的道路有多重要。

而卸下肩頭的重擔後，索妮雅終於蛻變成自己原本的模樣，這一切父母都看在眼裡。索妮雅的朋友變多了，也開始鑽研不同的藝術領域。雖然她今後不能再靠體操拿獎，卻因為成為「一般人」而收獲更多快樂、平靜、滿足。這難道不是我們對子女的終極期望嗎？

解除對孩子設置的各種條件，我們便能看見他們最真實的一面、看見他們的靈魂。與其控制子女，要求他們按照我們的計畫做事，不如深入了解他們究竟是誰，並徹底改變自己的觀念。

而這一切，只有當家長願意放下「如果你……我就……」的條件式育兒法，才能與子女建立起這種緊密連結。

4 孩子也是人，請允許他們混亂

我渴望體驗到某種感覺，
為此我在墓園裡狂奔，
弄碎了不只一顆由玻璃打造的心，
一頭撞上由石頭砌成的夢，
只為了找一種感覺……。
像上了癮似的在垃圾堆中翻來翻去，
我拚命追求幸福與成功，它們是我的毒品，
直到我攀上山巔，
才發現樂趣盡失。
因為我已經沒了氣、失了魂，
視線被血染紅——
從我清醒後遺留的痛苦中流出的血……。

育兒過程中，最讓家長心煩意亂的，就是孩子必須活得幸福並獲得成功的念頭。**幸福與成功這兩個概念，是親子衝突的製造機**。因此，只有看清這種思維背後潛藏的危險，你才能發自內心接受覺醒育兒。

隨便問一名家長，最希望孩子得到什麼，大家往往都會不假思索的回答：「我希望我的孩子可以幸福與成功。」我們甚至不會去深思這個答案的意義，好像幸福與成功是育兒的終極目標。

接下來，我就要來挑戰這兩個概念，並告訴大家：追求幸福與成功，就是讓育兒充滿壓力與衝突的主因。

首先，**代替別人發聲這件事本身就有問題，這是一種控制**。這跟祝福他人一切順利並不一樣。希望某個人獲得幸福與成功，目標很明確，而祝福別人順利則是籠統的。

假設你正被研究所的課業搞得頭昏腦脹，此時你的一位朋友突然聯絡你，她非但沒有嘗試理解你目前的處境，還表示對你很失望。她說：「沒想到你居然這麼不快樂！我希望你快樂一點，別再鬱悶了。」聽到這番話你心裡有什麼感想？而如果她說的是：「為什麼你沒有拿A？為什麼你成績這麼差？我不能接受你考出這種成績。」你又會有什麼感覺？

你一定會被她的態度狠狠打擊，並感到很受傷，從此再也不跟她來往，對吧？其實，這就是許多家長平時對待子女的態度。我們太希望孩子能幸福和成功，所以才會讓他們在既不幸福也不成功時，感到自己毫無價值。

你可能會反駁我：「希望孩子幸福、成功有錯嗎？我們也希望自己的伴侶、父母與朋友幸福與成功，不是嗎？」

我希望各位家長注意到這兩者的差距。希望親朋好友幸福與成功，是一種被動的祝願；但是，希望子女幸福成功，是家長投射到孩子身上的主動欲望與期待。我們會逼迫孩子，要求他們獲得自己理想中的幸福與成功，不讓子女獲得探索、出錯、難過、憤怒，以及學習寶貴教訓（生活的混亂與美好其實緊密相連）的自由。

讓孩子學會擁抱生活的混亂

接下來，讓我們更深度解構此概念。

首先，無論我們初衷有多麼良善，**強烈希望孩子幸福與成功都是一種自私的表現**。我們希望孩子幸福成功，是因為我們想成為幸福成功的家長，當子女達成這個目標，我們便會覺得自己是有能力的、重要的。所以，我們當然希望孩子幸福，但前提是這種幸福必須符合家長的期望。事實上，父母都希望子女能聽自己的話、尊重家長的權威，這種態度使我們感到幸福，認為自己掌握著控制權，是成功的家長。

此外，我們還必須了解，幸福與成功不過是一種概念而已，每個人對幸福與成功的定義都不同。這是因為**幸福和成功是相當主觀的概念，而非客觀現象**。因此，**將這兩個概念當成育兒目標，等於讓子女承受不切實際的壓力與期待，最終只會令雙方感到失望或失敗**。

眾所周知，幸福是一種稍縱即逝的感受。生活的本質複雜且微妙，希望孩子時時刻刻都感到幸福，其實是種荒謬的念頭。

此外，成功也是種令人費解的概念，判斷的標準相當複雜。年輕新手媽媽眼中的成功，是跟寶寶安穩的睡上一覺；而與她同齡、無小孩的女性，可能會覺得徹底戒糖或戒酒才算成功。對某個人來說，成功是學會一門新語言；但也有人認為，成功是解開困擾自己許久的方程式。

我想說的是，幸福和成功是我們加諸在自己身上的想法，但我們不知道的是，這兩個概念的意義隨時都在變化。由於我們總是在盲目的追求幸福與成功，所以每當看到孩子不幸福或不成功時，理智線就會立刻斷裂。

看到孩子哭，父母就想立刻緩解他們的痛苦，這樣做不僅是為了他們，也是為了自己；而看到孩子課業表現欠佳，父母就想懲罰或教訓孩子。我們對幸福與成功的執念，使我們不斷犯錯，也為我們帶來不必要的苦痛與折磨。

在童年時期，追求幸福與成功便根植於我們的內心。同時，這也是人類文化的一部分，整個社會都在追求這兩個概念。幸福與成功就像一種癮頭，若我們無法看見其背後的空洞，便會落入陷阱，希望自己的孩子也能擁有幸福成功，並因為他們活得不幸福、不成功而難過沮喪。

你或許想反問我：「所以，妳是說孩子傷心或成績不好，做父母的都不用管嗎？這樣會不會太絕情了？」這就是我想釐清的地方：關心孩子，不代表他們必須變成幸福成功的人，也不代表他們的難過和失敗是你的過錯或責任。

關心孩子的真諦，在於接受他們真實的樣子。如果他們難過，就讓他們難過；如果他們憤怒，就讓他們憤怒；如果他們數學不好，就不要為難他們。當然，家長還是要掌握孩子的近況，並幫他們解決問題，但我們所做的一切，都不應該以讓孩子「幸福與成功」為前提。

各位家長，我希望你們跳下追逐幸福與成功的列車，因為你永遠都抵達不了終點站。要是你堅持不下車，就只能受困於這趟永無休止的旅途中，終其一生尋找，最後什麼都得不到。

父母當然都希望孩子能過快樂的生活，但我們也要接受現實，知道世上不可能有人永遠處於幸福的狀態。每個人都可能在人生某個階段中感到恐懼、挫折、難過與失敗，這是人生的常態，我們必須接受這一點。

相較於要求孩子追求無法實現的事物，教他們擁抱生活必然會出現的混亂更加重要。發自內心接受生活的亂，會賦予孩子韌性；堅信生活是烏托邦，充滿無窮幸福和成功的孩子，則不具備這種特質。當孩子不期待生活一帆風順，便不會因為現實與想像的必然落差，而感到失望。反之，若你的孩子把生活想像成理想國，那麼當某天泡沫破滅時，絕對會令他們徹底崩潰。

家長應該淘汰掉幸福與成功的概念，不要著眼於結果，而是更重視過程，聚焦於當下與體驗。聚焦當下，代表把注意力放在兩件事情上：活著的狀態和與當下的連結；聚焦體驗，代表接受在這個地點、這個時刻發生的所有事情。

所以，無論孩子是哭泣或微笑，父母都應該收起評判的言語，讓他們好好體驗當下的真實狀態。他們與生活體驗的內在連結是什麼？他們從中學到了什麼？內心正在經歷什麼轉變？當我們用心觀察這些時刻，生活便能超脫固定的結果，聚焦在當下，事物也不再只有「好壞」之分，而是與人的感受有關。

聚焦當下與體驗更趨向過程，幸福與成功則趨向結果。當父母教孩子體驗生活的過程，而不是只看結果，他們心中的壓力會減輕，會變得更快樂、更平和，而家長也能從中受益。

你的孩子是否真的聚焦於當下？如果答案是肯定的，那就夠了。他們是「快樂」或「憤怒」並不重要，重要的是他們能真誠面對當前的現實。成績好不好或存款多不多不是重點，孩子內心的體驗才是。若他們能依自己的心體驗生活，並認可這些體驗是屬於自己的，家長又何必在意他們呈現出的樣貌。

我之所以認為父母必須接受這種新思維，是因為這種思考方式能減輕親子雙方的壓力，還可以讓家長擁抱孩子的自然狀態與真我表達方式，而不是強迫他們永遠開心或扮演天才的角色。

接受孩子當前正在經歷的事情，告訴自己「孩子正在經歷難關」或「孩子沒有學數學跟微積分的頭腦」，你與孩子的壓力就會立刻減輕。

希望孩子幸福，往往是因為你覺得自己達不到

我的客戶史黛西（Stacey），她的兒子喬許（Josh）十歲，今年夏天是他第一次參加夏令營。史黛西完全無法接受孩子要離開自己三個月，不敢想像自己要如何撐過這段時間。

史黛西非常關心孩子的情緒健康，因此她的情緒總會隨兒子的心情起伏。也正因如此，喬許很依賴母親，在參加夏令營期間時時刻刻都想聯絡媽媽，告訴她自己當前的感受，這種行為讓夏令營輔導員感到困惑，不知道該如何與喬許建立關係。

史黛西只要收到輔導員傳來的正面訊息，或是在線上相簿中看見喬許的身影，心情就會立刻變好；但如果接連幾天都沒有消息，她便會陷入沮喪狀態。史黛西每天都心不在焉，時時刻刻都在擔心兒子的精神狀態。

史黛西和許多家長一樣，認為替子女創造完美的夏令營體驗與童年生活，是自己的責任，並覺得父母的任務包括管理孩子的情緒。每當喬許碰上問題，她就會立刻把責任攬下來，把兒子的問題當成自己的問題處理。也就是說，史黛西對兒子的生活涉入太深，導致自己以兒子的樂為樂，因兒子的悲而憂鬱傷神。

我想讓史黛西看見自己的做法有多傻，於是問她：「誰說孩子必須時時幸福成功？誰說父母的任務是全年無休管理子女的感受？這些都是不正確的想法。」

我接著向她解釋：「因為妳的緣故，喬許對自己的情緒與感受都非常焦慮。妳太在意他快不快樂了，導致他認為自己應該討厭焦慮跟悲傷。其實，這兩種情緒都是一時的感受，我們可以自行決定是否要悲傷或焦慮。但每次喬許情緒低落時，妳就會驚慌失措，所以他便開始排斥這些正常的感受，而這會使人的情緒變得更躁動不安。只有在妳能理解喬許所有的感受，都是人類必經的短暫狀態，他才能接受這個觀點。除非妳能覺悟，否則妳和喬許只能永遠被困在這種相互糾纏的狀態之中。」

史黛西驚訝的說：「每當他心情不好，我就會緊張。我受不了這種感覺，這讓我覺得自己是個失敗的母親，如果喬許有個好媽媽，內心就不會有負面感受。我記得，我媽媽從來沒有真的開心過，每當她走進不開燈的房間、躺在床上時，我都會感到莫名恐懼。我覺得她這些年來一直都沉浸在憂鬱中，無論我多努力都無法讓她開心。我特別怕看到悲傷的臉孔，因為這種表情會觸發我不好的記憶，使我變回那個孤零零的女孩，懷抱恐懼的心情，等待『快樂』的媽媽走出房間。」

史黛西終於找到自己太過關心兒子的真正原因。其實，我們每個人都和她一樣，會在童年時期形成對強烈情緒的負面連結。史黛西的母親可能不知道如何管理自身情緒，而這份焦慮便由女兒繼承，並由她再交到兒子手上。

在我們的共同努力下，史黛西終於發現她太過依賴喬許，想透過兒子的開心證明自己很重要、很成功。由於媽媽太依賴兒子，喬許也用同等的依賴回敬母親。其實，喬許並沒有其他的選擇，因為兩人的互動方式逼得他只能與母親緊緊相連。這種情況導致喬許小小年紀就必須觀察母親的需求，放棄自己真實的一面、扮演好兒子，完美復刻自己母親小時候的行為。

當家長認定孩子必須幸福成功，其實就代表我們認為自己必須幸福成功。正因我們打從內心覺得自己不幸福、缺乏個人價值，才會將這種需求投射在子女身上。當我們開始修復自己的內在連結，就不會再利用子女滿足個人需求，而能讓他們在不受父母控制與干預的狀況下體驗人生。

史黛西花了好長一段時間才明白這個道理，最後她學會從喬許的情緒中抽離，因為她發現對兒子的過度依賴是一種限制，會使他無法面對真正的自己。經過練習，史黛西學會不要頻繁詢問兒子的狀態與感受。雖然這段抽離過程很痛苦，但幾個月後，她也漸漸習慣了終止全天候糾纏狀態帶來的不適感。喬許雖然還是會感到焦慮，但也開始學習利用不同的方法（例如朋友、治療師的幫助，與他自己內心的指引）滿足自身需求。

家長當然都希望孩子能過上幸福成功的生活，然而，一旦我們被這種欲望蒙蔽雙眼，最後必然是失望與失敗。生活很複雜、很混亂，幸福感並非人力所能控制，成功也只是轉瞬即逝的曇花，若太想要得到這兩樣東西，只會讓自己陷入求之而不得的悲傷。

請把幸福與成功的概念丟進垃圾桶，那才是它們該待的地方。我可以保證，你和孩子一定會感受到無比的喜悅與自由。

這是你給孩子最好的禮物

當孩子感到不快樂，或是在學校碰上什麼困難時，請先觀察自己內心的感受。你能否允許孩子掙扎或感到悲傷？還是說，這些感受與行為會觸發你的負面情緒？

孩子因痛苦而產生的感受，絕對是家長的燙手山芋，我會在第三章深入探討此問題。而此階段我想做的，是釐清你的思維方式。我想請你觀察孩子情緒對你的影響，以及你與這些情緒糾纏的程度。

我們之所以會認為，與痛苦、掙扎有關的感受是「壞」的，往往是因為我們的父母不懂得如何處理這些感受，導致我們在孩子出現相同的感受時，同樣感到不知所措。因此，每當孩子經歷此類的情緒起伏時，我們就會立刻迴避，就像兒時父母躲避情緒激動的自己一樣。

所以，當你的孩子因為一些事情掙扎時，請告訴自己：

孩子也是人，他們現在感到痛苦與掙扎，這些都是正常的感受。只要是人，就會有這種負面感受。這些感受不是壞的，它們是有價值的，可以賦予孩子韌性，讓他們學會自我調節與管理。要是我刻意抹去這些感受，他們就沒機會認識真正的自己。我不需要靠幸福跟成功的孩子來證明自己是好家長，我的價值並非來自子女的成績、情緒或體驗，而是我自己。我能接納孩子發自內心的一切感受，在我擁抱孩子真實狀態的同時，我也在教他們擁抱自己的真實狀態。

把幸福與成功從目標清單撤下，換成「當下」與「體驗」，讓孩子把人生活成它本來的樣貌，而不是要求子女扮演不適合他們的角色，這就是家長給孩子的最大贈禮。

除了幸福與成功，父母還有許多頑固的既定觀念，例如：好、壞、美、愛等，這些印象會影響我們對孩子的看法與行為。

請找出並寫下自己對這些概念抱持的定見，並注意它們是否會左右你的育兒方式。在記錄這些觀念的過程中，你會漸漸了解身邊的人是如何形塑你的想法，以及親子關係受其影響的程度。

請參考下頁表格中的範例，並完成其他空格。

填寫表格時，你是否發現自己深受父母與社會文化的影響？這些觀念是否影響你的育兒方式？當你意識到這些觀念對你的影響有多大時，或許也能看清它們帶來的壓力與焦慮。意識到問題只是個人療癒的一部分，你還必須淘汰舊觀念，並以獨立與覺醒後的新觀念取而代之。

既定觀念	媽媽	爸爸	社會文化	你
成功	考試拿A	賺大錢	買豪宅和好車	活出自己、有一群朋友、歡笑
幸福				
好／壞				
愛				
婚姻				
為人父母				
金錢				
性				
美				

5 別站他前面，要和他並肩

我以為我能拯救你，使你免受苦與痛，
抹去你的眼淚與恐懼，保你不受傷害，遠離人間煙火。
後來我才驚覺，我的所作所為對你無益，
只會阻礙你、使你變得柔弱，無法茁壯成長。
因為生命缺少了這些元素，
就猶如死亡。

請記住一件事：並不是孩子逼你成為家長，這是你的決定，不是他們的。

你可能會納悶，覺得這道理大家都懂，為什麼還要特地重申？原因就是從潛意識層面來看，多數家長的行為都讓人覺得他們不懂這個道理，甚至會覺得他們認為，是孩子逼自己成為父母。這些父母的行為，傳達出來的訊息是：扶養子女是一種恩惠，孩子應該永遠感謝父母的照顧，並將父母當成救世主與創造者。許多家長把自己當成慷慨濟世的大善人，甚至覺得大家應該頒獎表揚自己生兒育女的無私之舉。

我們身為家長，常會不自覺的染上救世主情結，認為既然扶養子女是無私的行為，孩子理應將父母當成主人對待。我們會自詡為孩子的創造者，並認為指使和左右他們的人生，是自己的職責與權力。於是，當子女沒有打電話祝我們生日快樂、不回我們訊息，或是做出不順我們心意的人生選擇時，我們的理智線就會斷裂。

若你想讓自己的頭腦更清醒，就必須徹底接受下列兩件事情：第一，**你不是孩子的「創造者」**，他們的誕生只是一種生物學的因果關係；第二，**生孩子並非無私之舉，而是為了實現個人目的，他們其實不欠你什麼**。當然，孩子可以尊重和愛父母，但這些真的都不是他們欠你的。

既然孩子不是你的創造物，你就不是他們的救世主，更不是他們生命中最重要的那個人。

你可能會想：「孩子就是該把我當成救世主，因為當他們闖禍後，我是那個要在後頭幫他們擦屁股的人。如果他們出事進了醫院，或是在高速公路上發生車禍，還不是我要負責善後。」我能理解你的感受，這種關係一點都不公平，甚至可以說是爛透了，但這就是育兒的現實面。

認清家長的角色，是覺醒育兒的關鍵。當你把自己當成神，似乎擁有極大的權力，但這種定

位只會令雙方受盡折磨。**父母的救世主情結隱藏在潛意識中，不容易察覺，但它會在孩子行為與我們的意願相悖時浮現。**

育兒的最終結果是離別，你卻不願放手

當家長認為孩子的人生決定很糟，或是和我們設想的最佳方案天差地遠時，便會產生強烈的情緒反應。這是因為我們過分認同自己身為家長和救世主的角色，認為子女應該服從於我們的權力，並心甘情願被我們影響。

而一旦孩子不聽話，我們就會覺得自己被侮辱，並心生怨懟，認為孩子是在針對自己，進而打破雙方內心的平和狀態。

假設子女在生活某些方面失敗了，我們也會覺得自己失敗，並因此感到不安；或是孩子不擅長社交，我們會認為這是自己的問題，並試圖彌補。如果家長對此缺乏意識，救世主情結就會使我們承受莫大的壓力，認為自己必須「糾正」子女。

此外，當我們發現孩子不受教時，內心的不滿更是會直接衝破天際。但你知道孩子內心有何感想嗎？他們會因為自己把事情搞砸而感到羞愧，這就是家長在不自知的狀況下，強加給孩子的另一種負擔。

覺醒育兒法的關鍵目標之一，就是要和孩子劃清界線——你沒聽錯，就是劃清界線。你的自尊心這時可能想跳出來抗議，畢竟誰都不想成為那種在外人眼中，和孩子一點關係都沒有的家

長，我們不只想深入參與孩子的生活，還想當他們的主宰。

但是，**身為父母，我們必須培養出不需要家長的孩子**，若想做到這一點，**就必須給他們空間，家長要退居幕後，不要給太多意見，讓他們靠自己的力量體驗人生**。我們不能一方面指望孩子學會獨立，一方面又因為他們不聽自己的話而驚慌失措，這兩件事不可能並存。

而破除救世主情結最有效的方法，就是思考下列問題：

- 若有人認為我需要被拯救，或是嘗試控制我，我會有什麼感受？
- 我喜歡被人指使或教訓嗎？

我不認為你會喜歡被他人支配，也不覺得有任何人享受這種感覺。

人類天生不喜歡受制於人，我們和所有動物一樣，會排斥被限制的感覺。當然，在不得已的情況下，我們會同意他人控制自己（就像鳥獸被迫住在籠子裡），但聽從別人的命令而活，確實不符合人類的本性。這種生活方式只會使我們感到挫折與憤怒，直到某天徹底爆發、掙脫枷鎖。

身為家長，我們太習慣支配子女，根本不懂得換位思考，想想盲目服從他人是什麼感覺。我們沉溺於權力的幻象中不可自拔，誤以為孩子是發自內心需要父母，且樂於成為我們的木偶。

沒有人喜歡當一副傀儡。你不喜歡，你的孩子當然也不喜歡（無論他們年紀多小）。**若家長的控制力度太大，孩子就會起身反抗，對象要不是我們，就是他們自己**。當我們了解人性的這個特點後，就會更注意自己操控子女的方式，也會更加小心，不要讓孩子萌生叛逆的念頭。

支配會使孩子感到窒息。童年時期凡事都必須依賴父母，且迫於無奈必須將自主權交給我們，隨著孩子長大，會越來越受不了這種壓迫感。到了十幾歲時，他們終於因忍受不了而崩潰，這就是人們常說的叛逆期。

雖然許多人都以負面的眼光看待孩子的叛逆期，但這其實是兒童發展的必經之路。當孩子在高壓環境下成長，到了青少年時期卻找不到宣洩的出口，會導致他們在成年初期徹底爆發，走上真正的歧途。

為什麼全世界的孩子都會經歷叛逆期？難道只是巧合嗎？答案絕對是否定的，**孩子在叛逆期會如此囂張跋扈，只有一個原因：他們已經受夠了家長的上帝情結，不想再當個乖巧聽話的孩子**，永遠按父母的意思行事。孩子幼時別無選擇，進入青少年期就會嘗試掙脫。

而家長若是在叛逆期打壓孩子，便會阻礙他們的成長。**唯有透過反抗父母，孩子才能找到自己內心的聲音、主權與真實的樣貌**。處於叛逆期的孩子，就像是在告訴父母：「帶著你們的上帝情結，有多遠就滾多遠。」我們會覺得子女是針對自己，但事實上他們只是在為自己發聲，順從自己的心，並對我們這些自以為是的上帝說不。

那麼，做父母的該如何放下上帝情結，又保留一定的影響力？答案就是覺醒育兒。我們要改變自己的位置，不要再堅持當領頭的人，而是退到一旁支援孩子，和他們肩並肩的走。我們必須停止領導孩子，並開始與他們溝通，將他們當成和自己地位平等的家庭成員。

不要再認為父母才是擁有權力與權利的一方，而是要以全新方式與子女互動。**家長的位置，不應該是走在孩子的前面，或占著他們的路不放，而是在屬於自己的道路上，與他們並肩同行。**

有太多家長選擇離開自己的跑道，介入子女的道路，這種行為對孩子的精神狀態有害而無益。孩子是相對弱勢的一方，無法把父母推回自己的跑道，很多時候他們只能默許家長的行為，而這不僅折損其意志與自主權，也威脅到他們自身存在的意義。久而久之，這種侵蝕現象會令孩子內心波濤洶湧，並開始厭惡自己。

若我們能堅守自己的道路，就不會帶著支配與盲目的權力走在子女前面，而是亦步亦趨，伴隨他們一同前進。當他們往前一步，我們也踏出一步，如果他們轉彎，我們就慢慢跟隨他們的腳步。家長要先觀察孩子往哪裡走，再調整自己的步伐，追隨他們的步調，而不是心懷抗拒。

當然，我們偶爾也必須糾正孩子，以免他們走錯路，但切記要用溫柔的態度，不可以失去應有的尊重與認同。

絕對不要透過控制、恐嚇或操控，引導子女走上自己預設的道路，而是要在有意識的狀態下指引他們，並尊重他們真實的樣貌。**成為覺醒家長有一個重要的條件，就是放下父母的光環，待在屬於自己的道路上。**

問孩子：「你有什麼想法？」而不要直接給答案

日常生活中，我們要展現出不越界的態度，和子女並肩而行，而不是站在前方領導他們。父母如果有自己的生活，也理解自身價值，便能輕鬆待在自己的道路上。倘若家長必須透過子女，才能獲得個人價值與身分認同時，就越難放下扮演救世主與領導者的情結。

不要忘記，我們成為覺醒家長不是為了向孩子灌輸自己的觀念和大道理，也不是要成為他們的主人與上帝，而是要讓他們擁有自己的想法，成為自己人生的領航員。

每個人都想選擇自己想走的道路，而隨著年齡增長與成熟度提升，孩子也會想體驗自行決定人生事務的感覺與權力。**身為父母，我們有義務在日常生活中尋找、創造機會，讓他們從小就能實踐自主權**。

我們可以在孩子年幼時，讓他們自行選擇襪子和鞋子，或決定自己要吃什麼、喝什麼。等孩子年紀稍長，可以讓他們決定晚餐的食材、家庭電影夜要看什麼等。總而言之，家長必須設法放權給孩子，讓他們學會傾聽自己內心的聲音。

很多家長會抗議：「但孩子會不停詢問我的意見啊！」我的回答如下：孩子當然有可能提問，就像他們會問家長能不能再吃第十塊餅乾一樣，但你不會立刻就答應他們。

同樣道理，**請克制提供意見的衝動，讓孩子探索自己的想法**，走完這關鍵的流程。在尋找答案的過程中，孩子的內在認知便會開始運作。如果家長不斷剝奪這個過程，孩子就會過分依賴父母，內心也會充滿困惑。也就是說，孩子會不知道如何使用心中的GPS。

喜歡取悅人的孩子，會將權力交給他人。身為父母，我們必須意識到這種傾向，並溫柔的把權力還給他們。當他們來徵求你的意見時，不要輕易掉入直接告訴他們答案的陷阱，你可以說：「這個問題值得思考，我得好好想一下。我現在還沒有答案，你有什麼想法呢？」

如果孩子也提不出自己的想法，最有效的做法就是讓他們慢慢思考，而不是直接丟出一個現成的答案。

想實踐這種做法的家長，可以先嘗試回答下列問題：

- 我該如何讓孩子獲得行使自主權的權力？
- 我該如何讓孩子知道，他們可以相信自己的聲音？
- 我要如何離開孩子的道路，讓他們學會自己走？

你可以對孩子說：

- 我也不知道答案是什麼，但我們可以一起想。
- 我得思考一下，你也想想吧。
- 我知道你想要我告訴你答案，但你必須自己動動腦。
- 你其實知道該怎麼做，你要遵循內心的聲音。

過度涉入，是變相鼓勵孩子逃避

緹娜（Tina）每天至少都要打一通電話給媽媽海倫（Helen）。你可能以為，緹娜是個十幾歲的青少年，但她其實已經三十多歲了，海倫則是快六十歲的中年婦女。她們最喜歡做的事就是聊天，所以對彼此的生活瞭如指掌。

這對母女的關係確實相當緊密，卻不健康，因為緹娜做任何決定前，都必須先徵求媽媽的建議。海倫是緹娜這輩子最依賴的人，程度遠遠超過緹娜所有同齡的朋友，也超過緹娜本人。因此，這段關係的本質是糾纏與互相依賴，不能用健康和正向來形容。

海倫之所以會找上我，是因為她被緹娜離婚的事壓得喘不過氣，好像要離婚的人其實是她。她必須參與緹娜的每一個決定，兩人每天至少要聯絡十幾次，海倫還必須和女兒一起承擔後果。因為會不停想到女兒的事，導致海倫現在根本沒有心情工作（她擔任銷售經理），生活節奏大亂。

我嘗試向海倫解釋她與女兒的糾纏與互相依賴狀態，但她完全不接受我的意見，並說：「緹娜從小到大都很需要我，我這輩子是不可能拋下她的。」

海倫不知道支持女兒與控制女兒的區別。於是，我告訴海倫：她每救緹娜一次，就等於剝奪一次女兒的適應能力。

但海倫還是聽不進去，她不停對我說：「我不能讓女兒失望！無論如何我都必須幫她！」即便我已經很明白的告訴她，這種等級的糾纏會使她被壓得喘不過氣，她也不願改變。

當家長與子女涉入子女生活的程度過深，並嘗試拯救他們，便會剝奪孩子的自主權。這樣做只會讓家長在不自知的狀態下，打擊孩子的價值與韌性，並在子女能自行解決問題的情況下削弱他們的自信，使他們過度依賴父母。

海倫繼續反駁我的觀點，她說：「一直以來，都是緹娜打來向我求助，我沒有主動提出要幫忙。」我告訴她，第一通電話是誰打的並不重要，重點在於父母是否允許子女繼續依賴他們。

我說：「妳可以聽她訴說自己的問題，但不要給任何建議。**當家長向子女提出建議，特別是青春期後的孩子，無論家長出於主動或被動，這都會削弱孩子的自信。這樣做非但無法引導他們找到內在認知，反而會變相鼓勵他們逃避掙扎的過程，不再嘗試找出答案。**這些掙扎是個人韌性發展的關鍵要素，妳的協助只會讓緹娜失去發展內在認知的能力。」

海倫不願承認，也拒絕接受自己是造成問題的幫凶，並不停的把責任推到女兒身上。海倫是我極少數不願意改變的客戶，我當然也希望自己能說服她改變與女兒相處的模式，但事實是我辦不到。我在此坦承我的失敗，是為了讓你們明白這種模式有多難打破。

到了最後，我對海倫說：「相較於讓孩子發展韌性，妳更想當救世主。除非妳能正視這一點，並治癒妳內心那個極度渴望被人需要的小女孩，否則我無法幫助妳。」

海倫屬於那種真的把自己當成救世主的家長，她對此角色的認同度之高，導致她無法分辨自己和女兒的不同。也就是說，海倫完全沉醉在上帝的角色中無法自拔，對她而言，扮演好這個角色是最重要的事情，擔任能讓女兒成長的母親只是次要。由於救世主這個角色能讓海倫徹底實踐自我，所以她壓根不在乎緹娜太依賴母親而喪失自信。

當父母認為家長的身分是救世主時，就會認為子女沒有能力拯救自己，而過度照顧子女其實就是不把孩子當成人類看待，這會限制他們的發展，剪斷他們的翅膀。救世主家長不允許孩子相信自己的內在認知，而是要求他們相信家長的認知，這種行為只會害了孩子。

身為覺醒家長，我們必須表達自己對子女的信任，並肯定他們認識自己的能力，這是孩子亟欲從父母身上得到的禮物。我們應該在孩子成長與成熟的過程中，將這項禮物交到他們手上，若我們做不到這一點，就代表內心充滿匱乏感與恐懼感的人其實是我們自己。

當孩子在該翺翔的年齡展開翅膀時，若父母無法放手，他們便會感到手足無措，並開始懷疑自己。

待在自己的道路上，並相信孩子會在適當的年紀找到自己的使命，是父母能對子女展現的最高信任與尊重。每個孩子都渴望得到父母的信任與尊重，請不要吝於給予，也不要為這份禮物設限。當你能做到這一點，便不會再覺得孩子不如自己，而是會將他們當成人生路上與自己平起平坐的夥伴。

6 不帶評判，對自己也對孩子

我的孩子不是標籤，
不是形容詞、不是一個頭銜，
也不是裝飾品或獎盃，更不是我的成就或目標。
孩子也是人，他們永遠都在成長、永遠都在變化，
速度之快、幅度之大。
我之所以想將他們定型，
不是因為他們，
而是因為我拒絕接受他們無法被定義的本質，
也因為我無法面對自己的本質。

我知道已經重複很多次，但請容我再次重申：支配式育兒法對我們造成了極大的負面影響，這類育兒法的核心，是將家長奉為圭臬，使我們誤以為自己有權像機關槍一樣，喋喋不休的對孩子品頭論足。

我們會不假思索的用好、壞、懶或聰明等詞彙形容子女，並把這些標籤貼在他們身上，就像替商品標價。這些標籤會左右父母對孩子的行為，當我們認定孩子做了壞事，就會認為自己有理由以惡劣態度對待、懲罰他們。我們不會停下來問自己：「我這樣做對嗎？」或是「他們真的是壞孩子嗎？」而是聚焦於標籤上的訊息，認為他們就是這樣的人。

然而，我們都忽略了一件事：這種行為會永久影響孩子對自己的觀感。

請諸位家長用心思考一個問題：「我有什麼權利評判自己的孩子，並給他們貼上標籤？我有設身處地為他們想過嗎？」

在評判孩子或給他們貼標籤時，父母會在心中做出各種假設。首先，我們會認為自己絕對沒有錯，然而，覺得自己的思考方式優於旁人，正是最危險的陷阱——世界上所有的戰爭與衝突，都是由這種不容質疑的心態所引起。

家長在評判子女時，其實就是在假設自己更優越、更有道理，且絕對正確，這些元素勢必會令一段關係進入失調狀態。

接下來，我們會假設自己完全了解另外一個人的生理與心理狀態。但事實上，沒有人可以完全了解另一個人，即便對方是自己的孩子也不可能。有鑑於此，父母給孩子貼上的標籤根本是出於幻想。

即便如此，我們貼標籤的手還是沒停下過。而這些**評判與標籤就是種族主義、性別主義與暴力的根源**，除了會危及人類的存在，還會引發各種失調症狀。不停給孩子貼標籤，等於訓練他們僅用黑與白、好與壞的單一視角觀察世界。

也就是說，**在貼標籤的同時，我們也在不經意間讓孩子學會偏見**。不過，從好的方面來看，這種負面的動態也可以由父母親手終結。

父母最常給孩子貼上的標籤，就是好與壞，而這兩個標籤又可以延伸出各種意涵，包括聰明、懶惰、善良、刻薄等。家長往往認為，只要自己不斷對孩子的行為給予回饋，就能將他們塑造成自己理想中的人。這種觀念不能說完全不正確，但主要思路絕對是錯誤的。回饋確實能形塑行為，但接下來就有點複雜了。如果家長給的評價是源於自我，這些回饋的作用就不只是形塑行為，而是包含控制。

其實，我們賦予孩子的標籤大多是源於自我，意即標籤內容完全取決於子女行為帶給我們的感受。舉個例子來解釋，假設你因為孩子考試拿B而批評他，這種憤怒的反應其實是來自你的自我，而不是出於孩子自身的感受。

很多時候，我們給子女貼上「好」孩子的標籤，是因為他們讓我們覺得自己是優秀的家長；反之，我們給子女貼上「壞」孩子的標籤，則是因為感受不到自己的優秀。

家長眼中的「好」孩子，往往是溫順、高成就、和顏悅色與聽話的孩子，也就是能將父母的自我供上神壇的孩子。然而，如果我們仔細研究這些標籤，並承認自己是以自我為中心的家長，就能發現「好」孩子其實不利於我們自身的轉變，因為他們的「好」會使我們的自我持續坐大。

那我們口中的「壞」孩子呢？這些孩子確實會粉碎父母的自我，把家裡鬧得雞犬不寧，但他們的本質有可能是「好」的，因為他們擁有喚醒父母的潛力。

總結而言，**家長常因子女讓自己心情好，而給出「好」標籤，心情差就給出「壞」標籤，而不是以孩子自身的優秀為標準**。正因如此，我常常說「好」標籤與「壞」標籤都沒有意義，它脫離不了家長對自我的依附。

父母貼在孩子身上的標籤都帶有偏見，這與我們過去接受過的制約有關。若我們不願正視此事實，就會繼續給孩子貼上標籤，假裝自己是在培養他們的道德觀，但實際上只是在把他們捏成自己想要的樣子。

尊重孩子的決定，他們不是要對抗你

我女兒瑪婭在十四歲那年，突然決定放棄已經學了七年的鋼琴，就像熱情突然被一盆冷水澆熄一樣，上週明明還在練習，下週卻說不學就不學。我知道這個例子，跟之前我提過的馬術事件有點相似，但我想指出一些細微的差異，請別急著跳過。

我舉的例子之所以都和子女放棄某項活動，或是違背父母的心意有關，是因為這類決定總是會被父母判定為對抗行為，但事實上，孩子們只是在行使自主權而已。

聽到女兒的決定，我的自我瞬間進入作戰模式，想給她的行為貼上「不明智」、「不負責」、「不為別人（鋼琴老師）著想」的標籤。我想罵人、大聲尖叫，並動用一切手段哄她、說服她繼續練琴。為什麼？我從小就喜歡彈鋼琴，也希望自己的孩子能彈一手好琴，甚至彈得比我好。所以，當瑪婭說她不想再練琴時，我的心立刻碎落一地——更準確的說，是我的自我碎裂一地。我覺得她的決定是在針對我，因此特別傷心。

我的自我嘗試說服我，「好」家長不會讓孩子自行決定大事，也不會讓他們想喊停就喊停。「好」家長應該控制局面，並命令孩子承擔責任、當個「好」學生。幸好那時我練習覺醒育兒已經有一段時間，才能忽視自我的聲音，不受到它操弄。

我之所以能不受自我操控，是因為我知道女兒的決定涉及一些重要的東西，遠比父母的自我還重要，那就是瑪婭傾聽內心的能力，以及面對鋼琴、決定與鋼琴關係的能力。雖然她的決定違背了家長的自我，但我發現讓瑪婭學會接受自己，對她的個人發展更重要。

如果我使用的是傳統育兒模式，此時我一定會大肆批評瑪婭，並給她的決定貼上「糟糕透頂」和「不負責任」的標籤。我一定會說她是個「壞孩子」，並故意讓她產生負罪感。但我沒有這樣做，因為我知道自己之所以會想批評她的決定「很差勁」，是因為瑪婭使我身為人母的自我感覺「很差勁」。

我把「好」與「壞」放在引號內，是為了凸顯這兩個字缺乏內在價值，而且其使用的目的，通常都是為了讓他人遵守評判者基於過去制約而形成的標準。「好」與「壞」的作用，是賦予評判者可信度和權力，但它們本身缺乏任何權力和意義，因為它們只存在於評判者觀點之中。

我心中的覺醒父母知道這個道理，也知道能傾聽心中關於練琴的感受，並勇於用言語清楚表達，有益於瑪婭的個人發展；傾聽內心的渴望，並大方展現在生活中，就是活出真我的核心。

我想告訴你們的是，家長實在無須評判孩子的好壞，他們的內在一直都沒變過，他們和我們一樣都是人。當然，他們的決定可能會豐富自己的人生，也或許會毀掉自己的人生。**父母應該問自己：「這個決定會讓他們獲得自由或受限制？」**如果答案是自由，這個選擇就能豐富孩子的人生；若答案是限制，這個選擇便會摧毀孩子的人生。

在瑪婭的例子中，她認為停止練琴能使她感到自由，對她來說是能豐富人生的決定，那麼我就必須支持並表揚她的決定。她的感受才是重點，只要她能接受後果，且年齡跟成熟度也已達到能真正理解後果的水平，我又有什麼立場否決她的選擇？

雖然我的自我無法接受瑪婭的決定，但她的靈魂能因此受益，因為她能藉著這個選擇表現真我。到頭來，子女的精神狀態才是最重要的事情。

假設瑪婭的年齡不是十四歲，而是更小呢？我還是會抱持相同的態度嗎？答案是大致上一樣，因為年紀再小的孩子也已具備表現真我的能力，只是他們的做法會更衝動一些。

年幼的孩子通常都會做出一些魯莽的決定，因此我們可以這麼說：「我注意到你不想練琴了，我希望你能為自己做出正確的決定，但我建議再試三個月好嗎？因為爸爸媽媽已經答應老師了。如果三個月後，你還是決定要停止，那我們就再好好討論一下。」採用這種策略，等於放下嚮導身分的自我，和子女並肩前行，不僅能尊重他們內心的渴望，也給雙方多一點時間評估狀況。

讓四歲的孩子擁抱真我，代表讓他們掌管家庭事務嗎？當然不是，讓他們擁抱真我，代表家長必須有意識且主動開啟對話，**和孩子討論他們內心的渴望，並抱持著正確的心態和他們協商各種決定。和孩子溝通是為了讓他們傾聽內在的認知，並讓他們覺得自己能被看見，且個人的意**

志、聲音與主導權都能受到尊重。

我們在生活中給人（包括子女）貼上的標籤，絕大多數都是源自我們過去接受過的制約，以及對方的行為是否與這些制約相符。當兩者的差距越大，標籤的措辭就會越趨嚴厲。家長往往不願承認，他們貼標籤的行為是受過去制約影響，所以會將標籤的壓力通通交給孩子承擔。

也就是說，**當子女被貼上「好」孩子的標籤，他們就會覺得自己必須為家長的幸福負責，並擔心自己如果不能讓父母一直感到驕傲，便會被賦予「壞」孩子的標籤**。此時，當孩子的行為逾越了父母給出的選項時，我們便會讓他們覺得自己骨子裡真的是個「壞」孩子。

這類孩子往後做出的所有人生選擇，都將取決於旁人對這些決定的感受，而不是遵循他們自己內心的聲音。他們會永遠都活在害怕讓人失望的恐懼與羞愧感之中。對孩子來說，這種壓力是否太沉重了？

我們應該對孩子這樣說（措辭可以視他們的成熟度而調整）：「你可以自己做決定，但前提是你必須接受這個決定帶來的後果，如果你能做到這一點，我就會支持你。如果選擇的結果不盡如人意，我可以幫你做出另一個決定。」

假設孩子年紀還小，你可以嘗試這樣說：「我知道你現在不想練琴，我可以陪你上鋼琴課，看看你心情會不會好一點。如果你還是不喜歡，我們可以一起想個解決的辦法。總之，我們先試幾次，看看效果如何。我一定會聽你表達自己的感受，也會跟你一起決定接下來該怎麼做。」

這兩種說法，都能讓孩子覺得父母重視且在乎自己的感受，並發自內心相信父母會尊重、考慮自己的情緒。這類孩子可以和他內心的聲音建立連結，並傾聽這些聲音，而不會以自己的感受為恥。

別把你認定的好與壞，貼在孩子身上

家長要避免把自己的評判加諸在子女身上，讓他們遵循內心的欲望做選擇，這就是覺醒育兒教會父母的事情。

你可能會提出質疑：「如果孩子吸毒或從事犯罪行為怎麼辦？這些難道不是壞事嗎？」在回答這個之前，我想先問你一個基本的問題：「你給孩子的行為貼標籤，是出於自我的反應，還是因為這個行為確實會傷害到孩子？」若你分不清楚這兩者的差別，就無法回答這個疑問。

如果孩子吸毒或從事不法勾當，我們可以確定這些行為會危害他們的身心。但是，也不能就此蓋棺論定，因為確實有人做出了這類選擇，反而變得更堅強、更有韌性。

例如我認識的一位青少年，曾在派對上喝到爛醉，導致他從此對酒精反感，因為他親身體驗過酗酒帶來的負面影響。後來，他還主動幫助朋友擺脫物質成癮。這就是「錯誤」選擇帶來「好」結果的真實案例。

我想表達的重點是，**家長不能在未提供改變的工具，以及不了解背景的情況下，就替某件事或某個人貼上「壞」標籤**。這些工具包括父母的理解、同理心與同情心，如果缺乏這些元素，我們便會與子女失去連結，並讓他們感到恐懼。接下來我們會持續討論這個主題。

總而言之，評判與標籤會使我們與他人產生隔閡，特別是我們的子女。因此，我們一定要三思而後行，不要輕易說出評判孩子的言語。

孩子有權得到成長和進化的空間，而不用擔心會被家長貼標籤；他們有權得到犯錯的自由，並深信家長會永遠認可他們的價值。即使我們有時不同意子女的人生抉擇，也必須透過溝通讓孩子知道，自己並不是在評判他們的本質。我們與孩子的連結是絕對不會動搖的，無論表面上有什麼變化，我們都會和孩子最真實的一面緊緊相連。

當孩子感受到來自家長的承諾，他們就會永遠記住自己的價值，即便經歷了成長的困惑與衝突，他們也不會遺忘個人價值。

家長重視子女的價值，可以改變他們的一生，讓他們記住即使人生變幻無常，自己的價值永遠不變。如果你想讓孩子擁有這份餽贈，就必須拋下評判的言語和標籤。做好心理準備了嗎？我們開始吧。

你是否常常給人貼標籤？

生活的本質是中性的，它不「好」也不「壞」，而是一種由無限因果展開的狀態。在大自然眼中，老虎吃鹿這件事情不能用「好壞」來定義，而是一種自然的行為。相同的道理適用於生活中的萬事萬物，一切都是無盡的因和果造成的自然結果。將一件事情從因果鏈中獨立出來，貼上「好」或「壞」的標籤，確實不是明智之舉。

接下來，我們要鍛鍊你的中立性，但首先我們必須承認一件事，那就是**品頭論足是人類難改**

的積習。我們對什麼都能評上兩句，無論是天氣、交通，或是人的樣貌、身材、穿著、鞋子與房子等，族繁不及備載。然而，我們不知道這些評判都是過去制約的投射，反映的不是純粹的現實，而是充滿主觀色彩的偏見。

想學會用中立的眼光看待人事物，最佳的方式是連續操作一週「貼標與評判排毒」的練習，也就是仔細觀察自己是否在評斷他人，或是給他們貼標籤。我知道這兩件事情都很難，但相較之下，注意自己是否在評判他人難度更高。

若你覺得自己本來就不喜歡評判他人，這個練習將顛覆你的認知。我就是因為做了評判排毒練習，才發現自己原來這麼喜歡對人事物品頭論足，要我不帶著評判濾鏡看待他人或發表評論超過一小時真的很困難，我會不由自主在腦中把人事物分類成「好」與「壞」。這令我大開眼界，也感到有些不舒服。

此外，這套排毒練習還讓我發現另一件事：我相當熱衷於自我評判。證據就是我會因自己喜歡評價他人，而回過頭評斷自己。

當然，做這套練習的目的，不是為了責備與羞辱自己，而是要意識到自己的心態。意識問題是轉型的第一步，若一個人無法意識自己的觀念與想法，就只能永遠受困於當前無知的狀態，所以我在這一階段才會這麼強調要擁有清晰的思維。只有釐清思維模式，我們才能在覺醒的狀態下做出選擇，否則就只是在黑暗中無的放矢，沒辦法瞄準，只能祈禱自己射出的箭能命中目標。

請拿出你的筆記本，寫下你在接下來一個小時（或一天）之中，對身邊人事物的每一句評價，最後以深刻的覺悟與同情心，檢視每一條紀錄。

請將自己當成不帶情緒的旁觀者，不要因紀錄的內容而評判自己。當你透過內心的眼審視自己的評判式想法與言論，便能用更短的時間放下它們，並在這些念頭再次於腦中浮現時，清楚意識到它們的存在。經過幾次練習，你就能快速摒棄這些想法。

你列出的清單可能會長這樣：

- 她居然讓我在家長接送區等這麼久，實在是太不會為人著想了。
- 他真是個懶骨頭，連碗都不幫我洗一下。
- 他只會騙我，根本不在乎我的感受。

請在晚上無人打擾時閱讀清單，這樣你才有反思的機會，並意識到自己的偏見與制約機制。這些人真的如我們所想的一樣嗎？他們的言行和我們的評價真的相符嗎？還是說他們的行為背後有其他理由，又或者這些行為是因我而起？當我們開始反思，便能將他人視為與自己同等的人類，並與他們的經驗連結，而不是將這些人視為襯托自己的配角。

一個人不可能完全不去評斷周遭的人事物，我們能做的，是提醒自己注意個人制約機制，不要將自身的評判投射到他人，尤其是孩子身上。

當家長願意承認自己的評判心態，便能將投射光束從子女身上移開，讓他們專心處理自己闖下的麻煩和犯下的錯，不用擔心還要取悅父母。以中立的態度對待孩子，他們便能得到應得的空間與自由，嘗試各種人生選擇，而不用擔心家長會給他們貼標籤。

想學會用中立的眼光看待人事物，父母必須先培養同情心與耐心——不是對別人，而是對自己。**我們如何苛待他人，反映出的是我們如何苛待自己**。當我們能理解這層關係，人生就會開始改變。

各位父母，請你們用中立的眼光看待自己，不要因為一些小事就責怪、羞辱自己，而是嘗試用下面這段話安慰自己：

> 我是人，我會犯錯，也有缺點，但這不是一種缺陷，而是身而為人的現實。失敗與犯錯不會讓我變成「壞」人，而是證明我只是個普通人，相同的道理也適用在孩子身上。我不該在他們身上貼標籤，我該做的，是觀察他最真實的一面，而不是妄加評判。不帶評判的觀察是一種贈禮，把這份禮物送給孩子，等於信任他們修正自己和展現個人認知的能力。無論對我，還是對孩子而言，這都是無價的寶藏。

不妄下評判、不亂貼標籤的人，能令我們感到安全，在這些人身邊我們會覺得自在，這個道理放在孩子身上也能成立。你該問自己的問題是：「我想成為孩子安全的港灣，讓他們可以盡情做自己，還是要成為他們懼怕的對象？」你的答案將決定你是否願意從「評判」轉向「同理」，我相信你一定會投奔中立與覺醒的懷抱。

覺醒育兒的第一階段到此告一段落，你的感覺如何？

若你一時還無法接受本書提出的觀點，我建議你先花幾天消化，之後再繼續。在這段期間，你可以用全新意識看待育兒，觀察自己和子女的關係，並用紙筆記錄你的發現。這些反思有助於內化本書提出的概念，讓它們成為直覺式的反應。

覺醒育兒傳達的理念是反直覺、反文化的，它徹底顛覆了文化世世代代灌輸給人們的想法。因此，你對覺醒育兒的初體驗，可能會是孤單、陌生、疏離，甚至排斥。這很正常，你無須介意。給自己一點時間與空間，讓這種全新的育兒之道，滲透到你的每一個細胞。若你因此產生負罪感也是正常的，它會使人陷入自厭狀態並感到痛苦，你必須觀察它、記錄它、放下它。

或許，你已經完全能接受覺醒育兒的理念，也準備好進入第二階段。如果是這樣，我建議你先花點時間，寫下你覺得最重要的精華，以及覺醒育兒帶給你的啟發。好好反芻這些內容，讓他們融入你的思維，然後再往下讀。

接下來，我們要探索你的真實面貌，並找出你的真我。**第二階段的主要目的是回顧家長的童年，弄清楚童年經歷對你育兒方式的影響**。

第二階段的任務確實有點困難，卻是本書的核心。只要找出是什麼將你塑造成今天的模樣，你就能解放真我，做出新的人生選擇，並徹底扭轉親子關係。

第二章

五種冒牌家長，你是哪一種

孩子，將你當成生活的圓心好累，我觸摸不到你的心，屢試屢錯，到底哪裡出了問題，我不知道。

我只是想用正確的方式對待你，卻覺得窒礙難行，覺得我倆之間橫亙著一條鴻溝，那是一道痛苦的深淵，我跟你都是受害者。

我最大的願望是弭平彼此的隔閡，並在我倆心深處建立一條紐帶，一條直通靈魂的紐帶。

我的客戶戴夫（Dave），今年四十七歲，擔任某科技公司執行長，他的兒子史考特（Scott）十七歲，是學校的明星棒球員。戴夫和兒子的相處模式已經徹底失調，但他本人完全沒有意識到這件事。

戴夫很喜歡棒球，只要兒子有比賽，他就會到現場擔任義工。有次，史考特的教練生病，球隊需要替補教練，戴夫立刻毛遂自薦。誰能料到這件事居然成了父子關係崩壞的源頭。

自從戴夫開始擔任教練，他和兒子的關係就每況愈下，爭吵跟賭氣成了每天的例行公事。史考特甚至威脅戴夫，說如果他不停止擔任球隊教練，自己就要放棄棒球。戴夫覺得兒子根本就是個臭小鬼，因為棒球隊所有成員都喜歡自己。但史考特可不這麼想，他覺得爸爸對大家總是頤指氣使，而且還特別喜歡針對自己，搞得他非常丟臉。

這對父子才剛踏進我的辦公室，我就能感受到劍拔弩張的氣氛，也看得出兩人異常疏遠。

我鼓勵史考特說出自己的感受，他的回覆如下：「我爸根本不知道自己有多霸道，他一直覺得自己很厲害，什麼都懂。他對我下命令時都用喊的，而且只要我犯錯，他就會把我批評得無地自容。我以前很喜歡打棒球，但現在我只要想到棒球就怕。我爸把球隊當成軍隊在管，而他就是掌握權力的獨裁者。我記得小時候他也會這樣教我打球，我超討厭他那種居高臨下又不尊重人的態度！」

史考特話音剛落，戴夫便說：「我沒有！我絕對不是這種人！你敢不敢告訴喜法莉小姐，你前幾天搞出的大烏龍？我在球場上不是你爸，是你的教練，我有責任指出你的錯誤。我特別注意你是因為我關心你，換作是其他人根本不會理你！」

這一瞬間，我明白史考特無法跟父親溝通的原因。戴夫還接著說：「我之所以答應擔任替補教練，是因為我愛你，如果不是為了你，我根本不會管球隊的死活！」

我知道戴夫內心的掙扎。他很愛史考特，也為此犧牲了自己的時間，但他就和大多數家長一樣，完全意識不到自己的策略其實沒有半點效果。他的出發點是好的，但方法卻是錯的，導致兒子無法接收到他的愛與支持，反而覺得父親在虐待自己，使雙方對同一件事的觀感背道而馳。

我相信，所有家長都有過相同的經歷：無論你的初衷多好，孩子總是會認為你在故意折磨他們——令人抓狂，對吧？這種現象之所以會發生，是因為這種行為其實是一種自我式控制（但父母意識不到這一點），而當孩子覺得自己被人操控，自然就產生抗拒的心態。

家長常催眠自己：「我做的所有事都是為了孩子著想，他們不知道自己的決定會對人生造成什麼影響，但我再清楚不過了，所以我得告訴他們。」又或者我們會像戴夫一樣，告訴自己：「我得把兒子訓練成優秀球員，無論用什麼手段都要達成這個目標。」

當家長在心中默默盤算要把孩子「訓練」得比現在更「優秀」，便會打擊他們的感受，削弱他們的自信。我們很難意識到這種想讓孩子變得更「優秀」的欲望，通常都是源於我們當下的恐懼和匱乏感。家長想為孩子打造的美好將來可能永遠不會實現，但在優化的過程中，我們勢必會將彼此關係搞得天翻地覆。

初次療程結束後，我打了通電話和戴夫約時間進行個人療程。我嘗試向他解釋史考特的觀點，但戴夫根本聽不進去。他說：「史考特就是愛抱怨，他永遠都看到事物的負面，我已經受夠不停迎合他的抗議了。他要不就振作起來，要不就因為態度不佳被我踢出球隊。我一心一意想幫他，誰知他居然這麼不知好歹！」戴夫的情緒相當激動，覺得自己一點錯都沒有，也渾然不知這種行為已經傷害到兒子的個人價值。

戴夫已經徹底被育兒的迷霧籠罩，完全忘記自己身為家長的責任。他不再是兒子仁慈的引路人，而是將所有焦點都放在自己身上。進入這種狀態的家長，彷彿被一股未知力量主宰與誘惑一樣，完全無法控制自身言行。

你知道這股力量的真面目是什麼嗎？答案就是**童年時期那堆沒結清的爛帳**！我接下來會慢慢解釋給你聽。

我對戴夫說：「你兒子覺得你在控制他。你主動擔任球隊教練，不就是想支持兒子嗎？你現在的做法已經背離這個初衷，導致親子關係脫節。」

我本來還想接著說，戴夫卻急著插話：「妳什麼意思？我一直都很支持史考特啊！是他不懂得感恩，還覺得我這樣是理所當然。如果我爸爸當初能做到我的十分之一，我絕對會願意為他赴湯蹈火。我願意用自己的性命換一個願意支持我的爸爸！我真的為史考特付出太多了！」

答案出現了：童年創傷！

戴夫覺得，只要給兒子自己童年時期求而不得的東西，就能成為一名慈父。他把過去的傷口投射到史考特身上，並把自己的形象塑造成他心目中的好爸爸，這種行為根植於戴夫過去的傷痛，而與史考特的需求毫無關係。也就是說，戴夫的所作所為都是為了自己，他完全忽視了兒子感受。

我必須用溫和的手法讓戴夫意識到這一點，於是我告訴他：「戴夫，你現在的行為是在彌補過去的缺憾。你渴望得到父親支持，但他從來都沒給過你，所以你才會用盡方法，讓史考特不要和自己一樣孤立無援。但是，史考特不覺得自己需要你的支持，你只是把自己的需求投射到他身上而已。你內心真正想做的，是修正過去的錯誤，但在這個過程中，你也毀掉了親子間的關係。」

戴夫花了幾週的時間消化這段資訊，他不明白為什麼這樣做是在控制孩子，只聚焦在自己的「立意」良善。經歷幾次回顧療程後，戴夫終於開始觸及自己童年時期的傷痛。

戴夫表示，成長過程中他總是得不到父親的重視，所以父親的認可變成了他最強烈的渴望。無論是在課業方面或球場上，戴夫都力求表現，也贏得資優生與明星運動員的頭銜。但很可惜，這些成就依舊無法吸引父親的目光，戴夫只能用更多成功包裝自己，並盼望父親終有一日能看見自己的價值。

時至今日，戴夫依舊沒能得到父親的認可，兩人的關係也越變越僵。最後，戴夫親口承認：「我完全不知道我的父親與童年經歷，會給自己帶來這麼多傷痛。我以為自己沒事，如果不是因為妳提醒了我，我根本不會意識到自己的行為有多瘋狂。不敢相信我居然會這樣對待史考特，我竟然把自己極力避免的行為都加諸在他身上。」

戴夫漸漸理解自己之所以會想擔任孩子的教練，是因為缺乏個人價值，他想讓孩子擁有他從未有過的東西，並成為自己理想中的「好爸爸」。當史考特不認可父親的做法時，戴夫內心的傷痛就會被觸動；當戴夫覺得自己「不夠好」，他的自我就會發出怒吼、伸出利爪。於是，戴夫開始複製童年時期的行為：成為最優秀的人，也就是不惜一切代價（包括兒子的福祉）成為最優秀的教練。

戴夫的行為很快就像個孩子般徹底失控，直到他開始探索過去的行為模式，他才漸漸理解童年經歷帶來的傷痛。直到現在，他才明白自己將太多東西都投射在兒子身上，而導致親子關係失調。

理解自己的行為模式後，每當此類模式開始出現在父子間的互動時，戴夫便能及早發現，並阻止其繼續發展。經過幾次實踐，戴夫與史考特的關係有所好轉。一年後，戴夫徹底改變了自己的行為模式，對家長這個身分的意識，也上升到了另一個高度。

此外，史考特會回應戴夫的每一次進步，就像花朵趨光一樣。這就是孩子的可愛之處，他們其實也不想築高牆封閉自己，但只有在感到安全的時候，他們才會探出頭來。

戴夫起初是拒絕接受現實的，這種心態並不罕見。生活中，大多數人都會進入自動模式，像機器人般活著，並憑著情緒、衝動的回應周遭的人事物。**我們以為自己的回應是針對當下的事件，但其實都是在回應童年的經歷。**

身為家長，我們可以放棄這種蒙昧的育兒方式，在更理解子女的狀態下和他們建立連結。我們可以在反應的當下喊停，並問自己：「我為什麼會有這種感覺？這種感覺是來自過去還是當下？」

大部分家長都不明白自己的童年會影響子女，就像我的客戶戴夫，不知道他失控的情緒給會兒子帶來衝擊。只有在意識到自己的童年模式後，父母才能實踐覺醒育兒。真正做選擇的人其實不是我們，而是我們過去的傷痛。

你在此階段的任務如下：釐清自己當下的行為與反應，有多少是受過去經歷的影響。當你對這件事的意識越來越強，便能拋下過去，而根據當下情境做出全新、清楚且有意識的決定。

在此階段中，你會碰上許多揭露自己真實面貌的機會，並在自己的情緒被觸發時，認清自身行為模式和育兒風格。你是喜歡罵孩子的家長嗎？你是喜歡跟孩子談條件的家長嗎？你老是取悅孩子嗎？唯有先弄清楚自己的典型行為模式，我們才能打破這些模式，像戴夫一樣跳脫失調的循環。

我希望你抱持著好奇心，嘗試接下來的步驟。我提出這些步驟不是為了責備你，而是想引起你的興趣，讓你看見自己的行為模式，進而改變。

7 你內心的兩個「我」

孩子，如果我不與自己建立連結，
便不可能與你建立連結。
我連自己是誰都弄不清楚，
我不了解我自己。
只有找回我最真實的樣貌，
我才能面對你最真實的樣貌。
唯有填了內心的空洞，
我才能以無缺的狀態與你連結，
而你才能振翅飛翔。
但首先，我必須拯救自己的靈魂。

心理形塑人格，無論你是否接受心理學的各種觀點，都不能改變這個事實。而對一個人心理影響最深遠的人生階段，絕非童年莫屬。

本章節特涉及大量心理學知識。雖然我喜歡心理學，但也很清楚許多人對此學科不感興趣，我會盡可能以有趣、易懂的方式闡述各種觀點。

請記住，本書所有內容的目的，都是為了幫助你了解自己，以便你能在親子關係中做出清醒的選擇。為此，我們必須對自身心理狀態有一定程度的意識。接下來，讓我們追根溯源，從頭開始。

童年是人生最關鍵的時期，它不僅會決定我們將來人際關係的樣貌，也是我們認識自己、學習如何在這個世界生活的重要時期。也就是說，在人生的旅途中，童年對我們的影響是最深刻也最長遠的。

童年時期是許多重要事件發生的階段，但大多數人對此都一知半解。首先，**制約就是在童年時期發生**，無論是否有意識或同意，我們都會被父母與文化洗腦。接下來，請聽我娓娓道來。

孩子能察覺，自己與父母的關係是場交易

每個人剛出生時的心理狀態都是「未受制約的」，也就是說，我們的心還是「空的」，尚未被家長與文化賦予的規則、價值觀、觀念與傳統染指。此時，我們呈現的是人類最純粹的心理樣貌，感受到的則是無限延伸

的當下。我們以最真實的樣貌示人，而這個真實樣貌，就是最美麗的人類靈魂。也正因如此，成人才會經常用「純潔」來形容兒童。

當然，兒童也不是真的和白紙一樣單調，每個孩子都有自己的特性與脾氣，這是由基因決定的。有些孩子天生冷靜自持，有些則偏向奔放喧鬧。家長常會對孩子說：「你從小就是這個個性！」意思是，人的個性在年幼時就會顯現出來，並在我們的日常生活中留下印記。

雖然說基因組成與稟性獨一無二，但所有兒童都具有相同的內在情感欲望。你知道他們想要的是什麼嗎？答案是，每個孩子都渴望被看見、被認可。**身而為人最大的欲求，就是能活出「自己」，並受到眾人認可**。

但命運不會讓我們得償所望，自成年人出現在我們生命中的那一刻起，我們就被迫迎合他們的意思。我們將無法按照自己的意思發展，所有想法、感受、行為都必須符合他們認定的現實。若我們想活出真我而得到讚揚，父母就必須先學會理解我們。但很可惜，大多數家長的覺醒程度都不高，無法在理解孩子這條路上堅持到底。父母非但不會允許我們綻放成自己想要的模樣，還會將我們塑造成其他的模樣，而從這一刻開始，孩子便會受父母的幻想與期望制約。

這種模式就是人類社會的現狀，家長在孩子剛呱呱墜地時，就不自覺將自身願望、期待與幻想投射到他們身上，並認為這就是身為父母該做的事。

你可以回顧自己和孩子的對話內容，還有自己對子女未來的各種想像。我們認為，自己理應幫孩子打點未來的一切，而建構未來的第一步，就是決定孩子該扮演什麼角色——問題就出在這裡：**家長想要的，跟孩子想要不一樣**。

因此，在他們年紀還小的時候，家長便親手埋下親子關係失調的伏筆，這些伏筆與孩子的本質一點關係都沒有，全都是我們的欲望、期望與投射在作祟。

當你還徜徉在母親的子宮裡時，與你有關的一切就已經被決定好了，包括家族傳統、宗教、價值觀、以及性別氣質！

你可能會說：「家長當然會幫孩子決定事情，他們又沒有其他選擇，這是家長的義務啊！」針對這點，我的反駁如下：我們永遠有權決定如何養育小孩，我們可以複製自己父母的育兒方式，也可以突破窠臼，勇敢修改舊式育兒的輪廓，使其符合現代需求。

選擇用新方法育兒的家長會這麼說：「我選擇掙脫文化桎梏與盲目的信仰，選擇在開始全面規畫孩子的人生前覺醒，並與他們建立連結、了解他們的秉性。」覺醒家長會時時注意自己是否服從了潛意識提出的要求，以及自己是否正在藉此控制孩子（當然，一些非做不可的事情不在討論之列，例如給孩子取名字）。

我們的父母不僅向我們灌輸一長串與生活相關的要求，包括應該將誰當成榜樣、應該跟誰結婚等，還列出了不遵守這些要求會引發的後果。由於父母給予我們的愛是有明確條件的（「乖乖聽話，不然我會收回我的愛。」），因此違背他們的教條可以說是滔天大罪。

其實，父母即使不把話說得這麼直接，孩子一樣能感覺得到。也正因如此，我們會用盡所有方法，避免父母收回對自己的愛。

這種相處模式並不是誰的錯，我們的父母其實也是受害者，他們的真我在童年時期也遭到綁架。**當世代傳承的相處模式已經定型，無意識之輪也只能持續轉動，延續它的週期。每一代人都**

決定了下一代人的命運，久而久之，未能療癒的情緒模式與傷痛，就像浪潮不斷拍打著這個由人類組成的海洋，將數不清的受害者捲入深淵。不過別擔心，因為你即將成為終止這個惡性循環的關鍵人物。

孩子會知道自己最好按照父母的意思行事，這是他們的天性。孩子們知道，比起冒險做自己，實現父母的願望更重要。他們也知道，想得到家長的認同，自己就要當個「乖」孩子，也很清楚「乖」代表壓抑真實的自己。

不知道為什麼，**孩子就是能察覺到自己與父母的關係是場以物易物的交易，他們必須放棄自己，才能換到家長的愛**。而隨著時間推移，父母對子女的期望逐漸變多，孩子真我的光芒也越顯黯淡無光。

其實，所有人都會經歷相同的過程，只是程度不同罷了。我們不能自由綻放成最真實的模樣，而是會在父母精心且隱晦的安排下，被迫壓抑內心最真實的一面。當一個人的真我選擇沉默，便會成為父母複製貼上的翻版。我們會戴上面具，掩飾真我，最終將它埋進內心深處，並期望新的形象能令自己獲得個人價值與重要性。

但現實往往不如我們所願。我們不但無法感受到個人價值與真我，還會覺得自己與當下的生活格格不入，而只有遵守主流的（即家長的）文化習俗，我們才能獲得生活的公民資格。若拒絕服從，便會面臨被驅逐出境的命運，於是我們選擇隱藏真我，不讓它被其他人看見。

由於沒有人在乎我們真實的樣貌，我們最終只能淪為內心惶恐不安與匱乏的假自我，向家長索求價值、肯定與認同。這個充滿渴望的自我，就是眾人經常提到的「內在小孩」（inner child），即本節標題兩個「我」的其中之一。

請思考下面這段話：

我們心中不該住著一個戒慎恐懼，且內心有「空洞」的孩子，每個人都應該覺得自己是完整、有價值的。倘若我們的父母懂得讚美自己的真我，並將這份讚美延續到孩子身上，我們的內心便會感到滿足。人們的內心之所以會住著一個心懷恐懼的孩子，是因為文化與父母的雙重蒙昧。

其實，我們本來就無須感到不安，也不必覺得自己缺乏價值。但很可惜，父母並不懂得欣賞並接受我們的全貌，而是否定我們、將我們切割成空洞的碎片；而當我們內心需求沒有被滿足，這些空洞就會不斷擴張，最終在我們心中，孕育出一個認為自己毫無價值並惴惴不安的孩子，也就是我們的第一個「我」。

我的客戶莫妮卡（Monica）在某次療程時告訴我，她知道自己的內在小孩是怎麼形成的。她說：「我記得我小時候相當合群外向，也很喜歡和兄弟姊妹、鄰居玩耍，每天都活得無憂無慮。我小時候有點肉肉的，但我本人對此毫無感覺，是因為媽媽每天都叫我運動、少吃點蛋糕，我才意識到這一點。但我就是超討厭運動，又愛吃蛋糕。我的人生轉捩點，應該是出現在六歲那年，那時我剛上幼稚園，媽媽開始嚴格限制我的飲食，規定我每天能攝入的熱量，還安排我與營養師見面。她那時連假裝一下都不肯，逢人便說：『莫妮卡超重了！』甚至警告我如果不注意體重，就不能參加同學的生日派對。我覺得我的個性好像是在一夜之間改變的，我突然開始不吃東西、注意自己的外貌，那時我甚至還不滿七歲。除此之外，我還變得害羞、不安、內向、安靜，跟過去樂觀活潑的模樣判若兩人。我可能是以為，只要這樣做就不會被旁人排斥，但我可以老實告訴妳，我那時候真的很討厭自己！」

我們每個人都經歷過莫妮卡經歷過的事。我們與父母關係失調的程度可能不盡相同，但從心理層面來看，所有人的結局都一樣。莫妮卡的真我和大多數人一樣，都散發著耀眼的光芒，但亮度很快就因不安感和懷疑（懷疑自己）而下降。莫妮卡的母親沒有鼓勵她做自己，而是強迫她將目光聚焦在外表上，導致她完全忘記自己的真實樣貌，並讓外表占據一切。

為了保護內在小孩，冒牌自我現身

當人們在童年時期與真我脫節，內心世界便會陷入混亂，言行舉止也不再是出於內在價值，而是出於懷疑（懷疑自己）。**為了緩解個人價值匱乏帶來的不適，我們會創造出一個假自我，並用它來獲得愛、認可與肯定**，這就是兩個「我」中的第二個我：**冒牌自我**。

每個人都渴望自己在他人眼中是完整且有價值的，為了滿足這個需求，我們會戴上不同的面具，而冒牌自我就是這些面具的總稱。

前述例子中的莫妮卡選擇戴上孤僻隱士的面具，這樣她就可以躲進自己的殼裡，將被拒絕的恐懼排除在外。

一個人選擇戴上哪種面具，取決於個人稟性和童年環境。有些人會假扮成喜劇演員，有些人會偽裝成鬱鬱寡歡的人，也有人會成為妄自尊大的討厭鬼。還有一些人會擺出一副「誰理你」的形象，因為他們覺得自己根本不可能得到父母的認同。

戴上面具是一種絕望的手段，代表我們亟欲達成下列兩個目標：**第一，保護內在小孩，不讓它因為父母的否定而受傷；第二，用不自然的方式「購買」愛、認同與價值**。這些方式通常都有違我們的本質，並包含操控（自己與他人）的元素。不出多久時間，我們的真實樣貌便會被這些面具掩蓋，淪為遙遠且模糊的記憶。

以下我將舉一個例子，展示人類的兩個「我」（內在小孩與冒牌自我）是如何在童年時期生根發芽的：

1. 某位家長希望孩子學小提琴。這名家長自己就是玩音樂的，也希望孩子將來能成為樂手，但孩子目前對所有樂器都不感興趣，而是喜歡運動。由於將孩子培養成樂手是該家長的夢想，於是他便強迫孩子上小提琴課。
2. 孩子想表達內心真正的感受，告訴家長自己不想學樂器。但只要孩子一發表意見，家長便會生氣，導致孩子非常害怕被家長否定。
3. 孩子現在面臨兩難的局面：不知道自己應該堅持自己的想法，還是壓抑內心真實的感受。孩子其實想忠於自己的聲音，但也知道這樣做會付出高昂代價，所以只好暫時不理會真我的吶喊。

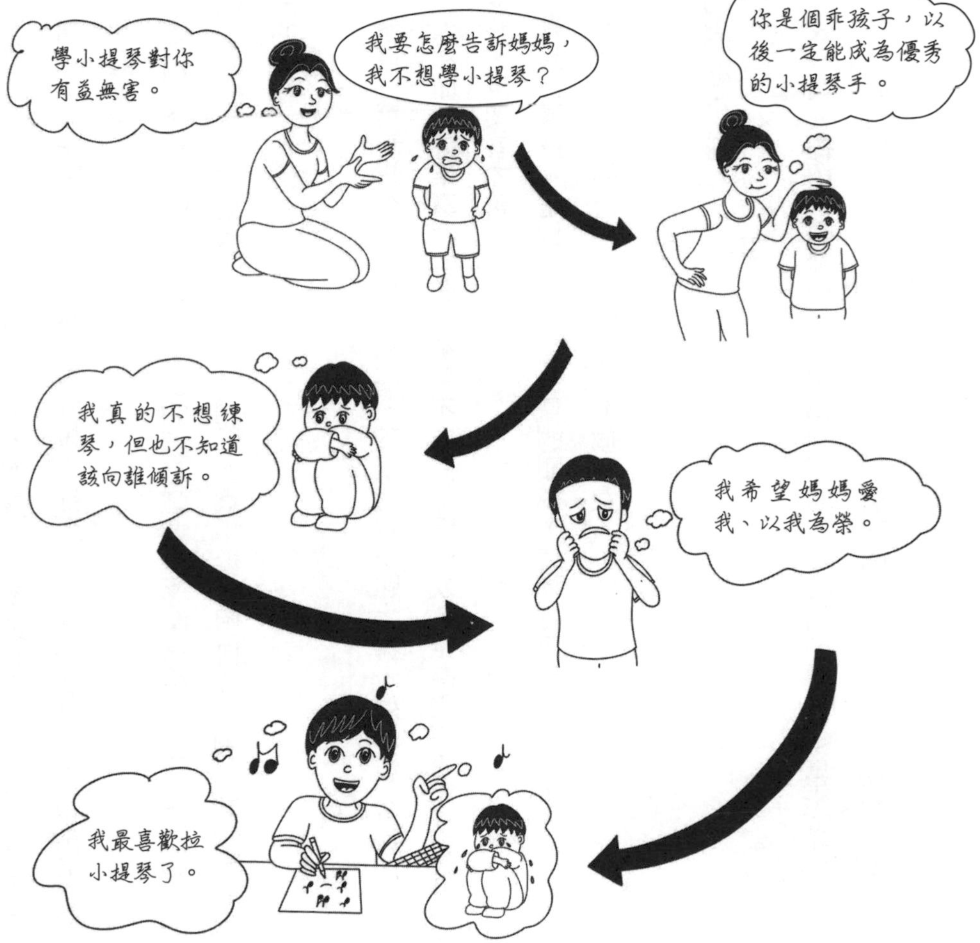
學小提琴對你有益無害。
我要怎麼告訴媽媽，我不想學小提琴？
你是個乖孩子，以後一定能成為優秀的小提琴手。
我真的不想練琴，但也不知道該向誰傾訴。
我希望媽媽愛我、以我為榮。
我最喜歡拉小提琴了。

4. 孩子的冒牌自我跳出來保護主人，不讓孩子被家長的拒絕傷害。孩子戴上懂事聽話的「好」孩子面具，告訴家長：「我超喜歡拉小提琴。」家長聽到之後稱讚並肯定孩子，滿足了孩子內心的渴望。

5. 為了得到家長的認同，孩子臉上的面具越戴越多，並得到超優秀乖寶寶的稱號。家長越是鼓勵孩子，假自我就會變得更強壯一些。幾年後，假自我終因偽裝的壓力而崩潰，孩子才得到療傷的機會。

學小提琴這件事看起來好像無關緊要，甚至有點小題大作。如果這只是單一事件的話，確實沒這麼重要。然而，**綁架真我的戲碼絕對不會只上演一次，唯有受害者將真我縮小到連自己都看不見的程度時，綁架者才會收手。**

意識到真我被脅持，是蛻變與獲得自信的關鍵，這種轉變不只是為了自己，也是為了我們的孩子。當我們找回真正的自由，也能連帶解放子女。

認識你的內在小孩

你的真我還在失物招領處等你。為了順利領回它，我們必須記起童年時期的往事。請閉上雙眼，回憶那些令兒時的自己（二至十歲）痛苦不堪的回憶，並將它們記錄在紙上。

● 記錄事件的經過，以及它帶給你的感受是什麼？
● 父母如何回應你？
● 你在表達真我時，感到安全嗎？
● 在你兒時，父母有沒有呵護你、肯定你？他們是否羞辱過你？

若你在童年時期沒有感受到呵護與肯定，你很有可能會壓抑或否定自己的情緒，導致真我無法出現。

認識內在小孩是獲得自信的關鍵步驟，請務必透過此練習踏出第一步。**你可以為內在小孩命名、賦予它代表色，或是用繪畫呈現它的感受，總之就是記住它的具體形象**。這一點很重要，因為你可以藉此觀察它、承認它，並在有必要時將它召喚出來，幫助你解讀自己的行為。

除此之外，我還設計了另一套練習，可以幫你更加理解內在小孩。具體做法是閉上眼睛，問自己：

● 我現在的感受是什麼？是恐懼還是平靜？
● 我的反應，源於匱乏還是豐盛的心理狀態？

我曾經做過一個實驗，要求自己只能在心態趨向平靜與豐盛時做出反應，在還沒達到這兩種狀態前，我不會採取任何行為。實驗開始後，我大概有七至十天都沒有開口說話，因為我發現自己的反應總是會被恐懼和匱乏制約。

這兩個問題可以讓我們意識到，自己其實還活在恐懼、懷疑和匱乏中。別忘了，**每當我們受制於內在小孩，便有可能喚醒冒牌自我，以補償它感受到的恐懼與不安。**

在接下來的二十四小時內，你能否下定決心審視自己的內心，並回答我提出的這兩個問題？如果可以的話，你還可以回答下列附加問題：

- 我現在是否需要得到認同與肯定？
- 我會不會害怕被拒絕或拋棄？
- 我會不會害怕衝突或被當成壞人？
- 我真正怕的究竟是什麼？

我們一定要了解自己內心的恐懼，因為這是內在小孩與我們溝通的方式，它使用的語彙建築在恐懼之上，例如：「絕對不要這樣說」或「我最好把嘴巴閉緊，不然他們會覺得我很壞」等。三思而後行是自然的反應，但內在小孩引發的恐懼會使人踟躕不前，令我們與真實的自信漸行漸遠，最終抵達一個充滿貧乏的虛假領域：自我的棲地。

我希望你將這六個問題寫在卡片上，並放在顯眼的地方。理解自己內心的聲音後，你可能會被它想傳達的訊息嚇到，並和我當初一樣驚訝的發現，恐懼與匱乏居然已徹底滲入自己的觀念和行為。

若你發現自己的心理狀態和我描述的一樣，請不要緊張，你只不過是聽見了那個孩子的聲音與需求。我必須對你說實話，內在小孩發出的聲音隱藏得很深，必須豎起耳朵才能聽到。有鑑於此，我們可以從另一個角度出發，踏上療傷的旅途：觀察你的反應，從冒牌自我下手。相較於內在小孩的聲音，我們的反應更明顯、易於觀察。

一般來說，**親子關係中的混亂、衝突、隔閡與失調，大多是由冒牌自我的反應引發，它喜歡戲劇化的宣洩，還會引爆各種問題**。內在小孩喜歡隱藏自己的感受，所以相較之下，觀察你對事情的反應比較容易。

育兒地圖的下一步，是幫你找出冒牌自我，以及找出它引發親子衝突的方式。當你意識到冒牌自我的存在，便可以打破由它一手造成的失調模式，徹底改變親子關係。

8 被孩子惹怒，你的第一反應是？

層層面具下的我，到底是什麼模樣？
哪張面具才能代表我？
我拋下了真正的自己。
我拚了命尋找，但還是迷失了方向，
我想找到正確答案，
結果卻錯得離譜，
我張牙舞爪的外表下，
蜷縮著一顆恐懼的心。
孩子，我把所有責任都丟給你承擔，
現在正是掀開層層面具、探索真我的時候了，
唯有如此，
我才能讓你找到真正的自己。

人在害怕或不安時會戴上自我面具。由於現在我們還不理解內在小孩在怕什麼，只能從觀察反應下手——也就是自我的反應。

你知道嗎？每當你做出下列行為，就代表你正戴著自我面具。

- 大吼大叫或責罵孩子。
- 自責或批評自己。
- 因拒絕或恐懼而退縮。
- 孤立自己或拒絕交流。

只要審視失調的行為，我們便能揪出自我，並了解它究竟想保護什麼。行為分析是最簡單的方式，也是我告訴客戶要「從自我的反應著手」的原因。

在開始之前，我必須先跟你釐清一些事情。你覺得「自我」是反派角色嗎？我想你的答案很有可能是肯定的。我們當然可以把生活中各種衰事，都怪罪在自我的頭上，但你一定要了解，自我不是罪人。請容我再次重申，我沒有要你責備自己或任何人，而是希望你明白為何你的自我會做出這些行為。

必須再說一次，**自我的行為是有目的的，它的目的就是保護你內心那個擔心受怕，且在童年時期從未受到善待的孩子**。

由於人的自我是在童年形成，它的運作機制相對來說較為原始、不成熟、幼稚，具體表現包括大吼大叫、成癮、自我傷害與攻擊。當時的我們，還沒學會成人的處事方式，只能用幼稚的技巧應對一切，但這些技巧其實一點用都沒有。

每當我們祭出這些手段，情況只會越演越烈，令內在小孩越發恐懼。

掙脫此困境的唯一方法就是探索內心，修復自己的心理狀態，我會把正確的方法傳授給你。在這個過程中，你將學會如何安撫內在小孩，幫助它轉變並獲得自信。

五種冒牌自我家長，你屬於哪一種

人在遭受壓力時會出現的「3F」生理反應，即戰鬥（Fight）、逃跑（Flight）和麻痺（Freeze）。我借鑑這套理論，創造出五種家長自我的類別，希望能幫助大家找出自己的冒牌自我。**「5F」家長自我，包括狂戰士（Fighters）、平事人（Fixers）、偽裝者（Feigners）、木頭人（Freezers）與逃兵（Fleers）**。

當然，**人的心理極為複雜，沒有人一輩子只戴著一張自我面具**。這五種分類是我根據與客戶相處時接受到的資訊所創建，目的是要提升家長對自身的意識，並未經過科學證實或經驗驗證。

這五種分類，象徵著五種常見行為的樣板，你可以根據這些樣板，找出專屬於自己的反應風格。人在不同情境中可能會做出截然不同的反應，也就是說，你可能會同時跨足五個分類，又或者在人生某個階段隸屬於某分類，之後又轉向另一個分類。但請記得，我們檢視自我分類是為了了解自己，提升個人對觸發後反應的意識，而不是責備或羞辱自己。

請抱著好奇與探索的精神閱讀本節內容，因為你不僅可以認識一個新的自己，還可以更了解身邊的人。用開放與遊戲的心態看待這趟探索之旅，你會在其中發現：「啊，原來我是狂戰士」或「沒錯，我就是逃兵」。

如果讀到一半發現自己不屬於這個分類，也希望你不要跳過整篇內容，因為你身邊可能就有屬於此分類的人，又或者你曾與此類型的人相處過。切記，每個人都戴著一張（或多張）自我面具，這沒什麼好丟臉，也不是什麼恐怖的事。找出自我面具是打破反應循環，以及和子女建立自信連結的關鍵。

若接下來有某些描述讓你感到特別熟悉，就代表你可能正戴這張面具，或在成長過程中見過這張面具。我希望，你能正視隱藏在面具下的感受，並嘗試用各種方式或創意表達法來探索這些感受，例如寫日誌、冥想、繪畫等。

狂戰士關鍵字：憤怒、控制

被孩子觸發的當下，你會**提高音量**、**大聲下達命令**嗎？你會**威脅**、**懲罰**、**怒吼**，**以及咒罵孩子**嗎？如果以上的答案都是肯定的話，你很有可能是個狂戰士。接下來，讓我們進一步驗證你是否真的屬於此分類。

狂戰士的定義是什麼？簡單來說，**狂戰士就是經常感到憤怒且喜歡控制他人的人，他們最常用來應對恐懼的情緒手段就是憤怒**。當內在小孩感到恐懼，狂戰士們就會立刻戴上憤怒的自我面具，並用憤怒來控制其他人。

狂戰士們從小就了解，如果想被看見並獲得認同，就一定要戴上憤怒控制狂的面具。因此，他們會靠吼叫、懲罰和貶低他人，讓自己感受到權勢。此外，體型壯碩與性格霸道的人，往往更容易成為狂戰士。

狂戰士通常會抱持以下兩種觀念：

- 控制所有人能讓我感受到個人價值。
- 我必須透過憤怒來獲得權力，並支配他人。

你在面臨壓力時，會做出狂戰士的反應嗎？你會透過提高音量、憤怒跺腳與控制他人，以彰顯自己的重要性嗎？如果以上的情況都發生在你身上，你很有可能就是狂戰士。

狂戰士成長的過程中，身邊通常都會伴隨著其他狂戰士。也許你曾親眼目睹家長在兄弟姊妹身上施展

過狂戰士的手段，並在潛移默化之下，意識到這些技巧可以提升人的權力與重要性。若你身邊充斥著這類行為，便會自然而然的將支配與價值、權力畫上等號。

其實，狂戰士還可以細分成幾個子類別，你可以仔細想想自己是否會使用下列手段。我要再次聲明，我提出的區分法僅供參考，並非絕對的分類，誠如我之前所說，絕大多數人都身兼數個類別的特質。

1. 威逼者（Enforcer）：被孩子觸發時的當下，你腦中是否會浮現（或直接說出）下列句子：「**我說不行就是不行**」，或「**這是我買的房子，你不打算遵守我的規則就滾出去**」？如果答案是肯定的，你很可能就是戴著威逼者的面具。

戴著這種面具的家長，會希望自己在家裡擁有絕對權力，有點類似家庭暴君的概念，當權力越大，他們內心就越滿足。這類父母經常缺席孩子的生活，也不關心他們的情緒，卻會在頒布法令與規矩時跳出來，確保每個人都確實遵守。

威逼者通常無法從情感上理解他人的需求，因為他們總是埋首於自己的生活與事業。他們的眼睛只看得到好與壞，而比起與他人建立連結，他們更喜歡站在對的一方。

威逼者深信：

- 規則比感覺更重要。
- 無論如何，孩子都必須服從家長。

- 孩子不聽話，就應該被懲罰。
- 孩子必須照家長的意思行事，沒得商量。

威逼者的孩子知道，自己在家長身邊時必須保持沉默，並裝出一副乖巧聽話的模樣。此外，由於威逼者的自我崇尚「順我者昌，逆我者亡」的鐵律，導致孩子根本不敢展現出自己真實的樣貌。為了生存，這類家長的孩子通常在年幼時，便學會逃避與封閉，最後害了自己。

威逼者常說的臺詞：「這是你最後一次機會了，你根本就不懂得感恩。接下來兩週你哪裡都不能去，我必須給你一些教訓才知道要聽話！」

2. 暴怒者（Exploder）：被孩子觸發的當下，你的理智線是否會突然斷裂，並發出撕心裂肺的怒吼？你是不是說變臉就變臉，甚至還會亂砸東西？如果你的答案是肯定的，你臉上戴的很有可能就是暴怒者的面具。

這張面具慣用的手段，就是靠暴怒來滿足自身需求，即便發作的頻率不高，但每次噴出的怒氣都足以把屋頂掀翻。暴怒者的憤怒值可以在短短幾秒間，從零飆升到一百。這類家長不懂得如何表達情緒，只會宣洩情緒。會暴怒的家長根本就是孩子最可怕的惡夢！

暴怒者既不受控又難以捉摸，他們完全無法用文字表達情緒，覺得只有發飆才能讓別人聽見自己的聲音。透過讓身邊的人心生恐懼，暴怒者便能獲得自信與價值。

暴怒型家長認為：

- 家長必須支配孩子、控制孩子。
- 恐懼能讓孩童學習。
- 用懲罰與憤怒引發恐懼是有效的。
- 子女必須服從家長。
- 父母絕對不能和孩子以朋友相稱。

在暴怒者身邊長大的孩子，會被混亂與難堪的陰影壟罩，感覺自己像是掉進了陷阱，眼前的選項只有百依百順與付出高昂的情緒代價。他們不知道家長何時會戴上面具，所以每天都活得戰戰兢兢，永遠都在擔心下一秒會發生什麼意外──我想，沒有任何一個孩子會喜歡這種感覺。而為了安撫暴怒型父母的情緒，孩子更會把全身的精力都用來取悅父母。

暴怒者常說的臺詞是：「我真是受夠你們了！夠了！夠了！你最好給我把嘴巴閉上，你敢再說一句話我就把牆砸爛。你們都瘋了，我覺得你們很噁心！」

3. 起訴者（Litigator）：被孩子觸發的當下，你總是會和他們吵起來？你會不會老是想當說最後一句話的那方？你是否會覺得自己非贏不可，還要讓對方接受你的觀點？如果你的答案是肯定的，你戴著的很有可能就是起訴者的面具。

這張面具象徵的是**不勝訴不罷休，並將生活中的一切視為法庭攻防戰的大律師**。這類型家長特別喜歡與人辯論，且一定要徹底粉碎對手的論點才甘心，他們就像偵探一樣，永遠都在提問、永遠都想控制對話的走向，也永遠都在強迫對手給個答案。總而言之，**起訴者就是不能坦然接受輸的感覺**。

為了支配他人，起訴者可能會耍一些小伎倆，或是訴諸謊言、欺瞞或誹謗。只要能贏，他們會用盡手段，毫無底線可言。然而，他們不知道自己不過是贏了面子，卻輸了裡子。

起訴者深信：

- 生活是一場只有贏家跟輸家的競賽，而我必須當贏家。
- 我不可能會錯，我會證明自己沒有錯。
- 證明自己是對的，比和孩子建立連結重要。
- 旁人不過是賽場中的擺設，孩子則是我用來獲勝的棋子。
- 獲得個人價值的方式是操控別人的心智。
- 爭吵與辯論遠比對話有效。

批評者的子女會覺得自己是罪人與犯人，面對著決定他們命運的法官與陪審團。和這類家長相處，會剝奪孩子的個人價值，使他們認為自己在被證明清白前，都是有罪之身。起訴者身邊的人會感覺自己渺小無力，唯一的應對方式就是閉上嘴巴、封閉自己。

起訴者常說：「你只要回答有或沒有就好，我不要聽理由。只要告訴我答案就好，到底是有還是沒有？你剛剛明明不是這樣說的，怎麼現在又改了說法？你說話前言不搭後語，還這麼情緒化，講出來的答案也錯得離譜。你之前的說法到底是不是瞎掰的？瞎子都看得出來你根本就是在說謊！」

4. 批評者（Critic）：被孩子觸發的當下，你是不是會找一些事情來批評他們？你是不是會分析他們行為中的每一個小細節？你會不會特別注意錯誤和負面的事情？如果你的答案是肯定的，你臉上戴的很可能就是批評者的面具。

你有沒有和以批評為樂的人相處過？這些人臉上戴著批評者的面具，攻擊的對象包括牆上的畫作，以及室內燈光的設計。這是因為**批評者們看什麼都不順眼，非得創造出一些爭端，才會感到舒坦**。

批評者不僅會刻意挑出情境中的負面元素，還會打破事物原本的運作方式，藉以獲得重要度和權力。他們認為，**評價人事物能使自己看起來舉足輕重**。

批評者深信：

- 我的意見才是最重要的，大家都應該聽聽我的想法。
- 所有人事物都有改善的空間。
- 接受現實與人事物的現狀，是軟弱且被動的行為。
- 批評他人會使我感到舒坦。

批評者會不斷告訴自己的子女他們不夠優秀，導致孩子的自我價值感下降到不可思議的程度。他們不僅隨時被無助感籠罩，還會認為自己毫無價值。在這些孩子眼中，生活就是一場硬仗，而自己無論再努力，都無法獲得價值、達到完滿的狀態。由於要達成的成就和扮演的角色實在太多，批評者的子女永遠都處於挫敗和無助的狀態。

批評者常說的臺詞：「為什麼你永遠都在出錯？看看你搞出的爛攤子，簡直不堪入目！請問你打算怎麼善後？你確定要這樣做嗎？我不知道你這樣做好不好，但如果是我的話，我肯定會換別的方式。」

5. 被動型攻擊者（Passive-Aggressive）：被孩子觸發的當下，你是否會拐著彎表達自己的不滿？你覺得有話直說很難？如果你的答案是肯定的，你臉上戴的很有可能就是被動型攻擊者的面具。

這張面具的性質比其他面具更邪惡，它深諳隱身之道，所以更難以察覺。狂戰士發起的情緒攻擊，大多是爆裂式的，而**被動型攻擊者使出的情緒攻擊，乍看是一種被動的退縮，但也具備極強的攻擊性**。這兩種攻擊的結果是相同的，都是全面控制與操弄。

被動型攻擊者會利用注意與忽視這兩項技巧，以控制身邊的人。**當他們發現孩子不照自己的意思行事時，便會收回注意力，故意讓他們失敗**。

被動型攻擊者深信：

● 我可以掌控全局，並透過控制來教訓所有人。
● 為了讓大家聽我的話，我可以收回愛和關心。
● 我想讓大家「看看」誰才是對的，等我消失了他們就會學到教訓。
● 最後的贏家一定是我。

被動型攻擊者的孩子，常會在自己亟需幫助時感到遭人背叛與拋棄，若孩子的需求不符合父母意願時，這種感受就會更強烈。他們會因不遵循家長的計畫、嘗試聽從真我的聲音而付出代價，這份代價就是被父母忽視。

這些孩子活得很累，因為他們必須逆流而上，對抗父母的意志。他們知道家長的懲罰會讓自己痛徹心扉，但眼前也只有兩個選擇：聽從內心的聲音與遵循父母的意思，而大多數孩子都會選擇聽爸媽的話、令內在的真我失望。

被動型攻擊者常說：「你想怎麼做就怎麼做吧，我不在乎，別把我牽扯進去就好。還有，不要在事情搞砸後才來找我，自己闖的禍自己處理，我再也不會去管你那些爛事了。」

平事人：害怕衝突、想當好人

在被孩子觸發的當下，你內心是否會感到惶恐不安？你會不會覺得自己有義務拯救所有人？**你永遠都在尋找需要被解決的問題，好讓自己能感受到主導權**？如果你的答案是肯定的，你很有可能就是平事人。

簡單來說，平事人就是好事者，他們解決內心恐懼感的情緒反應，就是拯救每一個人、擺平所有問題。平事人總處於驚慌失措與不安的狀態，他們永遠都在杞人憂天，只為達成一個**終極目標：成為眾人眼中的「好人」**。

平事人與狂戰士相反，**他們非常害怕與人起衝突，而是會用綏靖、縱容、寵溺、解決問題、幫助他人等手段，緩和內心的波瀾，並換取愛與價值**。他們從小就學到一件事，那就是如果想獲得認同與重視，就一定要好事和取悅他人。一般來說，性格較為溫和與女性特質較強的人，更容易戴上這類面具。

平事人堅信：

- 只要大家都覺得我是好人，我便能感受到個人價值。
- 取悅他人與拯救他人是我獲得權力的方式。
- 幫別人解決問題，可以使我感受到他們的愛。
- **被人需要使我覺得自己很重要。**

和狂戰士一樣，大多數平事人都是因為兒時在家中觀察到這種模式，或是別無選擇，才戴上這種面具。狂戰士會透過控制他人的行為來證明自己很優秀，而平事人控制的則是他人對自己的看法，因為這樣他們才能成為大家眼中的好人。

平事人最怕的就是被拒絕，或變成「壞人」，所以會用盡一切方式控制他人對自己的看法。

覺得這些內容聽起來很熟悉嗎？其實，平事者還可以分成幾個子類別，你可以仔細想想自己是否也會使用下列手段。

1. 縱容者（Enabler）：被孩子觸發的當下，你會立刻接手他們的生活，並為他們打理好所有事情，全然不顧他們也有能力自行解決問題的事實？你會不會覺得孩子永遠都需要你，缺乏獨立的能力？如果你的答案是肯定的，你臉上戴的很有可能就是縱容者的面具。

「縱容」本身就是個負面詞彙，在心理學領域亦然。其實，縱容真正的意涵是「使人喪失能力」，也就是說，**縱容型家長會削弱子女獨立解決問題的能力**。縱容者的本質是救火隊與好事者，他們為他人代勞的事情太多了，導致被縱容者的意志力漸漸被消磨殆盡。

縱容型家長表面看起來慈愛，但他們潛意識在計畫的事情卻會害了孩子。縱容者會操控他人，只為了讓對方需要並依賴自己，而讓他們可以扮演拯救所有人的「大好人」。只有在他人詢問自己的意見，或是向自己求助時，縱容者才能感受到自身能力與個人價值。

即便對方根本不需要自己，或沒有提出需要幫助的請求，**只要能介入他人生活，並讓自己成為對方人生中不可或缺的人物，縱容者便會感覺自己真的很重要**。久而久之，被縱容方勢必會發展出超強的依賴感，只要縱容者不在身邊或不關心自己，就會感到不對勁。

縱容者認為：

- 我的個人價值高低，取決於他人有多需要我。
- 如果有人不管做什麼決定都要徵詢我的意見，我就會覺得自己掌握了控制權。
- 直接跳下來幫人解決問題簡單多了，我可不想看到他們苦苦掙扎，最後還失敗。
- 控制他人的生活，讓我感覺我也能掌控自己的人生。

縱容者的子女不僅會覺得父母幫自己善後是理所應當，還會抗拒自己做決定，或是在抉擇當下感到不知所措。這類孩子**會發展出被動性格**，而讓縱容者為自己解決麻煩。此外，由於這些孩子根本就不知道什麼是承擔風險與後果，大多數也會缺乏自信與安全感。

此外，**他們可能也會憎恨自己的父母，因為他們知道所有援助的背後，都藏著家長的控制**，導致他們心生憤怒與挫敗感，但又不知如何表達這兩種情緒。這些孩子的內心深處其實相當無助跟焦慮，因為他們從沒有過忍受挫折和建立適應力的機會。

擁有隨傳隨到的父母乍看之下是件好事，但從長遠的角度來看，這種模式對孩子的自主性與自信心有害無益。

縱容者常說的臺詞是：「我來就好，我現在有空，我想減輕你的負擔。這件事我來操心就好，我一定幫你辦到最好，你可以趁這段時間休息一下。」

這張面具最棘手的地方，就是他們的語氣都很和善。不過，你還是可以透過下列幾項提示，揪出這些狡猾的冒牌貨：

- 縱容者會主動提供協助。
- 他們會在未經許可的狀態下，介入他人的生活。
- 他們不讓你有說「不」的機會。
- 他們會假設自己知道最佳做法，並認為你接受他們的協助才是正確答案。
- 他們喜歡獨立作業，把所有責任都攬到自己身上。
- 若是被拒絕，他們會露出不快的神情，並收回自己的注意力。

2. 超級英雄（Superhero）：被孩子觸發的當下，你是否會出於本能的想掌控局面？覺得自己有終極決定權，而且是最有資格說話的人？如果以上描述與你相符，你在臉上戴著的很有可能就是超級英雄的面具。

超級英雄什麼都懂、什麼都會，不管什麼問題都能解決。超級英雄和縱容者不一樣，**縱容者喜歡插手他人生活中的瑣事，但超級英雄喜歡的是在最後一刻出手擋下各種災難、危機和決定大事**。超級英雄就是這樣，他們會從天而降，一肩挑起整件事情，他們做風嚴厲、不達目的絕不罷休，而且永遠都是正確的一方。

他們會無視之前所有人的努力，並要求大家屈服在自己的權力、影響力和能力之下。超級英雄會在最後一刻，推翻所有人做的事前準備，並找來一支新的團隊，確保一切都按照自己的意思發展。而在獲得超級英雄的首肯前，他們的家人通常都無法自行決定任何事情，因為所有人都知道，只有超級英雄許可後，事情才能算是拍板定案，計畫也才能啟動。

一般來說，地位較高且有權有勢的人較容易成為超級英雄。一般家長也會參與孩子的日常生活，但超級英雄家長卻擁有改變現狀的實權。舉例來說，一般家長會親自幫孩子複習功課，但超級英雄家長則會直接幫孩子請家教。

縱容者和超級英雄都會讓孩子養成依賴的習慣，手法卻不太一樣。縱容者會藉由掌管他人的日常生活，以創造出控制的假象，但若沒有得到超級英雄的許可、同意與肯定，縱容者也不敢輕舉妄動。

超級英雄認為：

- 這個家我說了算。沒了我，這個家就無法正常運作。
- 我決定的事就是決定了，所有人都要聽我的。
- 我知道怎麼做才是最好，大家都應該佩服我的能力。
- 我是天才，這是不爭的事實。

超級英雄的子女（無論成年與否）通常都無法掌控自己的人生，且內心會一直渴望得到他們心中至高神（家長）的同意和首肯。這些孩子知道，自己的父母能力超群，所以這種相處模式可以說是一把雙面刃：他們一方面會尊重家長的權威，另一方面又會覺得自己處處受限、自信心被打壓，甚至會開始仇視超級英雄和他們的權力。

超級英雄的孩子大多缺乏安全感，並覺得自己處處不如人。他們無法徹底信任自己的內在自主權與領導能力，只能活在超級英雄家長偌大的陰影之下。

超級英雄的經典臺詞：「你也知道，我是不可能會犯錯的，我知道該怎麼做，我之前就跟你說了這個方法行不通，但你就是不聽。我不知道你什麼時候才會意識到自己的無知，然後照我說的話去做。我頭腦清楚得很，我比你聰明，也比你成功。好了，現在我也只能幫你收拾殘局。」

3. 緊張鬼（Nervous Nelly）

：被孩子觸發的當下，**你腦中會立刻浮現最糟糕的情況**？你是個**凡事都往最壞方向想**的人嗎？如果你的答案是肯定的，那你臉上戴著的很有可能就是緊張鬼的面具。

緊張鬼家長喜歡把事情想得很可怕，且時時刻刻都在庸人自擾。這類家長會透過掌控所有細節來控制環境。如果孩子打了個噴嚏，他們就會立刻聯想到支氣管炎或肺炎；如果孩子成績不盡理想，他們就會覺得世界要崩塌了。此外，緊張鬼家長永遠都替孩子準備好雨傘跟午餐盒，還會在冰箱裡塞滿各式各樣的食物。

然而，**緊張鬼家長的所作所為並非出自豐盛的心態，而是由於他們的心處於極度匱乏的狀態。他們會在腦中預想所有局面、做好預防措施、準備迎接各種災難**，例如他們可能會一次購買十件相同的商品，以備不時之需。

他們就是眾人口中的「直升機家長」，永遠都在子女頭上盤旋，擔心他們的一切。他們永遠都在整理家裡、列清單、計畫半年後的事情。

緊張鬼認為：

- 我是家裡唯一懂得未雨綢繆的人。
- 只要我鬆懈下來，事情就一定會出錯。
- 我必須掌控生活中每一件小事。
- 我必須時時提高警覺，這樣才能控制每一件事情。

緊張鬼家長會散發出焦慮的能量，而這些能量會直接被他們的子女吸收。**因為一個家容不下兩個極度焦慮的人，他們的孩子通常會對所有事漠不關心，把自治權完全交給父母。**這類兒童知道，父母會替他們處理好所有事情，於是便會脫離自主權和權力。

緊張鬼與縱容者乍看之下極為相似，但這兩張面具呈現出的樣貌其實並不相同。縱容者必須透過介入他人生活來獲得重要性，緊張鬼則是會因過度緊張與執著，而陷入迷宮般的思維方式。和緊張鬼相處不僅相當累人，也相當嚇人。他們會散發超強的負能量，和他們相處的人，最好是讓自己進入關機狀態、變成透明人會比較輕鬆。這類父母的子女通常都會成為緊張能量接收器，最後也染上緊張兮兮的習性。

緊張鬼家長常說：「完蛋了，不敢相信我們居然碰上這麼倒楣的事！誰能料到事情居然演變成這種局面，現在的情況糟透了，該怎麼辦才好？我一定要做出一些重大改變，不然我們會陷入絕境。」

4. 情緒修復師（Fixer-Upper）：你會特別容易被孩子的眼淚或憤怒觸發嗎？你是否會想抹去孩子的負面情緒，讓他們回到快樂的狀態？如果你的答案是肯定的，你戴著的可能就是情緒修復師的面具。

無法忍受「悲傷」或「壞」情緒的人，通常都會戴上這張面具，他們**只要看見旁人不開心，自己便會感到不開心與焦慮**。乍看之下，情緒修復師的個性活潑開朗，但只要和他們相處過一段時間，你就會發現他們總是習慣迴避一些事情，也特別喜歡控制他人。

他們太執著於用笑臉面對這個世界、讓所有人開心，所以會摒棄、否認、迴避所有悲傷和他們認定的負面情緒。情緒修復師永遠都在當別人的啦啦隊，目的是為了讓對方的情緒進入他們想要的狀態。

情緒修復師認為：

- 不開心是壞事。
- 我有責任讓人開心。
- 只要別人開心了，我也會開心。
- 我不喜歡悲傷，所以我忽視這類情緒。

- 我很怕太強烈的情緒，這類情緒都是不好的。
- 如果我不開心的話，就沒人會愛我。

情緒修復師的子女知道自己必須壓抑負面情緒，這是他們的本能，久而久之，這些孩子也會開始厭惡這類情緒，並把它們當成不正常的感受。**由於這類兒童只接受快樂的狀態，一旦他們感到不快樂，便會因為自己快樂不起來而陷入更深的泥淖**。他們對快樂的執念實在是太深了，以至於他們對當下的所有體驗都會受其影響，而無法享受生活中所有感受。

情緒修復師常說：「你怎麼悶悶不樂的，不要不開心好嗎？你覺得別人會怎麼說？明明沒事，你為何要裝出一副苦瓜臉？你應該對現在的生活感到開心，要懷抱感恩的心，沉溺在悲傷中不過是浪費時間。我們為你做了這麼多事情，你還悶悶不樂，這樣對我們公平嗎？」

5. 提款機（ATM）：被孩子觸發的當下，你是否會嘗試用金錢化解困境？你在心情低落時，會用購物分散自己或孩子的注意力，或是用禮物表達自己的愛？如果你的答案是肯定的，你臉上戴的很有可能就是提款機的面具。

一般來說，會戴上這種面具的父母大多事業有成，並認為個人財富等於個人價值，最終會養成用金錢「購買」愛和忠誠的習慣。提款機家長通常不太參與孩子的生活，也不了解他們，雙方的關係也會因一次次送禮與收買而逐漸失調。

這類父母的愛有附加條件，而這些條件則是由金錢和權力組成。提款機父母往往掌握大筆財富，並能利用這些錢向人施展權力，所以這個面具可以使家長感到自己的重要性與價值。**他們的愛大多充斥著各種「如果你……我就……」**，例如：「如果你乖乖聽話，我就給你錢，不然你就什麼都得不到。」

提款機家長認為：

- 金錢是讓世界得以運轉的引擎。
- 我的身分認同與個人價值，取決於金錢與成就。
- 我可以用錢買到愛。
- 只要我能對人施加金錢權力，他們便無法傷害我。

提款機家長的子女會學習、利用這種有條件的愛，他們深知父母樂於當提款機，並能從中獲得身分認同，所以會利用父母的購買力來滿足自身需求。當這些孩子得知親子關係膚淺的交易本質，便會用與之相應的行為回應家長，並對這種膚淺的依賴關係心生厭惡，但又沒有選擇餘地。

此外，這類兒童不僅會感受到被物化的痛苦，也會因父母不是透過親子連結獲得個人價值（而是透過掌控金錢）而感到不舒服。

提款機家長會說：「我給你的錢從來沒有少過，你最好知足一點。你知道我在你身上花了多少錢嗎？你比其他孩子幸運太多了，我爸媽從來都沒給過我什麼，你最好努力一點，當個能讓我引以為傲的孩子。」

偽裝者：別人怎麼看我最重要

被孩子觸發的當下，**你的第一個念頭是「其他人會怎麼想」或「大家會怎麼看待我這個媽媽／爸爸」嗎？你是不是永遠都放不下別人對你的看法？**如果你的答案是肯定的，你臉上戴著的很有可能就是偽裝者的面具。

偽裝者最常用來消除自身恐懼的情緒手段，就是博取他人注意。每個偽裝者都是做秀高手，別人的目光就是他們的養分。他們內心極度不安，無論在什麼場合都必須擔當主角。為了營造光鮮亮麗的外表，偽裝者會設法將生活「安排」得完美無瑕，例如讓自己和孩子都穿上最時尚的衣服、住在最高檔的住宅區等。

這類家長最喜歡吹捧自己，他們永遠都在追求旁人的掌聲與認同。此外，為了成為鎂光燈唯一焦點，他們還會操弄各種事件，就連自己的孩子也不放過。

對偽裝者來說，房子、財物與孩子（怎能少了孩子，孩子在他們眼中也是物品）全都是為了滿足自己對特殊身分追求而存在的素材。

偽裝者認為：

- 別人怎麼看待我，我就怎麼看待自己。
- 大眾對我的看法才是最重要的。
- 我的個人價值，取決於我能否融入社交圈。

你很在意旁人對你的看法嗎？你對自己的感知，取決於他人的肯定？你會不會過於執著他人對你的評論或想法，每天都花好幾個小時想這些事？如果你的答案都是肯定的，那麼你戴著的一定是偽裝者的自我面具。

很多偽裝者都是在成長過程中，透過觀察而學到這種模式；也有些人是因創傷或特殊情境，才選擇戴上這張面具。偽裝者和平事人都想控制他人對自己的看法，也渴望得到外界關注的目光與褒揚。然而，這兩類人的不同之處在於，偽裝者不會幫助別人，他們關心的只有自己，他們想要的就是盡可能接受他人的認可。**偽裝者只懂接受而不願付出，他們在乎的永遠只有自己。**

其實，偽裝者還可以分成幾個子類別，你可以仔細想想自己是否也會使用下列手段。

1. 演員（Stager）：你是否會刻意將生活經營得完美無瑕，並不斷在社群媒體上張貼照片供大家欣賞？你永遠都在追求他人的肯定與回饋？你是不是永遠都渴望得到讚美和關注？如果你的答案是肯定的，你臉上戴的可能就是演員的面具。

演員在規畫生活時過於注重表象，**認為自己擁有的一切（特別是孩子）不過是公開展示的布景，而他們必須透過這種展示，才能感受到自己的重要性**。演員家長

與其內心的聲音徹底脫節，他們活在戲劇裡面，並將生活看成一場又一場的才藝秀與人氣競賽。

演員認為：

- 旁人對我的看法相當重要。
- 當人們覺得我有價值時，我才具備個人價值。
- 我覺得在比較中脫穎而出是最重要的事。
- 生活的本質是戲劇，而我一定要成為主角。

演員家長的子女猶如展示品，是父母用來吸引他人注意的工具，這類孩子在年幼時就會被家長物化，並成為他們用來炫耀的寶貝。這些兒童的生活會被簡化成一段紀錄片或紀念橋段，供眾人讚嘆和恭維。

為了讓自己在和其他家庭較量時不屈居下風，演員家長會把孩子當成隨從一樣帶在身邊四處征戰，導致孩子因為必須扮演「明星子女」而備感壓力，最終引發下列兩種反應之一：第一，因壓力太大而猶豫不決；第二，暫時屈服，並在某天徹底爆發，產生叛逆心態。

演員家長的子女不在乎真正的自己是什麼樣子，他們的存在不過是為了確保父母對自己的感知能正常運作。在這些自戀的家長眼中，孩子只是競賽表演的一個環節而已，他們的真實感受與體驗根本無法和獎盃相提並論。這些孩子知道自己只是工具，而非活生生的人類，並被這個念頭反覆折磨。

演員家長的經典臺詞：「外表勝於一切！你的儀表和言行舉止必須給人留下深刻的印象，絕對不要淪為普通人。永遠都要以完美形象示人，因為品頭論足是人類的天性，你對自己的看法取決於旁人對你的看法。」

2.交易員（Transactor）：你在和孩子溝通時，是否**經常用到「如果你……我就……」條件**，並時時刻刻都在計畫怎樣做最「划算」、結果對你最有利？你是否會將人際關係當成商戰，成天想著如何想打敗對手，成為贏家？如果你的答案是肯定的，你臉上戴著的很有可能就是交易員的面具。

交易員家長會提前算好自己的收益，並在此基礎上安排人際關係的細節。他們眼中只有收益，永遠都在問自己：「我能從中得到什麼好處？」交易員的所有行為，都是經過精心策劃且附加各種條件，他們付出多少，最後總是要得到相應的收益。除此之外，他們還會**設法用義務和負罪感綁住他人**。

交易員最怕受到傷害，因此拒絕和任何人建立真心的連結，還會在與人交往之初，就先從對方身上獲得一些利益，這樣就不用白白為對方犧牲奉獻。

交易員認為：

- 如果不能從這段關係中得到點什麼，我絕對不會付出任何東西。
- 經營人際關係很痛苦，所以我只在能確定收益的前提下和人建立關係。

● 交易型人際關係使我感到安心。

交易員家長的子女通常都活得小心翼翼，深怕自己會打破親子間的契約；他們能隱約察覺，自己必須履行契約內的某些義務。而一旦他們破壞契約，父母便會用否決、否定，甚至是排斥等手段來懲罰自己。這類孩子覺得自己欠父母的除了忠誠與愛，還有生活方式和人生選擇；他們會感受到來自家長的全面控制，還會失去自由探索人生的能力。

交易員家長常說：「我這輩子都在照顧你，為你做牛做馬，還要為你的各種決定善後。現在你必須盡自己應盡的義務，這是你欠我的。我只要求你做一件事，那就是從現在起，你不管做什麼決定都必須把我納入考量。」

3. 大明星（Star）：被孩子觸發的當下，你先關心的不是孩子，而是自己？**你比較傾向關注自己的生活和碰到的問題，而不是關心孩子的生活和碰到的問題？**如果你的答案是肯定的，那麼你臉上戴的可能就是大明星的面具。

大明星是家庭中公認的天王、天后，他們是天生的戲精，永遠都有辦法成為眾人焦點。他們的一舉一動都能引人注目，也慣於享受眾人崇拜目光的洗禮。當大明星感覺眾人似乎不像從前那樣關注自己時，便會祭出情緒攻勢，強迫大家擔任自己的配角，具體做法是鬧事與製造混亂，並對一些瑣事大驚小怪。他們獲取注意力的方式可謂無所不用其極，包括誇大事實、捏造事實和小題大作。如果扮演受害者可以獲得關注，他們便會一秒入戲。

大明星最重視的就是旁人的目光，所以他們經常會讓自己陷入手忙腳亂的情境，藉此拖別人下水。大明星家長生性脆弱敏感，他們會在不自知的狀態下被別人利用，因此生活總是充滿戲劇感。總而言之，**大明星必須透過他人的目光，才能感受到自己的重要性**。

大明星家長認為：

- 我的個人價值取決於旁人的目光。
- 我的感受最重要，所有人都必須在乎我的感受。
- 不管是真的被拒絕，或認為對方在拒絕我，我都會因此崩潰。
- 眾人的注意能讓我感受到安全感與個人價值。

大明星家長的子女，在年幼時就會學到照顧父母的需求，他們的心理雷達會鎖定父母，而不是自己。在他們眼中，家長需求遠比自己的需求重要，而根據這套親子的劇本，**他們必須優先滿足父母的需求，然後才能處理自身需求**。

一般來說，這類孩子會壓抑自己的內心活動，以免被父母察覺、造成他們的負擔。久而久之，他們的性格會趨向退縮、順從，成為眾人眼中的「好」孩子，為家長犧牲自己的內心世界。

大明星家長的臺詞是：「我也有我的需求，你知道我每天要處理多少事情嗎？我已經夠忙了！我真的活得好辛苦，但也只能默默承受。你根本無法想像我有多累，我要做的事情大概有一百萬件，我也需要幫助，但你居然在我需要你的時候讓我失望，我真不敢相信你會這樣做。我的行程表已經被塞爆了，你必須時時刻刻在我身旁協助我才對。」

4. 大孩子（Child）：被孩子觸發的當下，你是否會覺得自己就快被家長應盡的責任淹沒？你覺得自己應付不了這麼多事情？你感覺自己就快被生活的各種瑣事壓垮？如果你的答案是肯定的，你臉上戴的很有可能就是大孩子的面具。

大孩子家長會逃避自己應盡的責任，並希望孩子可以扮演自己的父母。**無助感和脆弱感是這類家長的通病，這種特質會迫使孩子介入父母的生活，成為他們的領航員與家長。**

大孩子家長常常睡得比孩子晚，過著毫無規律的生活，帳單經常忘記繳費，總是錯過與人的約會，也不敢跳出來主事。簡單來說，這類家長就是一灘爛泥！他們無能的性格會形成一個真空漩渦，如果沒有人跳進去把這個空洞填滿，所有人都會陷入萬劫不復的境地。

大孩子家長從沒真正長大過，也不具備成熟的決策能力，最後大多和青少年一樣，會掉進濫交與物質濫用的泥淖。觀察這些父母，就像眼看一個七歲大的小孩坐上駕駛座：出車禍只是時間早晚的問題。

大孩子家長認為：

- 大家都必須照顧我。
- 我不應該是負責的那個人，其他人會幫我處理。
- 我想過隨心所欲的生活，才不想被無聊的事情扯後腿。

- 我不需要長大。
- 我希望有人幫我打點生活瑣事。

大孩子家長的子女會比實際年齡成熟，並在不具備情緒承受力的狀態下，被迫擔任照顧者和家長的角色。為了替家長善後，這些孩子放棄了自己的童年，被這份沉重的責任壓得喘不過氣。

此外，由於照顧父母會榨乾孩子的精力，所以他們常常染上憂鬱症或選擇自殺。在成長的過程中，這些孩子非但沒有得到妥善的照顧，還會被父母的情緒需求影響，最終導致他們忽視及損害自己的心理健康。也就是說，**大孩子家長的子女失去了當孩子的權利，且往後餘生都必須承擔這份後果**。

大孩子家長的經典臺詞：「人生真的好難，我快受不了了。這麼多帳單我根本繳不完。我的工作好無聊，我不想幹了。我要承擔的責任太多了。你為什麼不成熟一點，這樣我就不用照顧你了。為什麼我要為你做這些事？你必須幫忙分擔一些事情。我一個人忙不過來。」

人在孩子身邊，心卻在千里之外：木頭人

被孩子觸發的當下，你只想拋下一切、一走了之？你會不會因為親子關係帶來的壓力與衝突，而想暫時消失在這個世界上？如果內心確實有這種感受，那你臉上戴著的，很有可能就是木頭人的面具。

木頭人其實就是「不是家長的家長」，他們人雖然在孩子身邊，心卻在千里之外。木頭人緩解焦慮感的主要情緒手段，**就是徹底迴避親密關係，竭盡全力避免與人對峙或建立連結**。他們確實想當父母，但也確實不願意照顧孩子的情緒。

在木頭人眼中，情緒就是洪水猛獸，只有築起高高的心牆，才能使他們感受到安全與慰藉。他們當然也想與人建立連結，但又害怕受傷害，所以最後選擇放空一切。

木頭人家長對孩子的生活一點興趣都沒有，也完全不會遮掩自己厭惡的表情。在眾人（特別是孩子）眼中，木頭人既不愛子女，也從不關心他們。

木頭人認為：

- 和他人情緒扯上關係一定會帶來痛苦。
- 衝突很可怕，還有可能讓別人離我而去。

你覺得自己偶爾會戴上木頭人的面具嗎？你會不會因為怕被拒絕或背叛，所以搶先一步抽離自己的情緒？你覺得情緒是種剪不斷理還亂的煩人東西嗎？你是否因小時候經常被拒絕，而在身邊築起一道防衛的高牆？

許多木頭人都經歷過童年創傷，並從中學到遠

離人際關係可以確保自己不受傷害。他們之所以會覺得築起心牆比與人建立連結更輕鬆，可能是因為曾經被狠狠傷害或背叛過。

木頭人其實也渴望與人建立連結，卻因為傷疤實在是太深了，他們無法取下面具，導致自己終其一生都無法培養情感紐帶。

接下來，我會列出木頭人的幾個子類別，你可以想想自己在面對育兒問題與生活困境時，是否會戴上這些自我面具。

1. 半吊子（Half-Assed）：被孩子觸發的當下，你會不會害怕自己得安撫他們的感受？你認為自己肩負的壓力太重，非得一個人靜一靜不可？如果你的答案是肯定的，你臉上戴著的可能就是半吊子的面具。

半吊子家長會陪伴孩子，卻拒絕參與子女的生活瑣事，即便願意介入，也是只求盡到本分就好，過程中還會露出一副不情願的表情。他們只有在旁人的極力勸說下，才會出現在孩子的生活中，搞得好像是在施捨什麼恩惠一樣。

這類家長不喜歡處理麻煩事，只要一逮到機會，就把孩子推給保母或其他照顧者，自己則置身事外。即便他們選擇參與孩子的生活，也只是隨便應付，反而會讓所有人都在內心祈禱他們還是趕緊消失好了。

半吊子家長有時會說自己可以幫忙，但他們不僅能力奇差無比，甚至還會擺出一副事不關己的態度，彷彿是在告訴眾人下次絕對不要找他們幫忙。

半吊子家長認為：

- 人際關係會使人變得脆弱，而我不想成為脆弱的人。
- 我害怕與人建立關係。
- 我會在旁人拒絕並離開我之前，先拒絕並離開對方。
- 袖手旁觀比親自下場安全。

半吊子家長的子女會覺得自己是父母的負擔，而且也不明白為何自己在父母心中不夠重要，無法獲得他們的關注與關愛。在半吊子家長的拒絕與忽視下，這些孩子可能會成為高成就兒童與乖寶寶，只為讓父母看見並肯定自己。

半吊子家長的經典臺詞：「我為什麼一定要看完整場表演？我只看結尾部分也可以吧！坐著看整場演出太悶了。這附近也沒有停車場，我至少得走快兩公里的路才能到表演場地耶。我本來就不喜歡看表演，還是散場後我再來看你吧，我真不知道自己一開始幹嘛答應。」

2. 懶惰鬼（Deadbeat）：和孩子相處，或只是想到要和孩子相處，就會觸發你的敏感神經？你是否完全不想介入孩子的生活？如果你的答案是肯定的，你臉上戴著的很有可能就是懶惰鬼的面具。

懶惰鬼父母的性格麻木不仁，是家中的累贅，簡單來說，**他們的內心世界和情緒已經和家庭**

徹底脫節，也沒打算經營家庭。**他們的身體依舊占據固定的空間，但對家庭不抱任何情感，處於一種介於存在與不存在之間的狀態**。由於他們在物理意義上是存在的，所以依舊會占用各種資源，也會影響其他家庭成員的感受。

懶惰鬼通常都會成為配偶與長子／長女的負擔，因為他們必須扮演他本應擔任的角色。總而言之，懶惰鬼就是一群不想付出，但又想成為家庭成員的人。

懶惰鬼認為：

- 我只需獲取，不必付出。
- 我無法付出，也不願意嘗試付出。
- 我害怕失敗，也怕被人看見我的弱點。
- 既然沒人關心我，我為什麼要關心其他人？
- 我沒資格和其他人建立人際關係。

懶惰鬼家長的孩子，可能會覺得父母是刻意忽視自己，而且會一直想弄清楚父母若即若離的原因，並得出「一定是我不夠好」的結論。不同性格的孩子會做出不同的反應，有些人可能會發展出嚴重的內在匱乏感，並與自身情緒脫節；有些孩子可能會力求表現（好表現與壞表現），藉此吸引父母的注意力。然而，無論孩子最終做出什麼反應，他們都會因家長的不作為，而失去與親人建立連結的機會。

懶惰鬼家長通常不怎麼和孩子說話，所以我無法列出這類父母的典型發言，但他們身上散發的負能量就像是在說：「我對這裡的一切都不感興趣，也不想浪費時間跟力氣處理這些事。這裡的一切都在蠶食我的能量，我就是和你們這些人合不來。我真的好希望自己能離開這個地方，我在這裡就是個局外人。」

逃兵型家長，走為上策

逃兵待在孩子身邊的時間少之又少，所以根本沒有機會被他們觸發。

逃兵家長最擅長的就是搞失蹤，他們緩解自身恐懼的主要情緒手段是走為上策，做法包括撒手不管、腳底抹油、逃離現場等。逃兵其實就是罪犯，他們的罪狀包括逃避壓力與不負責任。

批評這類家長，並指責他們不參與子女的生活很簡單，但我們必須知道逃兵也是創傷的受害者。他們之所以無法與人建立紐帶和連結，其實也是因為童年創傷作祟，而不是因為他們本身就是壞人。我不是在包庇逃兵的行為，而是要指出**這種先跑再說的心態**，**其實是一種根深柢**

固的條件反射，因其內心的極度匱乏，導致他們認為沒有人需要自己。

逃兵家長認為：

- 我無法做出任何貢獻，就當我不存在吧。
- 我認為所有事情都沒有意義，也覺得自己對所有人都沒有意義。

你是不是偶爾也會戴上逃兵面具？你會因為覺得自己做不出任何貢獻，而逃離一段關係或某些環境嗎？兒時經歷的拒絕與創傷會使你感到害怕，進而迴避親密的承諾嗎？逃兵透過經驗學到，對他人做出承諾可能會令自己受傷或遭到拋棄，因此，拒絕與人產生情感糾葛方為上策。

1. 溜溜球（Yo-yo）：溜溜球家長永遠都處於動態，他們最怕對人許下承諾。這類家長想來就來，想走就走，毫無規律和道理可言。他們無法按照計畫行事，即便制定了計畫，也還是有可能遲到或根本不出席。

總而言之，溜溜球家長就是一群神龍見首不見尾的人。當他們心血來潮決定現身，臉上也不會帶著愧疚的神色；而當他們決定神隱，一走可能就是好幾個月，甚至好幾年。

溜溜球家長大多患有承諾恐懼症，且相當厭惡依賴他人的感覺。他們無法忍受旁人對自己有任何期待，所以便主動切斷所有連結。

這種對依賴的恐懼乍看之下相當自私。從某個層面來看，這確實是種自私的行為，但其實**他**

們真正害怕的，是讓別人失望和被人拋棄。

溜溜球家長認為：

- 不要在他人身上投入感情，否則受傷的一定會是自己。
- 在別人拋棄我之前，先拋棄對方。
- 我一無所有，談何付出？
- 不會有人想要我參與他們的生活。
- 人是最不可靠的，他們最後一定會拋棄你。
- 依靠別人的風險太高了。
- 我會讓所有依賴我的人失望。
- 我沒資格擁有或給予愛。

溜溜球家長的子女會感覺自己被父母忽視與背叛，無法理解為何父母會如此難以捉摸。他們會在等待與期盼家長出現的過程中消耗太多精力，並認為父母之所以出走，是因為自己犯了什麼錯。這類孩子可能會不停思考，自己為何差勁到連父母都躲著自己，因此感到惶恐不安。

溜溜球家長待在子女身邊的時間有限，但每當他們和孩子相處時，身上散發的負能量就像是在說：「我沒時間在這裡跟你們耗，我有我自己的人生要過，你們別想拖累我。我是個自由自在的人生過客，我想來就來，想走就走。」

2. 遺棄者（Abandoner）：遺棄者人如其名，他們拒絕承擔為人父母的所有責任，並銷聲匿跡許多年。當然，他們的行為同樣是源自內心創傷。我會建議遺棄者的子女，不如就當自己的父母已經死了，這樣他們就不會覺得家長是故意拋棄自己。

這類父母通常都會被兩種問題纏身：臨床心理疾患與物質成癮，導致他們完全無法承擔為人父母的責任與壓力。此外，他們也不覺得自己拋家棄子的行為會給人帶來傷痛。他們認為自己毫無價值，所以根本無法想像自己的消失會影響到人。

這類型的家長認為：

- 與人建立連結會帶來創傷。
- 我不重要，也沒有價值。
- 我沒有什麼可以貢獻給他人。
- 我的存在無法豐富任何人的生活。
- 沒了我，大家會過得比較好。

遺棄者的子女通常會覺得，自己是被父母狠心拋棄及忽視的孩子，除非有人向他們提供可信的解釋，說明這種行為的背後成因，否則他們一定會認為自己不夠好才會慘遭拋棄。

「被拋棄」與「不夠好」這兩件事，將成為遺棄者孩子一生的心魔。若他們無法治癒自己，便會將相同的想法傳承給自己的子女。

遺棄者待在子女身邊的時間不多，他們的缺席卻透露著千言萬語，就像是對孩子們說：「你一點都不重要，無法治癒我心中的傷口；你一點都不重要，無法改變我的個性。我的生活已經是一灘爛泥了，沒空打點你混亂的生活和各種麻煩事。我光是要讓自己好好活著都有困難了，我得先照顧自己，沒空理你。」

以上就是我認為比較重要的自我面具。你可能會覺得自己符合多種類型的特徵，當然，你也可以為自己或親朋好友進行「診斷」。

不過要記得的是，**一個人可以隨身攜帶多張面具，並根據當下情境決定要戴上哪張面具**，例如：昨天當逃兵，今天當平事人。**有時，我們還會發展出一套固定的變臉順序**，例如：從平事人進化成狂戰士，最後再搖身一變成為木頭人。

我的客戶翠莎（Trisha）告訴我：「我遇到事情的第一反應是驚慌失措，然後會立刻伸出援手幫助孩子。我會不停取悅她，做出許多矯枉過正的行為。我會幫孩子打點好所有事情，幫她穿鞋、鋪床、梳頭髮，因為只有這樣她才不會發脾氣。但每當她開始和我作對時，我又會感到很生氣，覺得自己既無助又失敗，接著不由自主對她大吼大叫，事後又會後悔萬分，於是，我便把自己封閉起來。這種無限循環快把我搞瘋了，我不知道要如何打破這種相處模式。」

翠莎的內心掙扎，其實也是許多家長的感受。大多數人都會視情境和對象，選擇戴上哪款面具，而認清這種傾向有助於我們覺醒。人的情感和心理是流動的，並非一成不變，我列出的分類只是一種參考標準，目的不是為了把人固定在某類別中或與特定類別綁定，而是提供不同的觀點，讓你能有個方向。

每張冒牌自我的面具，都會使親子溝通進入迴圈，引發痛苦、壓力與衝突，只有在察覺到冒牌自我後，我們才能掀開這些相處模式的偽裝。我替這類負面相處模式取了名字，叫做「失調迴圈」（dysfunctional loops），而家長會在不自知的狀態下被囚禁到這個循環之中。你準備好要找出自己與孩子的相處模式和迴圈嗎？

在進入下一個階段前，請檢視一下自己的感受。我提供的資訊讓你產生什麼感覺？可能這是你首次注意到自己與他人的自我？意識到自我存在的你可能有點招架不住，甚至會感到害怕。認識自己的心理活動本來就不是一件容易的事，卻是突破失調迴圈與創造優質連結的關鍵步驟。

你的自我，這時可能開始反撲

我將自我面具分門別類的目的，是為了幫助你們在日常生活中揪出它們，看看自己或他人是否戴著這些面具。若你在得知真相後產生一些負面情緒，請記住以下幾件事：

- 冒牌自我的面具並非不好的東西。
- 你戴上面具，是為了保護自己。
- 每個人都有自我，不是只有壞人才有。
- 認清自己戴的面具，是打破舊模式的關鍵。

你的主要面具與次要面具各是哪些？你知道父母或親友臉上戴的是哪些面具嗎？請將自己的觀察整理成次頁表格。

現在，你必須正視自己的感受。或許你會為自己的過去而感到羞恥、認為自己有罪，也有可能你會對某些人心懷憤怒，這些感受會引發新一輪的自我反應。自我出現是人類求生的手段，只要你能牢記這一點，或許就能喚醒你對自己與他人的同情心。

為了將這些全新的體悟付諸行動，首先要在面具浮現時揪出它們。打破循環的關鍵，在於意識到自己開啟面具模式的時機，但此時我們的自我也會使出另一招來應對，那就是自我退化（ego regression）。

當自我察覺到我們打算直搗黃龍，就會奮力一搏，使我們做出一些自毀行為，並再次進入舊的、失調的狀態。我有太多客戶都吃過自我退化的虧。

我的客戶布蘭登（Brandon）在經過治療後，童年創傷已經好得差不多了，也打算直接面對自己的賭癮問題，可是某天他突然說不來就不來。

無論我怎麼嘗試聯絡布蘭登，他都不接電話，也不回覆訊息。我當下其實已經知道發生什麼事：他退化了。布蘭登的自我開始緊張了，於是越發堅定自己的立場，進而影響布蘭登的心理，使他回歸舊模式，讓它自己得以逃過一劫。

消失一年半後，布蘭登終於出現了。他語帶沮喪的向我道歉，說自己不該這樣搞失蹤，我則是告訴他沒必要這件事道歉。他說，這段期間內他的賭癮徹底反撲，自己在外欠下的鉅額賭債也被老婆發現，並以離婚為要脅，他才不得已又回來找我。

8 被孩子惹怒，你的第一反應是？

親屬	主要面具	次要面具	我的記憶	感受
媽媽	狂戰士	逃兵	八歲那年，媽媽因為我打碎盤子而罵了我一頓，她說我根本就是故意的，還說我是個超級大廢物。事情發生後，好幾天她都不和我說話。	我當時真想徹底消失在這個世界上，我真的很痛恨，也很害怕這種長時間的沉默。
爸爸				
兄弟姊妹				
自己				

我相當同情布蘭登的遭遇，也知道他經歷過的創傷，所以我很清楚：健康的生活對他來說是個陌生的選項。**我們習慣用舊的模式生活、用舊的模式與人相處，無論它有多不健康**。比起新模式，舊模式就是多了一份熟悉感。相較於保持清醒與運用智慧，原地踏步和固守失調的模式更能慰藉人心。

布蘭登後來又接受了一年的治療，最終發現自己從童年時期就創造出一種短缺與匱乏的模式。在我們的努力下，他發現自己有過無數次身無分文，以及手邊一有錢就立刻花光（因為擁有金錢會令他感到不舒服）的經歷，而這種短缺的模式讓他這輩子都無法和金錢好好相處。此外，這也是他染上賭癮的根本原因，因為賭博可以讓他永遠處於不確定自己是有錢或缺錢的狀態。

在得知前因後果的全貌，並意識到自己現在狀態是過去經歷的產物後，他終於可以開始慢慢修正，並用正確的觀念取而代之。布蘭登的故事其實就是我們每一個人的故事，我們都是在毫不自知的狀態下，背負著過去的模式。

此時，你的內心可能感到恐懼，但我希望你不要對自己太過嚴苛。你的自我會不停在你耳邊竊竊私語，它會說：「你不要聽她亂講」、「你一直都活得好好的，延續以前的模式就好了」、「如果突然改變，家人跟朋友都會生氣的」，但這些都是自我為了求生而捏造的言論。只要你能意識到這一點，就可以慢慢掙脫它的控制。我們不必殺死自我，而是在聚焦當下的過程中，逐步的釋放它。

9 你童年的傷，正在害孩子受傷

自我面具蒙蔽了我的雙眼，
令我陷入混沌狀態，
使我與孩子脫節，
讓我忘了為人父母的熱忱。
只有在鏡中看見它們的倒影，
並揮刀斬斷它們纏繞在我身上的鎖鏈，
我才能重獲自由，
才能看見孩子靈魂的美。

失調的溝通迴圈，會使親子關係陷入混亂，然而，只要我們能找出自我面具，便能破解溝通迴圈的運作機制。這一步可以說是父母成長的里程碑，因為我們可以近距離觀察與自己有關的各種互動模式。

除此之外，我還會教你如何使用工具，以打破親子間失調的循環。踏出這一步後，你必將迎來充滿希望的未來。

被孩子觸發的當下，我們會根據習慣做出反應。這些迴圈了無新意的程度，已經到可以被製成表格的地步：孩子做了A，你就會說B，孩子回C，你就會講D，然後兩個人就不知不覺吵了起來，你和孩子就像一對專業的舞伴。

但我要告訴你一個好消息：你絕對有能力打破這個迴圈，我會傳授這套技巧給你。建立全新互動模式與連結的唯一方式，就是破除陳舊的模式。

若你覺得自己和孩子總是跳脫不出失調的迴圈，那就要先停下腳步，設法中斷自己慣常的模式。打破舊模式是本節重點，中斷慣常模式可以幫助家長理解孩子的需求，並和他們建立新連結。這難道不是所有父母夢寐以求的事嗎？

首先，我們必須回答下列問題：點燃循環的火焰是什麼？你與他人的相處模式之所以會失調，都是由同一個因素造成，這個因素的名稱是觸發點（trigger）。傳統觀念認為，**觸發點會引發我們情緒的外部事物**，這個解釋當然正確，只是不夠全面，接下來我將詳細說明觸發點的運作方式。

事物會成為觸發點，是被我們的情緒轉化

觸發點並非一開始就是以觸發點的形態出現，而是由一個事件、情境，或只是一句話演變而來，例如生日派對、飛機誤點、顧客的一句評語等。簡單來說，所有觸發點的前身都是「事物」，而你能想到的「所有事物」都可以演變成觸發點，像是一盤上錯的菜、塞車、媽媽對你新髮型的評語等。

事實是，每個人對這些事物的反應都不相同，有些人甚至沒有任何反應——假設我剛剛提到的三件事情就是觸發點本身，那麼所有人應該都會被觸發，並做出類似的反應。

觸發點始於「事物」，而讓這件事物轉型成觸發點的關鍵並非事物本身，而是人們解讀與轉化這件事物的方式，這種內心的解讀與轉化，才是決定事物是否會成為觸發點的關鍵。

這可能是你這段成長旅程之中，最重要的一個概念，所以我必須再說一次：**一件事物之所以會成為觸發點，並不是因為事物本身，而是我們的情緒將它轉化成觸發點**。若你能發自內心理解這個道理，就表示你已經做好準備要打破親子關係中各種負面模式了。

以塞車為例，假設今天氣晴朗，而你也不急著要趕往什麼地方，塞車在你眼中可能就只是一起中性事件，說不定你還可以趁著這個時候收聽你最愛的播客（podcast）節目，或是打幾通重要的電話。但如果你今天的行程特別緊湊，眼看著就要趕不上晚上的約會，那麼塞車這件事一定會令你暴跳如雷。

也就是說，事件帶來的效果，完全取決於個人內心的活動：你在心如止水、情緒激動與暴跳

如雷的狀態下，對同一件事的反應絕對是截然不同。

「事物」不過是一團火焰，只有燃燒和熄滅兩種狀態，它能否點燃我們心中的炸藥，則是由每個人內心深處的某個東西決定。而這個東西，就是我們臉上戴著的自我面具。你的面具是以水製成？還是易燃的揮發物？又或者是足以引發大爆炸的火藥？

你必須知道觸發點知識：**觸發點只是火焰，而人的自我會將火焰轉變為毀滅性物質**。當人的自我越膨脹，情緒爆發的威力就越強。

你可以回想一下孩子不聽話時的場景。從本質上來看，這件事不過是「孩子不聽家長的話」，僅此而已。是什麼讓這件事變成一個觸發點呢？答案就是家長基於自我做出的反應。家長會關心孩子或勃然大怒，完全取決於他的自我。當父母的內心越是缺乏安全感，並覺得自己不受肯定，自我就會用更強勢的姿態現身；而當自我的力量越強，家長的反應就會更易爆、更具破壞性。

我們也可以用視覺化的手法表達這個概念。想像家長的內心世界是否千瘡百孔？裡頭有一泓平靜的水，還是有著堆積如山的易爆物質？當然，內心世界越完整、越平靜的家長，通常只會引發小範圍燃燒；反之，內心世界越破碎，且堆積越多易爆物質的家長，則會引發大範圍燃燒。

請參考下頁的插圖，相較於千瘡百孔的心（下），傷疤越少的心（上）反應比較不會受自我影響，所以在觸發物（火焰）相同的條件之下，兩顆心所引發的「內爆」程度也不相同：**當家長越易燃，內爆範圍和造成的傷害就越大**。

你認為，哪一顆心跟你的比較像？你可能會覺得自己的內心世界時而像水，時而像炸藥般一碰就爆。我建議，先認清自己的化學成分，這樣可以保護自己跟旁人不被你的心火燒到。通常一個人內心傷口越少，就越不會做出過於激烈的反應。

請在腦中回想自己上一次被觸發的場景：

- 具體的觸發事件（火焰）是什麼？
- 當時你的內心是充滿水、揮發物（汽油）或炸藥？
- 你的反應是什麼？

受傷者恆傷人

一個人的內在世界，會決定他對外部現實的看法。某次，我舉辦了一場專題討論會，結束後，一名參與者杰克（Jake）哭著對我說：「我終於知道自己為什麼活得這麼痛苦了，原來始作俑者是我自己。我終於明白，是我自己過去的經歷，導致我每天都和八歲兒子鬧得不可開交，我本以為有問題的人是他，直到剛剛聽妳解釋後，我才知道有問題的人是我。兒子根本就不是我的觸發點，我才是，是我！」

杰克告訴我，自己過去之所以會一直被兒子麥克斯（Max）觸發，是因為他不夠陽剛、不喜歡運動，完全不符合自己對兒子的想像。除此之外，麥克斯還有語言與學習障礙，這兩件事也讓杰克難以接受。

杰克很愛兒子，但還是免不了每天都要和他起衝突，並在某次爭吵中朝他扔了一個裝滿水的玻璃杯，還把麥克斯整個人提起來摔到牆上，而這也成了壓垮兩人關係的最後一根稻草。

這次事件過後，杰克意識到事態已變得不可收拾，必須尋求專業協助，於是他便報名參加我的研討會。後來，杰克成為我的客戶，並在我的協助下開始尋找自己的童年觸發點，最終重拾導致親子關係失調的關鍵經歷。

杰克記得十歲那年，在學校廁所被幾名高年級學生欺負，取笑他是個「娘娘腔」。杰克將這件事深埋在心中，卻永遠忘不了自己當天的怯懦無能與軟弱，並深深引以為恥，在心中責備自己不夠陽剛。此外，杰克當天回家後，爸爸甚至嘲笑他不敢還手，讓他覺得自己就是個膽小鬼。

自那天起，杰克便戴上一張超級陽剛的自我面具，強迫自己運動，並將大部分時間都花在健身上，凡是見過現在杰克的人，都無法想像他曾經歷過擔心自己不夠陽剛的時期。

時間快轉到當下。麥克斯並不是一個「很男孩」的男孩，他的氣質偏向女性，更敏感、也更柔軟一些。麥克斯的真實樣貌，和父親對他的期待截然不同，這種落差導致父子雙方必定會產生衝突。

杰克完全沒有意識到自己的童年創傷，也不知道這些傷口依舊像熔岩般在他內心不停翻湧著。杰克把傷痛埋在內心最深處，導致他誤以為自己根本沒有受過傷，並在與內心創傷斷開的狀態下，將這種痛投射到兒子身上。在杰克眼中，有問題且必須被糾正的人是麥克斯。

杰克的童年創傷，潛伏在一個連他自己都意識不到的地方，默默控制著他對兒子的每一個行為，並試圖糾正麥克斯的言行，以免他體驗到自己曾承受過的傷痛。

那天的研討會，是杰克首次審視自己的內心世界，並看見自己尚未癒合的傷口（在見到我之前，他對兒子的責備跟羞辱已經持續好幾年了）。研討會的內容徹底改變了杰克的觀念，讓他看見自己的內在小孩是如何被壓在「狂戰士」的自我面具底下吶喊，卻無人理會。這場較量的贏家，一直都是杰克的自我，而那天我粉碎了杰克的自我，讓那個孩子承受的傷痛傾洩而出。

得知自己其實一直都在把過去的痛轉移到孩子身上後，杰克眼中流露出赤裸裸的煎熬。我接受杰克，也接受了他內心的孩子，他們實在是太需要獲得旁人的關注與照顧了。我要杰克答應我一件事，那就是和自己內心的孩子對話，讓它將這些年被壓抑的情緒通通宣洩出來。當杰克的內在小孩康復程度越高，杰克就越能接受麥克斯，並讓他活出最真實的自己。

在這個例子中，杰克把自己過去經歷過的傷痛投射到兒子身上，忠實呈現了「**受傷者恆傷人**」（hurt people hurt people）這句俗話。由此可知，父母確實會在不自知的狀態下，將童年時期懸而未解的傷痛傳承給子女，而這正是你的個人成長對自己和孩子都相當重要的原因。當你了解，唯有內心世界布滿火藥時，外部「事物」才能觸發你的那一刻，你和孩子的關係便會迎來重大的轉變。

這種覺悟可以改變家長與孩子的所有互動方式，你越能意識到自己內心的疼痛與恐懼，就越能了解自己與強化親子連結。當一個人內心世界堆積的火藥或傷口越多，就越有可能將他們投射在孩子身上，並在他們心中留下傷口，影響他們成年後的人際關係。然而，我們可以透過以下練習來打破這個循環。

過去未痊癒的傷，會讓你傷害孩子

你可以利用「反轉」練習，辨識生活中的觸發點。具體做法是**將我們在別人身上看見的觸發點，反過來套用在自己身上，並問自己：「同樣的事情如果發生在我身上，我是不是也會被觸發？」**如果答案是肯定的話，我們就可以算是邁出了解內心世界的第一步。

我的客戶杰克就是透過反轉練習來了解真正的自己。他把在孩子身上看到的觸發點，套用在自己身上，並問自己：「我是否會因自己的女性化特質、不夠陽剛而被觸發，就像被麥克斯觸發那樣嗎？」而杰克的答案是什麼，我想應該很清楚吧。

維多利亞（Victoria）是我的客戶，有天她來找我進行治療時，臉上明顯帶著剛受到刺激的表情。她告訴我，她女兒（三十歲）幾個月前提出離婚，但直到最近才向她坦承自己是家暴受害者。女兒的隱瞞令維多利亞暴跳如雷，並打算立刻向警方舉報自己的女婿。

此外，她也對女兒的被動感到憤怒：「我女兒就是懦弱、不成熟。她根本沒有把我對她從小到大的教誨聽進去，竟不挺身捍衛自己的權益。我不敢相信她就這樣讓家暴渣男逃過一劫。」

我可以感覺到維多利亞的自我已經進入備戰狀態，於是我問她：「可是，有資格對妳女婿採取行動的人是妳女兒，而不是妳，對吧？」

維多利亞繼續抱怨：「我簡直快被她氣死，我拚死拚活要把她培養成堅強的女性，到頭來她居然騙我。我付出了這麼多，結果她還是像個扶不起的阿斗。」我從維多利亞口中得知，她們母女為了此事大吵了一架，最後鬧得不歡而散。

我知道這件事觸發了維多利亞過去的經歷，於是便使用「反轉」練習，問她：「如果把妳女兒的行為套用在妳身上，妳最不喜歡的部分會是什麼？妳覺得她太被動、太懦弱，是不是妳也經歷過一段被動又懦弱的時期？」

維多利亞連想都沒想，就回答：「沒錯！我跟第一任丈夫相處時，就和她一模一樣，我是離開這個爛人之後，才認識了維多利亞的爸爸。我第一任老公除了打我之外，還會言語羞辱我，我通報了相關機構好幾次，但每次他都說他後悔了，而我也傻傻相信他，結果沒過多久他就故態復萌。過了四年生不如死的日子後，我終於鼓起勇氣離開他，並努力工作，發誓自己絕對不會再任人宰割，還刻意挑了個話少、乖巧，而且超愛我的男人當老公。」

往日的傷痛，是維多利亞對女兒反應如此激烈的原因。曾經，她在面對男人時總是顯得被動又懦弱，於是她拚盡全力改掉這種性格，卻沒料到自己的女兒居然繼承了這種被動性格，導致她根本無法忍受直視自己的倒影。

我輕聲安慰維多利亞，告訴她：「妳現在確實變得很堅強，但妳的傷口還沒徹底痊癒。想讓傷口好起來，妳就必須原諒過去的自己，並用同情心善待她。妳之前確實扼殺了她，也把她深埋在心中、刻意遺忘，但這無法治療妳的創傷。我為什麼會知道妳的傷口還沒好呢？因為妳現在想用相同的手法處理女兒的『懦弱』面：扼殺、埋葬、遺忘。妳必須讓女兒自己處理這件事，但只有在妳認領自己的被動與脆弱面，並用同情和理解的眼光看待它們後，妳才能真正擁抱自己的過去。而在妳接受自己的『軟弱』後，妳才能接受自己的女兒，並由衷同情她的痛苦與掙扎，讓母女的關係變得更緊密。」

這些被我們拒絕、否認與拋棄的部分是不會消失的，而是被埋藏在我們內心深處。若將來某天，我們在孩子或親友身上看見它們的影子，便會立刻被觸發，並想用相同的手法處理掉它們。**過去的創傷會使我們感受如潮水不斷湧來的痛苦，導致我們瘋狂的向自我求助，而它也會亮著獠牙跳出來，透過攻擊孩子的痛處來化解我們內心的苦痛。**此時此刻，身為父母的我們非但不會嘗試和孩子共情，理解雙方的痛互不相干，反而將嘗試控制他們、貶低他們，導致孩子覺得沒有人願意正視和肯定自己。

最可悲的是，家長根本意識不到自己正在傷害孩子，而這正是懸而未決的傷痛帶來的最驚人破壞力。

10 親子溝通的可怕迴圈

兜兜又轉轉，
找不到出口，
掙不脫枷鎖，
深陷牢籠中。

許多家長在和孩子溝通時，都曾有過掉進負面溝通迴圈的經驗。這種感覺有多痛苦，當過父母的人都懂。

這類迴圈是壓力、焦慮與衝突的製造機，使人感到如鯁在喉。家長之所以會掉進這些迴圈，是因為他們缺乏對自我的意識，也不知道自我會影響親子關係。只有在摸清楚自己的溝通模式（也就是自我的慣用伎倆）後，我們才能承擔起自己在親子互動間，應該承擔的那部分責任，不再把錯推到孩子頭上（責怪孩子只會引爆他們的情緒，並讓此模式不斷重複）。

其實，最重要的問題應該是：誰該負責打破迴圈？誰該負責中斷模式？你敢當家中第一個顛覆既有模式的人嗎？我可以向你保證，你絕對有能力當那個改變現狀的人。

我們不能指望孩子跳出來改變模式，因為他們的一切都受限於家長的自我，因此只能擔任反應的一方。所以說，這個責任還是會落到父母身上。我知道你會感到惶恐不安，但請鼓起勇氣面對這項挑戰，因為大功告成之後，你和孩子都會獲得解脫。

困在失調的無限迴圈

齊娜（Zina）是我的客戶，她和七歲女兒安琪拉（Angela）的關係，直到上了半年我的教練課程後才開始好轉，在這之前，她倆總是會被困在相同的失調迴圈中。

請容我簡單介紹一下這對母女的相處循環模式。

齊娜的自我面具是木頭人，她非常討厭衝突，也永遠都在封閉自我。齊娜患有創傷後壓力症候群（Post-traumatic stress disorder，縮寫為PTSD），但本人對此一無所知，所以她根本無法應付女兒的問題。

而安琪拉的自我面具是平事人，她非常渴望得到母親的關愛，也願意做任何事情來取悅她。每當安琪拉認為自己無法讓媽媽感到開心時，她就會不由自主的哭

泣，甚至還會傷害自己。然而，安琪拉的情緒越是不穩定，齊娜就會越發封閉自己；齊娜退縮得越厲害，安琪拉就越會認為自己是會讓家長「蒙羞」的「壞孩子」。

檢視童年生活的經歷時，齊娜向我描述了她和母親的互動模式。她說，自己最怕媽媽發酒瘋，所以才學會從創傷中解離，藉此麻痺自己的感受。後來的齊娜，把同樣模式套用在她與女兒的互動之上，每當安琪拉開始黏她時，齊娜就會心生恐懼——也就是說，齊娜找不到自己那顆充滿母愛且樂於付出的心。

由於她覺得自己根本就不配當媽媽，自然也不相信女兒會發自內心需要她。而當安琪拉因不受重視而開始抗議時，齊娜便會認為女兒是在針對自己，以為她要攻擊、傷害媽媽，這就是典型的創傷後壓力症候群表現。

齊娜花了整整六個月才卸下木頭人的面具，並開始正視心中的傷痛，而她的所有感受也在那一刻瞬間潰堤，變回那個惶恐不安又極度渴望母愛的小女孩。她哭著說：「我母親從來沒有愛過我，也不想要我這個女兒，比起我，她更愛酒精。我覺得自己一點價值都沒有，在酒面前我什麼都不是。」

齊娜說話時，整個人邊哭邊顫抖，過了好一陣子才冷靜下來。我輕聲問她：「妳覺得安琪拉之所以一直渴望得到妳的目光，是不是因為她心中也有相同的感覺？」齊娜瞬間就想通了！意識到自己內心的創傷後，她終於能夠理解女兒的感受。齊娜終於知道安琪拉和年幼的自己一樣，只是渴望得到媽媽的關愛，母女感受到的傷痛和欲望其實是相同的。

後來，齊娜漸漸卸下了逃兵的面具，開始接受安琪拉，並以同情心態正視她的需求。看見母親重新出現在生活中，安琪拉也不再這麼黏人了，而是和媽媽建立更深層的連結。

其實，你臉上帶著哪種類型的面具根本不重要，因為這些面具都是自我創造出來的，引發的結果也都一樣：失調的親子相處模式與特殊的溝通迴圈。

接下來，我會概述這些迴圈，而你可以藉此檢視自己的親子溝通模式，看看相同的情況是否會發生在你和孩子身上。

我會利用相同的事例，觀察各種自我面具如何浮現，而**我選的例子是孩子對家長出言不遜，並說出「我討厭你」這四個字。**

選擇這個情況的原因，是由於絕大多數的父母都會這兩件事做出反應。**在大部分家長心中，這種行為和言語等於不尊重人與不懂感恩，勢必會觸發他們心中那道與個人重要性有關的創傷。**

以下是各個冒牌自我面具可能做出的反應：

狂戰士迴圈開關：憤怒與不滿

狂戰士家長聽到孩子說「我討厭你」時，會覺得孩子在攻擊自己。所以，他們會立刻反問：「你剛剛對我說什麼？你怎敢這樣跟我說話？」簡單來說，**啟**

動狂戰士失調迴圈的開關，是憤怒與不滿。

當狂戰士認為孩子的反應是一種攻擊時，便會用憤怒奪回權力。在狂戰士家長眼中，這類事件必須在發生的當下立刻被終止。

狂戰士通常都會用羞辱、貶低與懲罰等手段，遏止孩子做出這類行為，並對孩子大吼大叫或出言恫嚇，逼他們乖乖聽話。

平事人迴圈：不惜代價都要確保孩子的愛

平事人家長和狂戰士家長一樣，在聽到孩子說出「我討厭你」時，都會認為他們是在針對自己。差別在於，**平事人家長不會嘗試控制孩子的行為，而是會控制孩子自己的看法**。

平事人家長最害怕的，就是失去孩子的愛，所以他們會不惜一切代價找回這份愛。而為了確保孩子不會拋棄自己，他們通常都會訴諸縱容與幫助這兩種手段。平事者的動機是終止孩子的不良行為，具體做法是默許與取悅。

平事者的子女會覺得父母對自己的真實感受視而不見，因為這類父母更關心如何將孩子的恨轉化成愛。也就是說，平事者不在乎子女感受的成因，也沒打算修補他們內心世界的傷口。

偽裝者迴圈：最在乎的是別人怎麼看

聽到孩子說出「我討厭你」後，偽裝者家長腦中唯一會想到的，就是旁人的眼光。因為在他們眼中，自己的形象和人設才是最重要的。

偽裝者會不惜一切代價，只為逃避眾人批判的目光，他們的動機是粉飾太平，以維持特定的公眾形象。

偽裝者家長壓根不在乎孩子的感受，他們只關心別人對自己的看法。而偽裝者的子女知道父母會否認他們的感受，也有可能會感覺到父母在迴避自己。

木頭人迴圈：立刻築起冰冷高牆

木頭人家長在聽到孩子說「我討厭你」後，

我討厭妳！
好丟臉，我可不想出醜！
妳別鬧了可以嗎？

也會認為對方是在針對自己，並立刻在自己身旁築起一堵冰冷的高牆。**對木頭人來說，衝突就是導致他們封閉自己的觸發點**。

木頭人會陷入全身麻痺的狀態，完全聽不見孩子的請求，他們的動機是隱藏自己。木頭人家長不會嘗試理解孩子，也不關心他們的情緒，**這類家長只想趕緊躲到冰冷的高牆後方，照顧自己的感受**。

木頭人家長的孩子明白，自己所有情緒都會被父母冷漠的心擋下，久而久之，這些孩子便會找不到個人價值，並陷入孤獨的狀態。

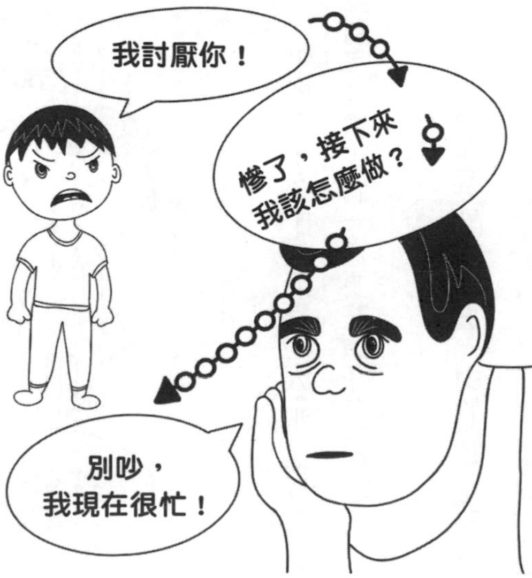
我討厭你！
慘了，接下來我該怎麼做？
別吵，我現在很忙！

逃兵迴圈：放棄承擔任何責任

逃兵家長一聽到「我討厭你」，就有想逃跑的衝動。**他們不會覺得孩子說出這句話是在針對自己，因為他們早就因內心創傷而放棄承擔所有個人責任**。也就是說，他們根本就不覺得自己必須為孩子的問題操心。

逃兵家長會拋下所有責任與麻煩，而孩子也知道自己在父母心中毫無地位，導致他們不信任身邊的人，並感覺自己永遠都是遭人背叛和拋棄的一方。

你看出潛藏在這些迴圈背後的危機了嗎？你有沒有發現，所有迴圈內的孩子都被父母忽視？這些迴圈會對子女造成負面影響，**一旦深陷其中，我們最終會徹底與孩子的感受與世界觀脫節，眼裡只容得下自己的感受，腦中盤算的全都是該如何自保。**

一個人的自我面具越是明顯，就代表這個人內心的創傷越深；而一個人心中的傷痛越大，爆發出來的能量就越強。在這種情況下，孩子可說是最無助的受害者，他們無法離開父母獨自生活，只能受制於家長的心情與想法。

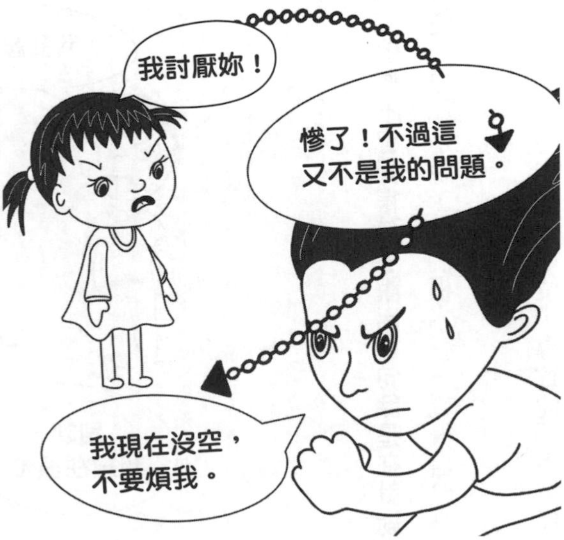
我討厭妳！
慘了！不過這又不是我的問題。
我現在沒空，不要煩我。

子女必須仰賴家長而活，還會遭受父母心中的自我怪獸威脅；孩子是無辜的囚犯，他們沒有與父母抗衡的資源，也離不開生活的牢籠。所以說，身為家長的我們一定要整頓好自己的內心世界，這樣一來，才不會將所有痛苦傾注在孩子頭上。

承認自己的蒙昧，對家長來說絕非易事，但我們必須接受這個殘酷的事實。由於我們的父母是在蒙昧狀態下扶養我們長大，我們也會理所當然的把自己的傷傳遞給子女。但只要我們能認清這個模式，就能打破這種惡性循環。只有在打破循環後，我們才能看見孩子的真實樣貌與感受。

當童年創傷終於開始由內向外癒合，我們的反應才不會受限於內心缺口，而能讓完整的自己決定該怎麼做。這種內心的圓滿，可以**讓父母將目光鎖定眼前的孩子，而不是我們心中的孩子**。

情緒來臨時，你的身體會有什麼反應？

我知道，要求受困的人打破這個循環很困難，也知道人在被自我控制時，會看不清它的樣貌。迴圈已經開始運作，要中斷談何容易，唯一的辦法就是在迴圈啟動前就先扼殺它。因此，我們一定要了解自己的身體被觸發後會有什麼反應。

人體在進入警戒狀態時，會出現一些訊號和徵兆，而我們的任務就是要學會辨認這些生理徵兆。該如何觀察這些細節？答案就是用心理解人體的警戒系統，例如：心律加快或變得不穩、手心開始出汗、呼吸變得更重、嘴唇開始顫抖、眼淚不由自主流出等。

你的身體想告訴你什麼？理解這些信號後，我們便能找出自己爆發的時機，並透過觀察情緒訊號看看自己是不是哪裡不對勁。從情緒切入並觀察自己的模式，是擺脫循環的關鍵步驟。

為了方便辨認，我將家長的招牌情緒劃分成五類（即以下的五A），透過這五A了解自己，可以讓你對自己的身體有更深層認識，並阻止自我代替你做出反應。這五A分別是：

- 狂戰士的情緒：憤怒（anger）。
- 平事人的情緒：焦慮（anxiety）。

- ●偽裝者的情緒：博取注意力（attention-seeking）。
- ●木頭人的情緒：迴避（avoidance）。
- ●逃兵的情緒：拋棄（abandonment）。

你能從這5A中，找到自己最主要的情緒風格嗎？你的身體會用什麼方式傳達此情緒風格？

以我為例，我屬於平事人家長，焦慮是我的招牌情緒。學會在進入失控狀態前觀察自身的焦慮徵兆，確實為我帶來了不少好處。

每當我感到焦慮或壓抑時，身體就會立刻用各種症狀通知我，例如粗重的呼吸聲和不受控的眼淚。接下來，我的身體就會開始製造緊張的能量，使我的腸胃翻江倒海、大腦開始瘋狂運轉，而我也能清楚感覺到自己馬上就要崩潰。

當我將目光聚焦在這些警訊，並停下手邊一切工作，我便可以開始關心自己，投入冥想或寫日記等活動。若我的情緒久久不能平復時，我便會打電話給朋友，或走進大自然裡散散心。透過這些行為，我可以找回重心，並重新和自己建立連結。

當然，偶爾我也會錯過身體發出的訊號，或是明明看到了，卻又裝出事不關己的態度。結果可想而知，我立刻就進入被動消極的模式並徹底爆發，戴上平事人的面具，事態也在一瞬間演變成難以收拾的局面。這正是我想讓你學會，在爆發前改變個人模式的原因。

請參考下列循環圖和打破循環的關鍵點：

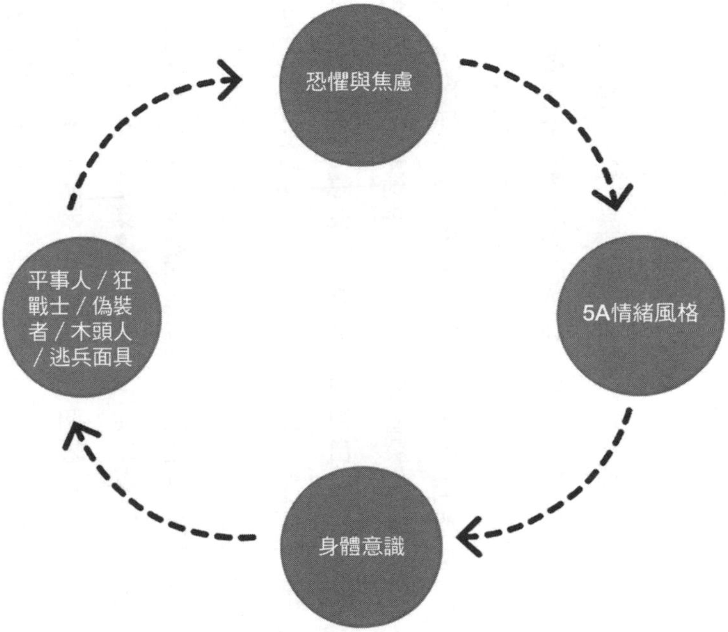

我的客戶貝琪（Becky）總是會在內心感到匱乏時，開始博取他人的注意力。貝琪是一名成功人士，她已經習慣接受來自外界的肯定，也會為了吸引旁人的目光，而讓自己操勞過度。

我的另一位客戶史都華（Stuart）和貝琪恰恰相反，是個一遇到事情就逃避的人，他這輩子最怕的就是衝突與戲劇性事件，只要碰到這兩件事，他就會立刻封閉自己、變成木頭人。史都華遇事時都會做出同樣反應，所以他和家人的關係一直處於緊繃狀態。

我的好友強納森（Jonathan），會藉由憤怒來凸顯自己的重要性和權力，他通常都會先暴怒再退縮（我發現，許多習慣用控制和支配展現個人價值的男性，最常用的情緒就是憤怒）。

戴比（Debbie）的前夫是個典型的遺棄者，和戴比離婚這件事給他造成極大的創傷，導致他徹底和戴比斷了聯繫，並逃到另一個國家生活。

而我的任務，是讓客戶看清自己與親友的自我模式，並找出各自的情緒風格。在他們意識到自己的情緒模式後，我便開始協助他們注意與這些模式相關的身體信號；只要他們的身體意識提升到某個層次後，便可以教他們暫停的方法，幫助他們改變舊的模式。

舉例來說：狂戰士可能會咬牙切齒；平事人可能會發現自己的手心冒汗、呼吸變重；偽裝者的呼吸可能會變得急促（因為他們覺得自己的醜態被旁人看見了）；木頭人可能會心悸（因為他們最怕的就是情緒衝突）；逃兵可能會突然感到膽怯，並萌生逃跑的念頭。

我之所以稱其為「情緒」風格，而不是「感受」風格，是因為我覺得情緒和感受是兩種截然不同的東西。情緒是人內心感受的外在表現，通常都是建立在自我之上，且帶有強烈的保護目的。

人們會用情緒表達內心感到不對勁的地方，有情緒就代表有問題，但情緒絕對無法代表一個人的真實感受。人的真實感受，就只是一種純粹的感受，它存在的本意就只是為了「被感覺」以及「被消化」。

舉例來說：無助是一種感受，責備則是一種情緒反應；無助是一種感受，對別人生氣則是一種情緒反應。

感受是一種內心深處的感覺，我們可以一個人默默體驗它，而情緒反應是我們用來逃避或表達這些感受的手段。「表達」感受與「感受」感受，是兩件不同的事情。

意識到自身情緒反應後，我們才能用冷靜的心態和手法化解這些反應。例如安慰自己：「我現在情緒有點激動，做出的反應一定會引發很多負面影響，我得設法中斷這個循環模式，我必須先弄清楚內心真正的感受。」

只要你能像我說的一樣，暫停手上的動作，和自己對話，就能遏止自我模式繼續運轉，先照顧內在小孩的感受。

治療創傷有兩個關鍵步驟：第一，趕在情緒反應變成面具前，先注意到自身情緒；第二，檢視潛藏在這些反應底下的感受。具體做法請參考下列練習。

取出一張白紙，在一側寫下由觸發點挑起的自我情緒反應，並在另一側寫下你內在小孩對該事件的真實感受（請見下頁範例）。

若我們不先檢視自身感受，而是想怎麼反應就怎麼反應，那麼情緒面具便會開始胡作非為。當一個人無論做什麼反應都不先經過大腦，冒牌自我的面具就會變得越來越厚重，最終怎麼甩都甩不掉，因為它還會連帶引起其他互動。

請按照以下範例，分析自己的 5A：

情緒反應風格	真實感受
憤怒：「我討厭你，離我遠一點。」	「你讓我很難過。」
焦慮：「我會幫你解決事情，我需要你。」	「我怕你不愛我了。」
博取注意力：「你有看見我嗎？你在乎嗎？」	「少了你的讚美，我內心感到很空虛。」
迴避：「你離我遠一點。」	「我怕被你拒絕。」
拋棄：「我根本不在乎你。」	「我怕自己再次被拋棄。」

只要照著以下步驟做，你就能改變負面的情緒模式，跳脫失調迴圈：

1. 當你察覺到心中湧起強烈的情緒時，先停下腳步。
2. 觀察身體的反應。
3. 提醒自己：如果不好好消化這些情緒，它們就會像火山一樣爆發。
4. 問自己：「我內心真實的感受是什麼？我的內心世界經歷了哪些變化？現在先不要急著做出反應，而是要先查出自己到底在害怕什麼。」

情緒是信使，它的作用是提醒我們內心世界即將掀起滔天巨浪。但它沒有嘴巴，只能透過生理訊號和我們溝通。**如果我們在反應之前，完全忽視憤怒、焦慮、博取注意力、迴避或拋棄等情緒，最終一定會造成不可挽回的局面**，還傻傻搞不清楚狀況。接著，我們與孩子的互動便會立刻失調，雙方也會變得不自在，渾然不知為何親子關係會惡化成這樣。

其實線索俯拾即是，我們只是不懂如何注意到這些線索，而我的任務就是將步驟傳授給你。

11 啟動第三個「我」——內省我

我迷失在自我掀起的海嘯，
我的愛也被洶湧的波濤衝擊得支離破碎，
承擔這份羞愧卻是你，我的孩子。
要是你知道這一切都不是你的錯就好了，
你就會知道心中有傷的人其實是我，
需要治癒自己的人也是我，
唯有在康復之後，我才能學著當你的父母。

我們的內在小孩之所以會活在恐懼中，是因為我們的父母從來都不曾讚美過我們最真實的樣貌，每一次表現真我的嘗試，最終都只會換來打壓與否定。這種拒絕會令孩子的生活充滿恐懼和迴避，並迫切渴望得到家長的認可。

蘇西（Suzie）從療程開始到結束都在哭，她對我說：「我媽媽說她希望自己沒生過我這個女兒。她說我不僅胖，成績又差，害她在人前抬不起頭。所以我刻意不吃東西，還用功讀書，但她依舊覺得我不夠好。雖然我已經三十歲了，但依舊痛恨自己，因為我一直都沒能達到她為我設定的標準。」

蘇西的內在小孩渴望得到媽媽的肯定。她的母親不斷將自身的匱乏投射到女兒身上，而蘇西也不斷因此責備自己，渾然不知內心匱乏的人並非自己，而是母親。

蘇西真的很聽話，當媽媽對她說「我會這麼討厭妳都是妳的錯」時，她深信不移。孩子就是這樣，他們總會相信父母的話。當父母對孩子生氣或感到失望時，他們便會主動把錯攬在自己身上，他們不夠成熟，不可能知道家長是在把自己的痛苦投射到他們身上。也就是說，**家長講什麼，孩子就信什麼，並認為父母的意見就是真理。**

為了保護自己不會因父母的拒絕而受傷，並獲得自己想要的肯定，孩子會創造出冒牌自我的面具。蘇西就為自己打造了一張超級資優生的面具，她這輩子會這麼拚，都是為了從母親身上得到自己從小就渴望的一句肯定。

但很可惜，她沒有變瘦，甚至還染上了暴飲暴食的習慣。蘇西告訴我：「這是我保留最後一絲控制權的手段，要是我連體重都受她控制，那我就會徹底失去自己。」

在接下來幾個月的療程中，我努力幫助蘇西接受自己、肯定自己，最終她發展出一套不同於以往的個人意識，並放下了那個急著得到母親肯定的自己。

試想一下，若父母願意接受你真實的樣貌，你還會需要透過創造虛假的分身來獲得他們的肯定嗎？當家長開啟自我模式時，受苦的永遠都是孩子；當父母對自身的真實感受毫無意識，勢必也會忽視孩子真實的情緒需求，並否定他們的真實體驗。

讀到這裡，我想你應該也明白這個道理了：家長總是會把自己當成主角。**人的自我只有一個任務：用盡一切手段保護自己，而不在乎自己是否會傷及無辜的孩子**。想像一下，如果我們能卸下臉上的面具，親子間的互動會有多流暢？若我們能擺脫自我式的反應，將會成為多優秀的父母？

其實，你只要學會如何治療內心的創傷，就能找到答案，但這件事難就難在**自我背後，還躲著一個沉默寡言的大頭目**。說到底，你的自我不過是這個頭目僱來的傭兵。

這個頭目的真實身分是誰呢？答案就是我們的內在小孩。只要你還沒找到它的藏身之處，只要它的傷口還沒癒合，自我就會不停現身捍衛它的感受。而為了讓自己徹底痊癒，我們必須面對問題的核心：內在小孩的痛苦和恐懼。只要把你內心的孩子照顧好，便能連帶解決自我帶來的問題。當內在小孩越是感覺自己受到善待，自我就越能冷靜下來、慢慢撤退，這就是本章的重點：為內在小孩療傷。

塑造能安撫、全心全意照顧內在小孩的家長

想治好我們內心的孩子，首先就要弄清楚它出現的原因。**內在小孩之所以會出現，是因為我**

們身邊缺少一個願意照顧它，並接受其真實樣貌的覺醒家長，因此，我們必須在心中內建一個願意全心全意照顧它的家長。

接下來，我會列出一些重育自己的方法，讓你徹底治好自己內心的創傷，蛻變成覺醒父母。我們在這裡的任務，就是要在心中培養一個慈愛的家長，我稱它為第三個我（third I），或內省我（insightful self）。

當我們心中的孩子接受到內省我所散發的愛，就會開始改變，感覺到自己確實受到家長的照顧、接受與肯定，並漸漸康復，此時自我也會退居幕後，不再頻繁的跳出來保護它。它會認為自己終於被「你」看見、被「你」肯定，這個過程相當振奮人心！

接下來，你的自我會逐漸卸下武裝，它不會瞬間消失，而是會慢慢軟化。首先，它會測試我們，看看我們的傷口是否真的正在痊癒。畢竟它當我們的貼身保鑣已經有幾十年了，在卸甲歸田前總要先掂一掂第三個我的能耐（甚至是對它發動攻擊）才會安心。

自我之所以這樣做，是為了確保第三個我有能力保護我們。只要第三個我能持續散發關懷的能量，自我就會默默退場，讓內省我安撫我們內心的孩子。

其實，每個人都應該在童年時期從家長身上得到內省我，並將其內化進自己的性格。內省我具備溫柔和關懷的特質，當現實生活中的父母願意無條件愛著孩子的真實樣貌，他們的投影就會成為孩子心中的內省我。

然而，大多數人的父母都尚未覺醒，他們有許多心理問題（如憤怒與焦慮問題）要處理。事實上，我們的父母很多時候都只是把自己的焦慮和缺點投射在我們身上，而我們也會用相同手法折磨自己的孩子。

接下來，我要教你如何孕育並培養出這個全新的自己（內省我），你現在有機會重育自己，但這個步驟不僅要花費一些時間，還需要你在腦中建立起一套新的意識。此外，我們還必須不停練習，才能鞏固內省我在內心世界的地位。只有發展出內省我，我們才能控制內在小孩與冒牌自我的互動，進而滿足子女的需求。當我們將內心的孩子照顧得服服貼貼，躁動的自我自然就會冷靜下來。

無論你戴著的冒牌者自我面具屬於哪種類型，安撫自我的步驟都是一樣的：

1. 意識到兩個我之間的互動（兩個我分別是內在小孩和冒牌自我）

請務必釐清兩者的關係，了解自我的所有反應都是為了安撫內在小孩的恐懼。雖然你現在依舊處於自我模式中，但已漸漸了解事情的真相：自我的反應其實取決於你心中那個驚慌失措的孩子。你必須將這層體悟嵌入自己的意識中，以啟動治療流程。

每張自我面具（狂戰士、平事人、偽裝者、木頭人、逃兵）呈現出的反應都不同，請參考下方及下頁圖片：

我好害怕。
他們錯了，我要透過控制來修正他們的行為。

狂戰士

偽裝者

平事人

逃兵

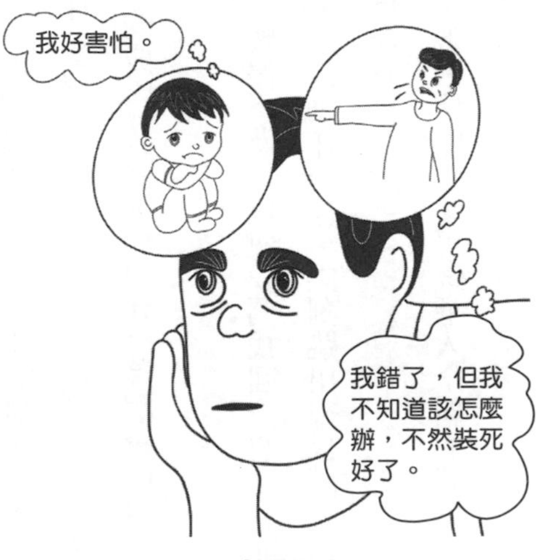

木頭人

當你能夠意識到，自我的各種反應都是為了保護你的內在小孩，就等於在治癒自己的路上又往前邁進了一大步。具備這種意識後，你就會明白真正的威脅並不是來自外界，而是源於自己內心深處的感受。

接下來，就要捕捉在體內流竄的恐懼感，而在那之前，你必須培養的關鍵能力是身體意識。還記得先前提到的5A嗎？只要你能在這些情緒於體內湧現時抓到它們，就能停下腳步好好思考。

2. 查覺體內的5A，讓自己停下腳步

隨時隨地觀察身體的狀況是此步驟的關鍵。**情緒會展現在人的身體上**，人體會在極短的時間內注意到潛意識的變化，而**相較之下，我們的意識腦則是後知後覺的那一個**。

掌握身體意識度的方法，是只要一有時間就回答下列問題：我的身體現在感受到的情緒，是憤怒或焦慮？我的身體是不是極度渴望獲得旁人的注意力？我的身體是否想迴避當下的情境？如果答案是肯定的，我能否停下腳步檢視這些情緒的成因？我該如何在不驚醒冒牌自我的前提下，正視並消化這些感受？

暫時停下腳步是決定一個人能不能成長的關鍵。暫停不僅可以使我們找回重心，還能讓我們選擇用不同的方式應對。如果是以前，自我一定會像反射動作一樣，立刻跳出來保護我們，但現在我們已經培養出暫停的能力，能夠好好檢視內心世界發生的事。

當我們能發自內心理解內在小孩到底需要什麼、害怕什麼，便可以進入全新的狀態、發展出全新的意識。也就是說，我們已經準備好創造第三個我。

3. 啟動內省我

內省我的聲音是冷靜的，不僅充滿關愛，還能撫慰人心。內省我會用心傾聽我們內在小孩的恐懼，安撫它那顆驚慌失措的心。接下來，我想以一位客戶為例子解釋給你聽。

琳達（Linda）跟十七歲的女兒崔西（Tracy）一直處不好。某天，崔西告訴琳達，她想在上大學前休學一年，體驗獨自生活的感覺，但琳達害怕崔西偏離了常規的求學路線後就回不去了。由於父母付不起學費，加上不符合申請學生貸款的資格，琳達從沒上過大學，因此她非常害怕崔西步上自己的後塵。琳達深知沒有大學文憑的人，在社會上會處處碰壁，所以不希望女兒也陷入和自己一樣的窘境。她心中那個渴望被大學文憑認可，並極度缺乏安全感的小女孩因此驚慌失措。

琳達心中的小孩因不安、懷疑和恐懼開始鬧脾氣。內在小孩越是放聲吶喊，琳達的平事人自我就變得越強勢，使出各種威逼利誘與哀求的手段說服崔西。琳達提出她可以幫崔西請輔導老師、填入學申請表，甚至是幫她全額支付學費，但這一切都絲毫無法撼動崔西的決心，反倒讓她的態度變得更堅定。

在嘗試了幾週仍無法改變局面後，琳達換上了狂戰士的面具，開始大發雷霆。從此之後，琳達只要一有機會就會和崔西吵架，將自己內心的焦慮感傾瀉在女兒身上；崔西沒有乖乖就範，而是奮力反擊。長期抗戰下來，母女兩人都倍感心力交瘁。

當我告訴琳達，她的反應其實並不是在針對「自己的女兒」，而是她心中的孩子時，她給了我一個不可置信的表情。我說：「妳之所以會這麼害怕，是因為過去的經歷。妳覺得自己沒拿到大學文憑，所以不夠優秀，這件事讓妳覺得丟臉且缺乏安全感。這些感受一直沒有消失，只是被自我隱藏起來。而現在，崔西打算放棄妳當年求之不得的東西，導致妳內心的那個小女孩因恐懼而徹底失控，並將這份恐懼投射到她身上。」

琳達驚訝的說道：「沒錯，我之所以會這麼緊張，確實就是像妳說的這樣。但她是她，我是我，說不定她的感受跟我完全不同。」

後來，我幫琳達培養第三個我，鼓勵她按部就班完成我提出的步驟。我對她說：「每當妳感覺到體內出現焦慮的情緒時，就要特別留意，這代表妳的自我正在蠢蠢欲動。我希望妳仔細聆聽身體想向妳傳達的訊息，主動接觸並安慰住在妳內心的那個小女孩，讓她知道自己其實很安全，讓她知道沒拿到大學文憑不代表它沒有價值，以及讓她知道崔西不會有事。」

我列出幾個句子，請琳達感到焦慮時在腦中對自己覆誦：

- 無論孩子做了什麼決定，都不會對我造成負面影響。
- 我不需靠孩子證明自己是個優秀的人。
- 無論孩子自己做出的人生決定是什麼，我都是個好媽媽。
- 即使孩子做出的決定不符合大眾期待，也無損我的個人價值。

琳達每天都在內心重育自己，並在感到焦慮時安慰內心的小女孩。崔西很快就感受到母親的改變，兩人也不再爭吵，而是可以靜下心來和對方建立連結。琳達漸漸接受崔西是個獨立個體，不再和她作對，而是在一旁默默支持她，而崔西也很感謝母親的支持，並以正面態度回應她。

學會安慰內在小孩不但能使我們更了解子女，還可以解放他們，讓孩子自由自在的過自己想過的生活。這就是整頓內心世界帶來的好處。

第三個我和本書之前介紹的自我類型（狂戰士、平事人、偽裝者、木頭人、逃兵）截然不同，接下來我會用插圖來表現他們的不同之處。

內省我的聲音充滿肯定與令人安心的能量，可以消除人們的恐懼和不安感，讓我們放下批判的眼光和羞恥感，接受內心恐懼的真實樣貌。我們之所以無法在腦中聽見這個聲音，是因為在童年時錯過了將其內化的機會。

用第三個我的聲音和自己對話，是治療自己的關鍵。若家長的心理狀態永遠都是在內在小孩與自我間來回打轉，很難成為子女眼中冷靜理智的父母。唯有徹底重育自己，我們才能用正確的方式扶養孩子，而這就是覺醒育兒的精髓所在。

從現在開始，我們可以在覺醒的狀態下理解自身感受，並讓內心世界趨於平靜與平衡狀態，接著再擴展自身情緒頻寬，用最適合孩子的方式將他們養育成人。從今以後，我們的雙眼將不會再被自身

你是有價值的人，這不
需要靠控制他人來獲得。
嘗試理解孩子吧！

狂戰士

偽裝者

平事人

逃兵

木頭人

恐懼蒙蔽，而是能用正確的方法緩和這些恐懼；我們的感受將不會再被自身恐懼左右，而是能操控這些恐懼的感受。

我們的子女心中也住著一個孩子，他們也會受自我影響，但現在我們已經有能力理解他們內心世界的活動，並幫助他們處理內心的掙扎。當父母進入平靜的狀態，便能以孩子最需要的形象出現在他們面前，這就是覺醒育兒的基礎。

喚醒內省我，打破負面迴圈

我們必須透過大量的觀察與練習，才能喚醒第三個我，請參考次頁的兩個表格（其中一個我已經填好），在空白處寫下你體內的三個我：內在小孩、冒牌自我和第三個我（內省我）。

你可以發揮創意，自行決定內省我對你說的話。例如，肯定自己並對自己說：「有人愛你，你是有價值的！」或是輕聲說服內在小孩接受自己：「不要忘記，你的價值取決於你的心，而不是你的成就。」你也可以寫一首歌或詩，提醒心中的孩子大家沒有忘記他，也肯定他的一切。請注意，自省我的聲音必須具備三個特點，分別是同情心、同理心與中立（不評判）的態度。

當我們遇事時能不急著做出反應，就代表我們的心態是冷靜且自持，而這也是內省我的本質。請隨時觀察自己一天內在這三個我之間遊走的狀況，嘗試了解自己的身體，並注意身體想傳達給你的情緒訊息，接著你便能暫時停下腳步，選擇新的方向。

踏上新的道路後，你便會體驗到一股來自心靈深處的平靜，並感覺自己的內在世界變得更遼

	內在小孩	冒牌自我	內省我
狂戰士	我好失敗。	我要好好修理你。	你很害怕，覺得自己失去了控制權，但其實你根本沒必要控制任何人事物。
平事人	沒人愛我。	我要取悅你。	你很害怕，你想解決所有問題，但其實根本沒有問題。
偽裝者	我找不到歸屬感。	我要把你變成我。	你很害怕，深怕沒有人喜歡自己，但其實所有人都愛你。
木頭人	我不夠好。	我要忽視你。	你很害怕，想忽視所有人事物，但你大可不必這樣做。
逃兵	我沒有價值。	我要離開你。	你很害怕，想拋下一切逃走，但我希望你留下來。

	內在小孩	冒牌自我	內省我
狂戰士			
平事人			
偽裝者			
木頭人			
逃兵			

闊。當你的心寬了，人也會變得更有自信，可以不再理會自我的反應，專心理解子女的需求。

我在右頁表格中列出了一些自省我的發言，你可以參考我的範例，完成屬於你的表格。

意識到反求諸己的必要性後，我們的正向改變就能引發漣漪效應，最終打破失調的迴圈（我將終止失調模式的步驟製作成摘要，並以插圖呈現於第二一九頁至二二一頁）。

第一步：打破迴圈

圖1呈現典型的親子互動：當孩子說了一些家長認為大不敬的話，家長的自我就會根據過去習慣做出回應，也就是帶上5F的面具。這張圖展示的是狂戰士家長，如果她任由迴圈繼續運轉，而不嘗試打破它，親子的互動便會持續維持負面與失調的狀態。

第二步：家長檢視自己的內心世界

若家長想跳脫負面的模式，就一定要和內在小孩建

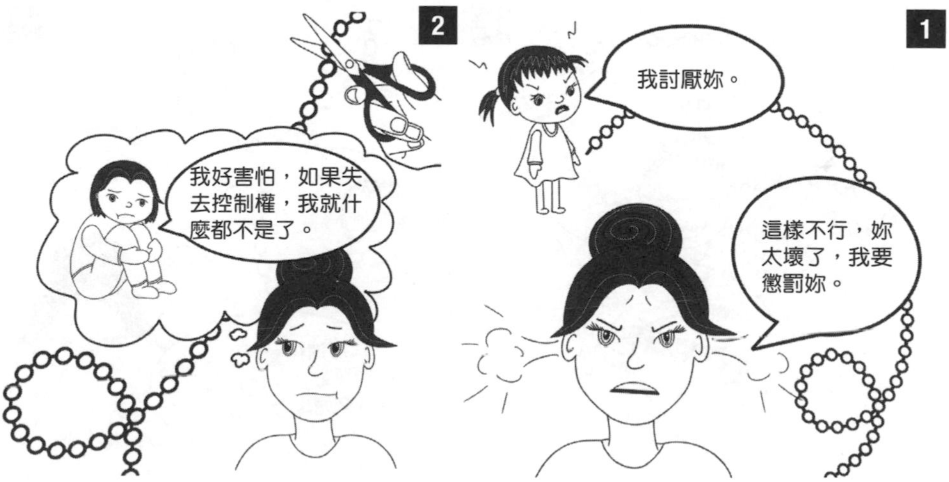

立連結（因為它是喚醒自我的關鍵人物）。在圖2中，我們可以看見家長停下腳步，傾聽內心孩子的聲音。

第三步：家長安撫自己的感受

此時，家長的意識已經上升到夠高的層次，可以滿足內在小孩的需求，並安撫自身感受。**當家長的內在小孩覺得有人在乎自己的感受時，便無須再向自我求援，請求它保護自己。**

第四步：開始理解子女

當家長的內在小孩冷靜下來後，便可以開始安撫子女，而子女也會感受到親子間的連結和家長的理解，最終創造出父母和孩子都發自內心渴望的連結。

第五步：終極親子連結

圖5帶給你什麼感受？你知道圖中的親子關係是可以實現的嗎？請記住這個畫面，並想像這就是你和孩子的關係。

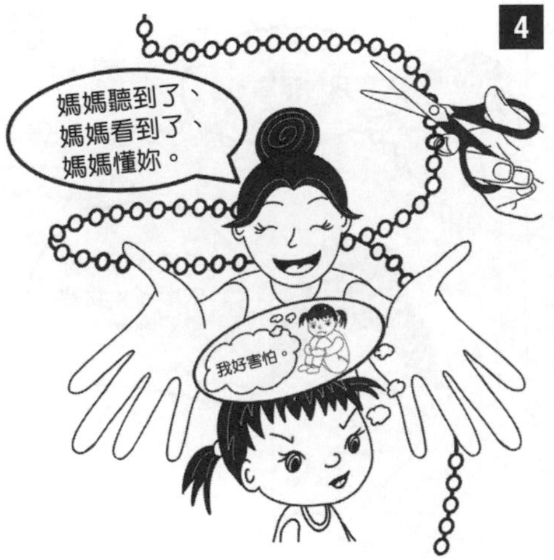

重育自己並不輕鬆，我們不僅要擺脫一直存在於我們腦海中的聲音，還必須加入一些新的。重育自己的難度不亞於學習一門新語言，是一份燒腦的差事，就好像獨自一人遊走在異國街上，手上還沒有當地的地圖。如果這就是你當下的感受，我希望你多給自己一些時間與空間細細品味，並發自內心接受這種不舒服的感覺。

你之所以會感到不自在，是因為這對你來說是一種新的體驗，你應該給自己鼓勵，表揚一路走到這個階段的恆心與毅力。

這項內在世界整頓工程將持續一生一世，沒有一個明確的終點站，你的任務是讓內心那盞明燈繼續亮著，不停完整自己，邁向圓滿本身就是一個永恆的旅程。然而，我們確實可以讓自己越來越接近完美，光是走到這裡，你和孩子的關係就一定會有長足的進步。當你能意識到內心世界的各種活動，並消弭內心的恐懼感，你和孩子建立連結的能力就會更上一層樓。

本書的第三部分，將要教你如何在日常生活中經營親子連結，延長其生命力與壽命。準備好學習運用不同的工具，豐富並深化親子關係了嗎？我可以肯定，你的孩子一定會永遠感謝你為他們做出的努力。請接受我的表揚，因為你一路走到了這裡，接下來讓我們繼續努力，邁向另一個階段。

第三章

當我專心理解你之後，一切都變好了

當我的身體與心靈都與孩子同在，接受他們獨一無二的本質，孩子就會在我的面前綻放盛開。

他們的心會被個人價值填滿，踏出的每一步都會帶著韌性的印記，他們會看見自己平凡中的不凡。

他們不需要特地做什麼，也無須特地前往何處，他們在哪裡，哪裡就是家，他們的心就是家。

我的陪伴是一份直達靈魂的禮物，使他們可以無畏的張開翅膀；我的讚美是黃金，不帶任何附加條件，始於我對自己內心寶藏的褒獎。

你覺得自己和哪些人的連結最強？我想，這份名單應該不會太長，那些有幸被你點名的，應該都是讓你感到最自在，也允許你做自己的人。

「能做自己」究竟是什麼意思？就我看來，能做自己代表身邊的人都認同並讚美你最真實的一面（也就是你的本質），且無論你用哪種形狀或形式展現自己，都不會感到不安。

若某個人讓你覺得你可以做自己，光是與他相處，我們便會感受到滿滿的個人價值與自信。在這些人身邊，我們不僅會變得大膽，還會感到精力充沛，覺得自己無所不能。這種感覺聽起來應該還不賴吧？

我們的孩子也渴望在我們面前大方的做自己。他們也希望和父母相處能令他們感到安心、感到自己無所不能，希望父母接受自己真實的樣貌。**育兒不是只看孩子的成績、天賦與獎狀就好，而是要無條件肯定他們最真實的一面。**

接受孩子聽起來很簡單，但其實，要無條件接受一個人真的很難！為什麼？因為我們的父母從沒真正接受過我們，我們連自己都接受不了了，更遑論接受另一個人。接受自己與他人是一項難度係數超高的精神挑戰，只有具備高度意識的人才能完成。

接受一個人會如此困難的原因有二：首先，文化中的每一個面向都制約著我們，迫使我們接受人事物「應有」的樣貌；其次，我們腦中塞滿了太多對人事物的定見，導致我們無法理解對方。

看見一朵玫瑰花，我們便會想摘下它；瞥見夕陽西下的美景，我們便會想用相機記錄這一刻。**我們無法單純的與周遭人事物相處，總覺得自己必須做點什麼才行**。

總而言之，在文化的制約之下，我們已經失去與事物（例如個人感受、自己和他人內心的掙扎等）本質共處的能力，覺得自己非得做出點反應不可。這種心態造就了世界今天的模樣，當我們內心無法接受某些人事物時，便會透過自我行為將這種感受投射到他人身上。

其實，我們所有的反應，都是源自我們心中那個孩子感受到的匱乏感，而這種匱乏感會導致我們覺得這個世界、我們的孩子與自身的處境也有所匱乏。正因如此，我們一定要先完成第二階段的任務，才能進入第三階段——只有在與自己建立連結後，我們才能在覺醒的狀態下與他人建立連結。

當子女得到家長無條件的認同與接受，便會明確感受到自己的價值，而這種價值是永遠不會消失的。此時，孩子會感覺到家長願意接受自己最真實的一面，而因為真實的自我本來就是圓滿狀態，所以這些孩子在成長時，便能一直保持自己的完整性。

他們無須爭取父母的信任與肯定，因為家長的信任與肯定對他們來說就如同呼吸一樣，根本不必刻意爭取。在這些孩子眼中，一個人最大的成就就是做自己，而不是拿下什麼獎盃，或是在比賽中贏得名次。他們時時刻刻都能感受到家長的目光，也知道父母願意傾聽、肯定自己。

所有人都渴望自己的真我能受到旁人認可與讚賞，這些孩子是幸運的，因為家長已經滿足了他們這項需求。總括來說，這些孩子具備自我導向、自發與自治的特質，他們的小宇宙圓滿且沒有缺憾。

擁有個人價值的孩子並不是從此不會犯錯，他們當然也會考不及格，未來也可能面臨失業或婚姻危機。他們會沮喪氣餒，甚至會因為一些事情哭到夜不能寐。擁有個人價值不代表擁有與生活與情緒絕緣的能力，更不代表他們接得住人生投來的所有變化球。**這些孩子與大多數人的差別在於，面對困境時他們不會羞辱或憎恨自己，而是能利用內心深處的資源解決問題**。

你也想讓孩子體驗到這種感受嗎？你確實有能力讓他們獲得個人價值，只是需要有人告訴你方法而已。覺醒育兒的第三階段，就是要教你如何與子女的本質建立連結，讓你看見他們真實的樣貌，而不是你心目中的理想子女形象。

在有意識的狀態下與孩子的本質建立連結，是覺醒育兒的關鍵，也是扭轉親子關係的重要元素。此策略乍聽之下有點消極，也過於簡單，但事實恰恰相反，建立連結必須下一番苦功，我們得改變自己的內心世界。家長們必須時刻注意自己的心理狀態，並為自己心中的孩子療傷，這個過程有個名字，叫做「個人成長」。

12 允許孩子保有本質

孩子，我想把你當成黏土那樣捏扁搓圓，
把你重塑成我想要的模樣，
讓你符合我幻想的規格。
但我發現，放棄自己使你備感煎熬，
對你的心是如此，對我亦然。
所以我只能改變自己，
拋下每一個盲目的恐懼與期待，
並與你最真實的樣貌建立連結，
學習愛的真諦。

你認識孩子最真實的一面嗎？我所謂的認識，是認識他們的本質與真我。父母在育兒時，往往只顧著埋頭努力，卻忘了注意他們的心理狀態，而這正是我們童年缺失的那塊關鍵拼圖，也是從我們人生中消失的關鍵部分。

家長總是只顧著做各種事，殊不知自己錯過了真正重要的步驟：與孩子和自己的心理狀態建立連結。父母總是要求子女扭曲自己的天性以迎合我們，而不考慮如何調整自己育兒手法來配合孩子。這場親子心理角力戰一旦開打，孩子勢必會成為輸家，並被迫打造出一張又一張冒牌自我面具。為了不讓孩子用虛假形象迎合家長，父母必須給子女一些空間，讓他們可以盡情做自己，這是家長的義務。

以前，父母很可能對我們的本質視而不見，只記得稱讚我們的成績、成就，導致我們無法在自己的平凡之中找到個人價值。最後，我們在證明自己很重要且具備個人價值的路上，可謂無所不用其極，但都搞錯了方向，反而還將冒牌自我培養成可怖的巨獸。

我在第二階段（第二章）已提出馴服自我的技巧，你可以透過實踐慢慢了解孩子的真我，並邁入第三階段：與孩子的本質建立連結。

每個孩子（包括我們）降臨到這個世界時，內心的本質都是獨一無二；然而，當家長不願肯定孩子的本質時，他們可能就根據家長的冒牌自我，捏造出兒童版的冒牌自我，成為小型狂戰士、平事人、偽裝者、木頭人與逃兵。此後，每當家長或孩子被觸發、進入自我模式時，雙方爭奪權力與重要性的戰爭便會越演越烈，因為雙方都有能力煽動對方的自我，提升其戰鬥力。

你覺得這場戰爭誰會是輸家？很明顯，孩子絕對處於劣勢，因為他們年紀小，比我們更天真，不僅會無條件信任父母，更必須依賴父母而活。因為年齡的關係，家長對兒童心理造成的影響絕對更大，所以身為父母的我們，絕對有義務馴服自己的自我。

而我們在將自我除役的那一刻起，便能進入自己的內心世界，和自己建立深度連結。同時，我們也能與子女建立連結。

請務必記住一件事：**當家長的自我越強勢，孩子的自我也會遇強則強，因為他們必須和父母的自我對抗**。孩子根本沒有其他的選擇，他們的自我其實是為了應付父母的反應而出現，是一種單純的應對策略。當我們要求孩子做一些事情，換來的卻是對方無理拒絕時，我們便會認定孩子不尊重家長，但其實他們可能只是對我們說的某些話產生了負面感受。

我承認，孩子的回覆有時確實很粗暴，使人感到不快，但他們只能用這種方式應對家長的自我。當孩子開始縮進自己的殼裡，或是拒絕與家長溝通時，我們就要仔細分析他們究竟是真的沒禮貌，或只是在和我們的自我對抗。

當然，我並不是說家長是孩子形成自我的唯一原因，畢竟他們還會遇到許多可能誘發他們自我的人。我想說的是：**當家長完全被自我控制時，子女也會因別無選擇而喚醒其自我**。

被父母當成情緒垃圾桶的孩子

安吉（Angie）來找我諮商時已經快四十歲了。她身材瘦弱，髮量稀少，頭頂還有好幾塊禿斑，雙手指甲也被啃到不成樣子。除此之外，她全身上下都是刺青。安吉說，她從七歲起就開始反覆扯頭髮、咬指甲，我一眼就看出她有嚴重的心理問題。

事實也的確如此，她經歷過許多創傷，並深信自己是個毫無個人價值的人。安吉的父親脾氣極為暴躁，經常體罰安吉；而她的母親罹患憂鬱症，有時會連續好幾週沉溺在自己的世界中。在這種家庭中成長的安吉，可說是孤立無援。據安吉所言，她在七歲左右開始扯自己的頭髮，她說：「扯頭髮很痛沒錯，但這種痛感很爽，可以宣洩我內心的感受。」

後來，安吉扯頭髮的行為變得越來越嚴重，導致她上學時不得不戴著帽子遮掩。扯頭髮的行為惹得父親更加生氣，進而刺激安吉做出其他自殘行為，包括摳皮膚與咬指甲，使她在學校成了眾人爭相躲避與排擠的異類。

安吉身邊沒有半個可以幫她的人，而她也發自內心認為自己是全世界最失敗的人。成為她的教練後，我做的第一件事就是告訴安吉，她「所有」的行為（包括刺青、打洞、扯頭髮與咬指甲）都是為了處理童年壓力的應對策略。

我用最溫柔、慈愛的語氣對她說道：「妳是被父母忽視跟虐待，又無依無靠的小女孩，他們把自己的問題通通丟給妳承擔。妳完全無法和人分享內心感受，只好透過自己的身體宣洩心中的痛苦，這也是妳唯一能用的方式。妳所有的自殘行為，都是一種應對的策略，是妳向外界大喊

『幫幫我』的手段。」

安吉用不可置信的表情看著我，好像我是第一個這樣輕聲安撫她，並給予她慰藉的人——她已經太習慣批評自己，根本就不知如何接受旁人溫柔的對待。我花了好幾個月時間，才讓安吉接受自己是童年創傷的受害者，而這些傷害導致她別無選擇的走上自殘之路。我告訴安吉，她將身體當成投射自身痛苦的顯示螢幕，她全身上下的每一個毛孔都在大喊：「我好痛苦！可以來個人幫幫我嗎？求求你們了！」但沒人聽見她的吶喊，直到現在。

每當她用身體宣洩內心痛苦，精神科醫師就會多診斷出一項病症，並開新的藥物給她服用。安吉告訴我：「這麼多年以來，我真的以為自己有病，覺得自己應該住進療養院。」

你看見安吉是如何變成家人精神問題的垃圾桶了嗎？安吉的父母非但不好好處理自己的心理問題，還將所有負面情緒都倒在女兒頭上。事實上，安吉才是家中唯一一個清醒的人，因為她懂得表達：「我快被你們搞瘋了，快點來幫我，我只是一個孩子！」

然而，安吉的父母卻對女兒的求救聲充耳不聞，因為他們都沉溺在自己的傷痛中。直到與我建立連結後，安吉的觀念才慢慢改變，並開始創造個人價值與自信心。

有太多人至今都是開著生存模式在苟活，並為了防堵童年創傷而創造出各種防衛模式。我們這些家長的自我早已成為難改的積習，徹底淹沒我們最真實的一面，只剩下純粹與尖銳的傷痛。**用同情的目光審視並了解自我，是療癒的關鍵**。扭轉觀念，不再用「瘋狂的行為」形容自己的反應，改用「應對策略」則是改變敘事方式的重中之重。

你有沒有想過，**假設我們的父母治癒了自己的創傷，也不放任其自我謀殺我們最真實的一**

面，今天的我們會是什麼模樣？你能想像被這種父母養育成人是什麼感覺嗎？想像一下，因真實樣貌被接納而感覺自己是完整的，會帶給你什麼感受。

當人們進入這種完整的心理狀態時，家的定義便不再是豪宅，也不是熱帶的島嶼，而是我們自己的心。在這種完整心理狀態下，我們就是自己最好的朋友、最睿智的領導者、最有默契的夥伴。無論我們身處何方，都能找到家的感覺，因為不論到了哪裡，我們都能保有自己。

倘若每個人都能體驗到這種圓滿的感覺，人類的生活也會變得與過去截然不同。戰爭與暴力將不復存在，取而代之的則是相互依存與心心相連的狀態。

我必須向你坦承一件事。在瑪婭還小時，我在自我的催眠下，默默為她安排了各式各樣的計畫，並對此渾然不知。我是在瑪婭大約兩、三歲時，才開始觀察她的本質，並驚訝的發現她跟我小時候完全不像。在這之前，我一直以為女兒就是縮小版跟升級版的自己，但事實完全相反，她就是一個陌生的個體。

我完全無法接受女兒真實的樣貌。我是個害羞、聽話且喜歡討大人歡心的孩子，但瑪婭截然不同，她生性大膽、從不討好別人（尤其是我），甚至還敢與其他孩子正面對峙。我溫和軟弱，她固執敢言；我躊躇被動，她積極大膽。可惡，我真希望她能跟我一樣！

我希望她是個好帶的孩子，希望她可以按照我的意願發展，更希望她能聽我的話。但瑪婭就是我的反面，她精力充沛、熱情洋溢，還有點咄咄逼人，簡直就像一架噴火戰鬥機。總而言之，我之所以難以接受瑪婭的真實樣貌，就是因為她完全不符合我心目中完美女兒的形象（也有可能是因為她一點都不像我）。但事實是，當時的我根本沒有調整好自己的心理狀態。

我太想把瑪婭塞進自己腦中那部「由喜法莉導演的人生電影」，這樣我就能根據自己的喜好安排她的情緒。我想把她捏成我想要的形狀，我希望她能成為複製貼上的我。結果可想而知：兩敗俱傷，我們好長一段時間失去彼此的連結。

當時，我只顧著把自己的計畫一股腦兒套用在女兒身上，但她堅持要走自己的路，而她越是反抗，我的自我就變得越強勢，我倆就這樣陷入惡性循環不可自拔。直到我開始採用覺醒育兒法，我和瑪婭的關係才開始好轉，逐漸趨於正面與健康。

讀完我的自白後，我想你可能會批評我。我之所以要將自己的經歷赤裸裸攤開給眾人檢視，是因為我想讓你了解兩件事：第一，沒有人（包括我自己）能抗拒自我的蠱惑；第二，每個人都必須治療內心的創傷。營造完美形象是一種虛假且不真實的行為，我並不打算用這種形象示人，只有撕開傷口的偽裝，才能治療傷口。

我希望你讀完我真誠的自白後，能安心的面對自我，毫無保留的揭露方能帶來真正的療癒，而唯有在真正療癒內心創傷後，我們才能停止將心中的痛與匱乏投射在孩子身上。

我記得自己曾親眼目睹女兒因為我，而嘗試掩飾真正的自己，那時她才三歲，是個喜歡冒險且熱情洋溢的小女孩。有次，我因為瑪婭不聽話，突然對她發了好大的脾氣，並擺出一副自以為是的態度大聲教訓她，就在我滔滔不絕教訓她時，我突然看見令人心碎的一幕。瑪婭因羞愧而低著頭、垂著肩膀，全身有氣無力，像顆洩了氣的氣球，眼裡原本靈動的火花也瞬間熄滅。目睹此情此景，我的自我立刻收起攻勢，我也立刻意識到自己做錯了，如果我不設法約束自我，就會徹底毀掉女兒的本質。

其實，我的自我早就已經前科累累了，但這次事件確實是我人生中的轉捩點。在這之後，我開始嘗試撫平內心創傷，並實踐覺醒育兒的各種技巧。瑪婭鮮明的個性在我心中激起了一種前所未有的感受，讓我不得不捫心自問：「為什麼妳就是不肯接受瑪婭真正的樣貌？」並赫然得知**真正的原因，是我也不願接受真正的自己**。

瑪婭現在已經二十多歲了，我總是對她說：「妳就是我教授覺醒育兒的原因，即便我的自我一再嘗試打壓妳，妳還是堅定不移的做自己，妳堅持忠於自己的決心，最終使我放下自我。」

我很感謝自己生下如此有勇氣和不屈不撓精神的女兒，如果瑪婭屈服了，我可能永遠都意識不到潛意識居然擁有這麼大的力量，足以左右我的決定，也可能永遠都不敢踏出轉變的第一步。

當家長不願接受子女的真實面貌，親子關係便會受影響。只要父母不肯放棄透過自我的眼睛看待子女，那麼即便我們不想，也一定會破壞親子關係。只有在完成第二階段所有任務後，我們才能進入自己的內心世界，並與孩子的本質建立連結。

當我們決定將孩子帶到世界上時，根本沒人告訴過我們，**育兒有很大一部分與重育自己有關**。許多人都在毫無頭緒的狀況下承擔起為人父母的責任，並在毫無意識的狀況下，把自己過去的創傷通通丟給孩子承擔，還認為他們才是把事情搞砸的一方。這整件事情聽起來是不是很諷刺？而這就是育兒地圖的重要之處，它可以教我們治療自己的方法，阻止無止境的痛苦循環。

假設我依舊是個熱衷於支配女兒的控制狂家長，瑪婭對自己的感知一定會被我徹底摧毀；假設我依舊認為瑪婭是個「壞」孩子，一定會繼續批評她的個性。瑪婭沒有錯，她的本性就是如此，她只是在表現自己而已，所有問題都是源於我的不足與不安，跟瑪婭一點關係都沒有。

「好」孩子為什麼一夜之間變「壞」了？

安妮卡（Aneika）是我客戶的女兒，她和瑪婭同歲，但兩人的個性天差地別。安妮卡說話輕聲細語且個性溫和，她無法領導眾人，而是更適合當一個追隨者。安妮卡膽小如鼠，總是任由家長和朋友對自己呼來喝去，也樂於按照他們的命令行事，她的父母簡直不敢相信自己的孩子居然這麼「乖」。

安妮卡是許多家長心目中的「夢幻子女」。她超級聽話，從不違抗父母的命令，她的爸媽總誇獎她是「完美的女兒」，而安妮卡在聽見大人的誇獎後，便會加倍努力擺脫所有瑕疵與汙點。其實，安妮卡要的不只是完美，她更想讓自己變成超人。

上中學前，安妮卡的表現都還算正常，但狗血的事情很快就發生了——安妮卡在一夜之間，搖身一變成為「壞」孩子。她不再是那個完美的女兒，開始翹課、嗑藥，做遍所有叛逆的事。安妮卡的父母百思不得其解，完全不知道之前那個天使女兒究竟怎麼了。

我是這樣對他們說的：「這種情況在**『乖』孩子**身上很普遍，尤其是女孩子。這類孩子**本身就喜歡服從他人，如果家長不理解這一點，就有可能對孩子施加太多控制**。在家長的自我眼中，『乖』孩子本來就容易掌控，這也是你們家的情況，你們認為自己可以對安妮卡呼來喝去，但現在她已經受夠了，不會再任由你們擺布。你們可以理解成安妮卡崩潰了，她不想再當你們心目中那個完美女孩，所以才會做出這麼多脫序的行為。不過，這其實是一件好事，代表她正在打破超完美主義的面具。」

安妮卡的父母在不知情的情況下，消磨了女兒天性中善良的部分，直到他們的自我終於將其蠶食殆盡。在這漫長的過程中，安妮卡忙於填補被父母消磨掉的善良性格，導致自己進入超負荷狀態，並下定決心今後將不再為了取悅家長而活。她追求的完人狀態，其實是凡人遙不可及的幻想，而這個重擔最後也導致她標榜完美主義的自我面具徹底崩壞。

雖然安妮卡的改變傷透了父母的心，但他們必須了解一件事：只有這樣，女兒的本質才能繼續存在。在外人眼中，安妮卡與父母的關係堪稱完美，但這個完美只符合安妮卡家長自我的定義，而對安妮卡本人來說，這段親子關係是帶有壓迫性且有毒的。簡單來說，**安妮卡完全符合父母的自我對她的期望，但他們不曾滿足女兒的本質對他們的期望**。

安妮卡的母親花了很大的力氣，才接受這些觀念，因為她太習慣完美版本的女兒，一時間無法接受眼前這個全新的安妮卡。很久以後，安妮卡的母親才接受自己是女兒問題行為的肇因，並承認自己將太多不切實際的期望投射到女兒身上。

「好」孩子家長最難接受的，就是孩子突然變得不好了，因為他們的自我已經太習慣對孩子予取予求的模式，根本無法改變。但我家的情況和安妮卡不同，瑪婭是個性格鮮明的孩子，導致我的自我得逞次數少得可憐，等於從一開始就限制了它的控制力。

但是，無論你的自我是在一開始就被約束（和我一樣），或是孩子的自我較晚才出現（和安妮卡一樣），身為父母的我們都無法逃避面對自我的責任，而且最好是在孩子年幼時就完成這項任務。

孩子的焦慮光譜分類

我在第二章列出了一些分類，幫大家了解自我，接下來我要教你們認識孩子的本質。當然，從某些層面來看，孩子的本質確實無法被塞進固定分類裡，我也不建議任何家長這樣做。但我們可以將孩子歸類在連續光譜上的某個位置，而我也根據此原則，大致規畫出幾個類別，讓大家可以思考自家孩子的本質究竟屬於哪種類型。家長越是了解子女的本質，就越能與孩子建立強韌的連結。

我制定的分類並不是以好壞光譜為基礎，而是建立在焦慮光譜之上，不同的分類代表孩子天生的焦慮程度高低。有些孩子性格比較容易緊張，有些孩子則天生比較冷靜，也更隨和。

請仔細研究我列出的幾種分類，並確定孩子落在光譜上的哪個位置，接著再回答下列問題：

- 我能理解孩子的性格與真正的本質嗎？
- 我能放下控制與和支配欲，給他們自由發展的空間嗎？
- 我能不能肯定並表揚孩子的真我，而不是批評或羞辱他們？

此外，這些分類也適用於成人（你，以及你認識的每一個人），因為它們代表的是人類與生俱來的天性。每種天性都是有用的，前提是我們必須在覺醒的狀態下開發它們。天生我材必有用，我們欠缺的只是一個能發揮個人優勢的環境。

在我終於接受瑪婭本質的那一刻起，一切都變了，我開始配合她的性格，而不是強迫她迎合我。我不再限制她天生的才能與領導能力，而是順勢而為，將她的桀驁不馴視為自信、固執視為自治能力。我開始崇拜女兒，並視她為值得學習的對象，發自內心喜歡上她這個人。

瑪婭現在已經二十多歲，還是和小時候一樣莽撞，也一樣獨立。她不太聽我給的建議和方向，即便到了這個階段，我的自我還是會跳出來抗議一下：「為什麼她就是不肯乖乖聽話？她就不能偶爾依賴我一下嗎？」但我也會立刻意識到這不是真正的我，而是平事人的怨言，它希望瑪婭變成離不開媽媽的孩子。

現在的我知道如何轉換思維，將女兒的魯莽看成自信，並將她獨立性格當成優點，進入這種狀態後，我就會自然而然的尊重她、肯定她，進而改善雙方的關係，而不只是批評她的行為。戴上平事人面具的我，會希望女兒失去自主的能力，也會希望她仰賴我的領導。但是，只有在我能感受到完整的自己時，我才能讓她做自己，並知道這是件值得讚美的事；只有在我能讚美自己的本質時，我才能看見瑪婭身上的光，而不是在她身上看見我本身因缺乏個人價值而衍生出的陰影。其實一切的一切，都取決於我的心理狀態，以及我是否將自身的匱乏投射到女兒身上。

看出來了嗎？當父母無法理解孩子，並將自己心中的匱乏感投射到他們身上時，親子間的互動就會失調。了解孩子的本質不僅能喚醒家長，還能提升我們對親子關係的意識，並讓孩子更了解自己。

當父母能幫助孩子了解自己最真實的樣貌，他們就能擁抱自己。等孩子掌握這項能力後，便能教他們讚美自己，並勇敢活出自己最真實的樣貌。

接下來，我希望你以感性的心領略我接下來要提出的分類，而不是用理性腦分析。我設計這些分類的目的，不是要評判你或你的孩子，而是要幫助你了解及接受孩子。覺醒育兒的關鍵，在於看見自己和孩子的全貌與價值，當家長學會讚美並接受自己，便能單純的肯定與尊重孩子的本質，而不是等他們獲得光環與榮耀後才出言讚賞。

請勿過分拘泥於分類的限制，畢竟人的本質本來就不是絕對固定，也無法徹底被歸入某個分類。在確定孩子所屬的分類時，別忘了光譜是流動的（從高焦慮到低焦慮），我們在人生不同時期，會落在光譜的不同位置。

焦慮炸彈兒童（anxious exploder）

你覺得孩子的理智線隨時都會斷掉，或像顆不定時炸彈？他們是否特別容易緊張，總是給人焦躁不安的感覺？動不動就抱怨，或是被一些小事觸發？如果你的孩子符合以上描述，代表他們是高敏感兒童。

高敏感兒童的情緒感知能力特別強，可以察覺各種細微的情緒，這是他們的優勢，但正是因為這項特質，他們對很多事情都會產生反應，而導致父母難以招架。**由於高敏感兒童內心感受相當豐富，會吸收周遭的焦慮情緒，最終因為容納不下而觸底爆發**。也就是說，他們的內心世界其實承受不了這麼多焦慮能量。

家長在應付這類孩子時會遇到很多困難，因為他們永遠都處於被觸發的狀態，哪怕只是衣服、氣味，甚至是一句話，都可能成為引爆他們的火苗。和這類兒童相處時，家長必須付出更多注意力與耐心。

此類兒童的高敏感特質，會讓他們不停接受旁人散發的能量，進而對人產生強烈的好惡感，也給家長丟出了一個超級大難題：教孩子如何與生活磨合。

對這些孩子來說，哭鬧跟驚慌失措是家常便飯。除此之外，他們的想像力也特別豐富，時常預想一些負面結果，並為此感到焦慮不安。他們會不斷問家長：「如果發生這種狀況怎麼辦？」、「如果發生那種狀況又怎麼辦？」而且，無論父母怎麼回答，他們都不會滿意。**高敏感兒童就像海綿，會從外部環境擷取各種暗示，並一一做出反應**。

你的孩子也常做出類似的行為嗎？和他們相處真的很累，對吧？我能理解你會覺得自己就快被孩子榨乾了，因為他們特別需要父母。

一般來說，**家長在面對高敏感兒童時，可能會在不自覺的狀況下做出下列兩種反應之一**（取決於家長的個性）：**過度控制或過度縱容**。

過度控制型的父母會透過憤怒與控制阻撓、貶低孩子，讓他們覺得自己是壞孩子。狂戰士、木頭人與逃兵家長多半會做出控制型的反應。

而另一種類型的父母會過分縱容孩子，並涉入他們的生活，這就是典型的平事人家長。平事人父母本身就是高度焦慮的族群，他們會透過替孩子解決問題，掌控他們的每一個焦慮感受。此類家長會過度操控環境，以防止孩子接收到太多感受，這種過猶不及的行為不僅會掏空家長的精力，還會讓孩子變得更依賴家長，導致他們今後（即便是成年後）不論什麼事都要尋求父母的意見與協助。這種親子關係乍看之下很親密，但事實上是因為雙方糾纏的程度太深。

所以，高敏感兒童到底需要什麼？他們需要的是集理智、堅定與冷靜於一身的家長——總之，絕對不會是狂戰士或平事人。他們需要有能力將焦慮感受，轉換成直覺與力量的家長；他們需要能幫他們重構焦慮感，並找到自我導向能力的覺醒家長。父母要做的，就是成為孩子的精神支柱，陪伴在他們身邊。

一旦家長做出與憤怒或焦慮相關的反應，高敏感兒童的情緒便會潰堤。想和他們一起成長的唯一方法，就是當個冷靜自持且具備覺醒意識的家長。這件事說來容易，做起來很難，但這是高敏感兒童最迫切的需求。

若你的孩子落在此分類中，我想你應該已經快對他們束手無策了，可能動不動就會舉起白旗投降。或者你可能被他們的焦慮感壓得喘不過氣，內心備感煎熬，認為自己無論怎麼做都無濟於事。身為父母的我們，究竟該怎麼讚美這些孩子？最有效的做法就是**將焦慮轉化成動力，表揚他們感受環境的能力**，但也別忘了教他們探索內心，找到自己需要的答案與慰藉。

你可以對他們說：「你就像一顆乾燥的海綿，把周遭的東西全都吸收到體內。我知道你很敏感、很柔軟，也知道你很難區分自己的情緒與他人的情緒，所以經常會像炸彈一樣爆炸。下次你感到緊張時，請閉上雙眼，並對自己說：『我現在很安全，我現在在家，我不會出事。』無法保持冷靜不代表你是壞人，高度敏感的人群本來就比較容易驚慌失措。當你找到安全感，就能變得更冷靜一點。我知道你會爆炸，是因為焦慮和不安，但我會努力提醒你，讓你知道你身處的環境很安全。你的敏感其實是一種超能力，但你必須學會用我剛剛講的方式運用它。這種能力有點像雷達或全球定位系統，可以讓你偵測另一個人的情緒，你很快就會學習如何用它來獲得情報，但又不會被這些情報影響自己的心情。學會之後，你就可以運用敏感超能力造福自己。」

這番言論可以讓高敏感兒童感覺到父母不僅真的了解自己，也願意接受自己。你是在告訴他們，你認為他們的本質是純粹、無價的，不會給人帶來麻煩，也不是什麼不好的東西。

在化解孩子焦慮感的過程中，你也讓他們學會了「人的內心無價」這個道理，以及自我運作的原理。也就是說，你其實是在幫助他們建立一套與個人價值和尊重相關的敘事，在往後的日子裡為他們提供療癒的能量。

透過這種溫和的手段，我們便能肯定孩子真實的樣貌，而不會覺得自己非得控制、糾正或羞辱他們不可，並讓孩子發現他們具備尋找解答與自身優勢的能力。

閒不下來的冒險家（hyperactive explorer）

你的孩子永遠都坐不住，只要稍不注意就消失得無影無蹤？孩子身上永遠都有各種莫名的擦傷和瘀青、永遠都在闖禍，他的眼中永遠藏著淘氣的神色。如果你的孩子符合以上描述，那他很可能是一名冒險家。身為冒險家的父母，一定知道所有控制與限制都是徒勞，只會引發更大的災難，你越是想局限孩子，他們就會陷入加倍躁動與失控的狀態。

這類孩子一刻都靜不下來，他們會用千奇百怪的方式探索周遭環境，所以常常會被父母、老師和社會貼上「壞」孩子標籤，但他們其實只是身心比一般人更活躍而已。

他們可能會被醫師判定患有注意力缺失症（attention-deficit disorder，簡稱為ADD）或對立反抗症（按：oppositional defiant disorder，通常發生於兒童及青少年，患者會針對權威者頻繁且持續不服從，有敵意及挑釁等行為），並因此覺得自己是不正常的孩子，但事實上他們根本就和其他孩子沒有兩樣。冒險家兒童無法在社會的傳統標準下茁壯成長，家長必須肯定他們熱情奔放的天性與精神，而不是貶低和羞辱他們。

一定有很多人一邊看這段敘述、一邊點頭同意：「對，我小時候就是這種特別調皮的孩子，所有人都想讓我變乖！」其實，每個人多少都有點調皮的性格，只是我們在看到其他調皮孩子被處罰的下場後，都學會把這種特質隱藏起來。也就是說，在親眼目睹頑皮的孩子遭受懲罰後，我們會在心中默默將調皮跟惹上麻煩劃上等號。

冒險家兒童需要的是願意肯定他們不按牌理出牌的作風，以及「懂」他們，也欣賞他們冒險精神的父母。他們最不需要的，就是會拿個性羞辱他們的家長。

觀念較為傳統的父母，可能會覺得冒險家兒童具有威脅性，因而會嘗試控制他們的言行，或者是被他們「誇張」性格嚇到不敢與其交流。然而，家長如何看待這類兒童非常重要，他們可以選擇崇拜這種冒險犯難的精神，也可以貶低這種個性，至於父母選擇哪種方式，則取決於他們自己童年時期被制約的方式。

這些孩子需要父母和自己站在同一陣線，而不是將他們禁錮在常規的框架中。**冒險家要在自由的空間內盡情實驗，才能成長茁壯，所有約定俗成的事物都會讓他們感到無法呼吸**。如果他們無法得到想要的自由，就會用盡一切手段爭取，導致他們成為學校的問題學生，將來甚至還有可能觸碰到法律的底線。

對這些孩子來說，只要家長能發自內心欣賞並了解他們的內心世界，並協助他們管理體內這股奔放的能量，那麼所有問題都能迎刃而解。自主權和自行決定人生方向的權力，是冒險家茁壯的關鍵，家長要做的，就是用無邊的信任灌溉他們，讓孩子以自己的方式開花結果。一旦感到身邊的人過分干涉或控制自己的言行，冒險家孩子可能因此漸漸凋零，或是選擇奮起反抗。

若你的孩子是冒險家，你可能會害怕他們遭社會排擠，或是無法過「正常」的生活，而這種恐懼可能會導致你想將他們歸類成「壞孩子」或「不務正業的人」。但他們其實不壞也不懶，只是想法和行為和一般的、傳統的孩子不同罷了，唯有非常規父母才能滿足他們的需求。

接受自己的孩子落在常態鐘型曲線之外，確實會令人感到失望和沮喪，但我希望這句話能安慰到你：**你的孩子很好，狹隘的是這個社會**，若它懂得變通並具備海納百川的精神，便能學會接受你的孩子，而不是讓他們感覺自己是被孤立的「怪」人。

和這類孩子相處的最佳方式，就是不要把他們當成異類，他們只是比一般孩子更活躍而已。這個世界總是在刻意迴避冒險家，但家長必須無條件接受孩子，唯有這樣他們才能接受自己。

你可以對他們說：「你就像是顆永遠都在散發能量的小太陽，有滿腦子的創意並熱愛探險，是天生的冒險家！你和絕大多數孩子都不一樣，你是獨一無二的，沒必要覺得丟臉或感到難過，與眾不同才酷！這個世界會讓你覺得自己很差勁，但你絕對不能覺得自己不好。這個世界最怕的，就是像你這樣具備創新思維的人，所有人都會竭盡所能把你塞進一般的框架內。但我希望你能相信自己的本質，我懂你、也欣賞你的創意和想像力。你的超能力就是異於常人的思維和存在感，你可以利用這項超能力成就各種大事，讓我們一起找出讓你能安心做自己的方法吧！」

用這類言語安撫孩子，他們便能肯定自己和別人的差異，並將這份差異視為自己的超能力。

過分付出、太喜歡取悅他人的孩子（overdoer, overgiver, overpleaser）

你的孩子是不是像奶油一樣溫和、柔軟，可以被塑造成各種形狀？如果是的話，你的自我就有福了，**這類子女正是家長自我夢寐以求的類型：充滿同理心且熱愛取悅旁人的孩子，他們是滿足家長控制與支配欲的最佳人選**。

這類孩子天生害羞溫順，他們既不會頂嘴也不會反抗。不僅配合度極高，還特別容易屈服於家長的威嚴。

由於具備太多同情心與同理心，這類兒童根本無法忍受旁人的痛苦或憤怒，一旦被拒絕或感受到對方的怒氣，他們的內心世界就會崩塌。也就是說，這些孩子會因招架不住「太強烈」的情緒而崩潰。

只要自己不須承擔風險，也不會被罵，這些孩子都相當樂於聽從他人的領導，而這種凡事都說好的性格，則會讓他們成為有心人眼中的肥羊。還記得我之前提過的安妮卡嗎？那個上了中學突然學壞的女孩，像安妮卡這樣的孩子，最後都會因必須滿足旁人期望而累垮。這類兒童很難學會傾聽自己的心聲，而這種與真我切割的現象，最終會導致他們徹底崩潰。

這類孩子的家長必須了解自己的子女有多柔軟、多喜歡取悅他人，身為父母有義務控制自己的自我，別放任它為了使我們心裡好過一些，就利用了孩子聽話的天性。如果家長不懂得收斂，孩子就有可能從乖巧聽話進階到百依百順，從關心他人進階到犧牲自己，從付出進階到自我毀滅，從力求表現進階到追求完美。

這些孩子身上具備某些初具雛形的情緒特質，能使他們轉型成可與成人互相依存的小大人。

因此，父母在培養孩子的善良性格時必須格外小心，不要讓自我剝削、控制或支配他們。

只要能讓父母開心，這些孩子什麼都願意做。**他們一般都是成績優異的學生，也喜歡做一些本分以外的事**，例如：主動把沒人做的事完成、搶著做家事，並因優秀的表現得到眾人表揚。

他們天生就喜歡付出，而一旦這種給予的行為得到獎勵，他們就會走向極端，開始犧牲並禁止自己享樂。**這類兒童太渴望幫助他人，所以經常會越過界線，攬下家長的工作與責任，成為親職化兒童，替父母分憂解勞，導致他們無法享受兒童應享受到的樂趣，喪失孩童應有的純真。**

此外，這類同理心特別強的孩子還可能會變成家長的心理治療師，負責管理他們的情緒，導致他們被父母的自我利用，漸漸失去生活的方向感和領導自己的能力。

家長應該幫助這類孩子堅守自己的本質，不讓其成為自己或他人自我的獵物。幫助他們方法有很多，例如：當孩子徵求意見時（他們真的很喜歡問父母的意見），不要急著告訴他們答案，而是讓他們自己得出結論。也就是說，**我們必須給子女一些掙扎和苦思的空間，讓他們挖掘出自己的本質**。即便孩子強迫你掌控他們的人生，並用雙手把支配他們的權力奉上，你也必須不為所動。父母一定要克制自己的支配欲，設法平息控制子女的渴望——如果我們不這樣做，子女就會習慣這種服從的模式，最終淪為他人支配欲的受害者。

這類孩子的家長必須了解一件事：你的孩子擁有一顆好施的心，而這種人在現代社會中特別容易受傷。父母可以將自保的方法傳授給孩子，教他們透過理解自身需求和發自內心實現自己，藉此尊重他們心中與外在的界線。

為了不要嚇到他們，我們可以這樣說：「你非常喜歡給予，只要能讓對方開心，你就會義無反顧的給，這是你的天性。如果你不學會好好保護自己的心，很可能就會被其他人利用。你一定要學會先取悅自己、愛自己，這樣你才不會忽視自己的需求。你不是非得成為一個完美的人才能被愛，你可以當一個平凡人，甚至可以大方的失敗，更不需要時時取悅他人。在人生的旅途中，你會遇到很多人，他們可能不像你一樣這麼懂得關心旁人，你是個給予者，所以會遇到很多很多向你不停索取的人，請學習分辨誰才是值得你付出的對象。只要你能學會將自己好施的心交到對的人手上，這種性格就會成為你的超能力。記住，對你來說，這世上最重要的人就是你自己，請將自己擺在第一順位，傾聽自己的聲音和肯定自己的本質絕對是人生第一要務。」

假如你也是個熱衷於取悅他人的家長，以上這段話或許也能撫慰你的心靈。我舉的例子僅供打算改善親子關係的覺醒家長參考，請根據實際情況與需求修改內容。

這些文字背後隱藏的，其實是家長透過肯定與讚美，看見子女本質的能力和意願。當父母願意挺身而出，對抗狹隘的文化常規並為孩子發聲，他們便能轉換心境，將自己的與眾不同視為超能力，而不是局限個人發展的桎梏。

愛作夢的隱士（dreamer-recluse）

你經常看見孩子眼神放空，或是發現他們總是在筆記本裡塗鴉、不停把玩著看不見的玩具，又或者是每天都窩在角落埋頭苦寫日記？孩子太常沉浸在自己的世界裡，導致你有時會懷疑他們到底在不在家？你的孩子跟同齡人相處一小段時間就會覺得膩了，迫不及待想趕快回家？孩子不喜歡太劇烈的活動或競賽遊戲，而是喜歡一個人靜靜的待著？如果以上答案都是肯定的，你的孩子應該就是夢想家與隱士（內向者）。

這類兒童遠比其他孩子安靜，也更加害羞。他們是一群健忘的孩子，經常因為太過沉迷於自己幻想中的夢世界，而忘記刷牙或繫鞋帶。他們總是心不在焉，但又身懷絕技，長大後或許會成為藝術家或電腦工程師。

這些孩子常會被老師和家長責備，因為他們老是忘東忘西，不是忘了帶鑰匙，就是忘記寫作業，甚至連書包都可能搞丟。此外，**他們還缺乏組織與管理時間的技巧，這是因為相較於現實世界，他們對腦中的世界更感興趣**。他們的社交與對話技巧可能也不太靈光。

這些夢想家總是和人群格格不入，所以更傾向當獨行俠或隱士，在學校則會因為生性害羞和體貼而遭同學霸凌，導致他們變得更退縮。他們或許會比其他學生更喜歡讀書（或更「宅」），興趣也和同齡孩子不同，需要肢體碰撞的劇烈運動不是他們的菜，飲酒作樂也不愛，更會盡量避開一切和性愛有關的活動。這一切都會導致他們覺得自己就像個被孤立的局外人，進而刻意避開所有社交場合，並躲進自己的世界裡。

這類兒童的家長觀念如果偏向傳統，就很有可能被孩子激發。根據我的觀察，**父親特別容易對這類孩子（尤其是兒子）發脾氣**。根據傳統的制約模式，男孩就是要外向、吵鬧、喜歡運動、熱愛競爭，而當一名符合傳統文化常規的父親，碰上了愛作夢的兒子，內心絕對如萬馬奔騰。

這類孩子需要家長的協助與鼓勵，才能放心做自己，因為周遭環境傳遞的訊息，都告訴他們應該朝相反的方向發展。安靜和害羞從來都不是正面的性格特點，很多孩子因此被迫違背自己的本性，與其他的孩子打交道，畢竟和喜歡獨處的孩子相比，我們的文化還是更偏愛外向、活潑、友善的孩子。

家庭與社會總會給孩子壓力，要求他們展現出堅定自信與大膽的樣貌，所以這些孩子往往以自身性格為恥，成長過程中也大多會覺得自己缺乏個人價值。他們會把自己和同齡人放在一起比較，並發現自己和他們不一樣，進而感到不安與沒有自信。

家長一定要理解這類孩子在主流文化中求生有多困難，並時時提醒自己不要逼孩子融入主流群體，而是把注意力放在他們身上獨一無二的優勢。家長必須調整自己的期待值，並意識到這些「偏離主流」，甚至是喜歡「離群索居」的孩子也具備各種優勢。其實說到底，關鍵還是在於父母能否欣賞這些孩子的不同之處，並發掘出這種性格的優點，而不是認為他們比其他孩子差。

正因這些小夢想家個性與眾不同，家長們必須付出更多努力，肯定他們的一切，批評和比較只會令他們感到羞愧，並變得更加封閉、畏縮。為了放大孩子的個人價值，家長必須勤加鼓勵，讓他們感覺自己的本質是好的，且旁人也都重視自己真實的樣貌。

社會本來就不肯定這些孩子，所以家長必須在子女年幼時，就特別強調他們的優勢，這對他們來說相當重要。

我們可以告訴孩子：「你很特別，你的想像力與內心世界比一般人豐富，也更精彩。我知道你的腦袋裡有各種想法與夢想，這是很美好的特質。你不喜歡被人打擾，更喜歡獨處，我覺得這種性格很棒。這個社會會告訴你這樣不好、說你應該喜歡跟人相處，這種觀念是錯的。不要被旁人的觀念影響，變成他們希望你成為的樣子。你一定要記住，只有夠堅強的人才能活出自己的本色，而我就是喜歡這個樣子的你。」

如果家長放不下對子女的幻想，便很有可能將自己所有未被滿足的期望投射到孩子身上，而孩子也會意識到自己無法達到父母的標準、令父母感到失望。只要協助孩子找出專屬優勢與天賦，他們就能看見自己真實樣貌的價值，也會知道自己不需要成為社會期望他們成為的人。

叛逆的獨行俠（rebel nonconformist）

你的孩子脾氣特別倔強，只肯做他們願意做的事，對其他請求一概不理不睬，還會跟你據理力爭？孩子是不是根本不理你的權威，也不受你影響？這類孩子特別大膽，也不怕和人當面對峙，他們壓根沒想過要取悅父母。以上敘述聽起來很耳熟嗎？如果是的話，你的孩子很有可能就是叛逆的獨行俠。

我知道這種孩子有多難帶，因為我的女兒瑪婭就是這樣。

這類兒童總是有話直說，他們根本不管後果，也懶得修飾用字遣詞。他們勇於用誇張的方式表達意見，且絲毫不擔心這些意見會給人造成困擾。**這些孩子忠於自己，不怕和主流唱反調，他們不從眾，也沒打算成為哪個團體的一分子，是天生的領導者和關鍵人物**。獨行俠們天生散發著自信的光芒，群眾通常都會不由自主的跟隨他們。

這些孩子面對成人的權威絲毫不露懼色，他們認為這個世界是公平的，並覺得自己有資格和所有人平起平坐。獨行俠不擅長取悅他人，更不可能遵循傳統的規範，所以永遠都是父母眼中的頭痛人物（或者說，父母難以控制或影響他們更加準確）。因此，大家經常會用「壞孩子」這類字眼來羞辱他們，或是批評他們倔強固執的性格。

但這些孩子可不會乖乖坐著聽人教訓，一旦他們覺得旁人不尊重自己，就會立刻和對方斷開連結，且絲毫不會感到惋惜。如果家長想和這類孩子建立連結，就必須先努力贏得他們的信任和尊敬。

獨行俠天生就想主導自己的人生走向，不希望他人干涉自己，因此家長不能以制式化方式對待他們，或要求他們盲目服從權威。他們需要的，是明確感受到身邊的人都尊重他們內心的自信，只要感覺到你的尊重，他們也會投桃報李，用尊重的態度對待你。一旦獨行俠覺得你不尊重他們，他們就會進入叛逆狀態，開始和你吵架，最後頭也不回的跑開。

此外，他們在表達自己與彰顯自主權時，大多不會顧及他人的感受，家長只能選擇和孩子一起前進，或是被他們拋在身後。

雖然這些孩子既難搞又不願妥協，卻是值得我們欣賞的對象，他們強烈的個人意識和勇於表達自己的精神，特別值得人們尊重。若你能接受自己無法影響與控制這類孩子的事實，就很有可能會和我一樣，發現他們身上具備許多優秀特質。在停止幻想瑪婭該成為什麼樣的人，並接受她果敢、自信的性格後，我赫然發現自己終於能鬆手讓她主導人生的走向。

獨行俠的泰然自若與內心的力量是與生俱來的，他們注定不是任人擺布的棋子，而會將主導權牢牢抓在手裡，自行決定下一步該往哪走。他們根本不在乎這些決定是否會讓人失望，比起陌生人的肯定，他們認為傾聽自己內心的聲音更重要。如果家長喜歡聽話且服從性高的子女，這類孩子就更容易在無意間惹火父母，但家長一定要學會讚賞他們的長處與勇氣。

我希望這類孩子的父母，可以學會放手並停止評判子女，因為肯定他們的個性與優勢才是最重要的。我建議父母可以告訴自己的獨行俠子女：

「你是我見過最堅強的人，你很信任自己的內在認知，我希望我的意志力和個人價值感也能和你一樣強。我相當欣賞你傾聽自己心聲的能力，以及拒絕盲從潮流與主流群體意見的定力。你總是勇於為自己發聲，也敢大方做自己。我知道很多人會看你不順眼，因為你的個性就是直言不諱，也從不在乎他人的意見。別因為旁人的議論而失去自信，面對規則與框架時也不要為了反對而反對，這樣只會把自己的精力燃燒殆盡。但如果有合理且正當的理由，那就義無反顧的和主流作對吧！希望你能理解兩者的差別，並繼續做自己。」

當父母能放手讓這些小獨行俠創造自己的命運，他們就能振翅高飛，成就許多同齡人都做不到的事情，靠自己的力量實現夢想。這些孩子來到世上的目的，就是為了展現出自己最真實的一面，他們絕不會允許旁人妨礙自己前進。我建議，**家長退後一步並把手放開，只有這樣才能與這些叛逆的獨行俠和平共處**。

超級樂天派（easy-breezy, happy-go-lucky!）

你的孩子特別佛系，永遠都笑口常開，且一副無憂無慮的模樣？他是不是永遠都人見人愛？如果答案是肯定的話，你的孩子可能就是個超級樂天派！

這類孩子不僅貼心善良，還充滿愛心，他們永遠都是一副處之泰然的模樣，也永遠都能將心境導往正面的方向。如果你有個樂天派的孩子，恭喜你，你的育兒之路將格外輕鬆。

跟這類孩子相處相當舒服，他們不挑剔、不難搞、不霸道，個性活潑又樂觀，唯一的缺點就是他們太過放鬆，偶爾會顯得不夠積極，做事也經常拖泥帶水。不過，**樂天派子女是高成就家長的惡夢，這類父母不僅無法和樂天派孩子共鳴，還會嘗試把他們調教成有抱負、有理想的人。**

這類孩子不愛衝刺，而是喜歡緩步前行，以悠閒態度、漫無目的的過生活，他們不在乎考試跟各種期限，還特別喜歡等到最後一天才把事情完成。樂天派孩子懂得享受人生跟欣賞美好的事物，但在不了解他們的父母眼中，這種性格往往會被批評為消極與懶惰。

此外，這些孩子和善友好的個性也經常被視為被動的象徵，導致他們被積極主動的孩子占便宜。我們很難在樂天派的孩子臉上看到擔心的神情，這是件好事，但皇帝不急，急死的就往往就會是太監（家長）。如果家長尚未進入覺醒狀態，就有可能認為這種孩子有缺陷，並以言語羞辱他們，讓他們覺得自己缺乏價值且比不上其他人，最終導致親子關係脫節或溝通失調。

這些孩子喜歡享受當下，卻不知如何規畫未來，並經常抗拒許下任何承諾，除此之外，他們也很難在「有必要」時以認真態度看待事物。從一方面來看，這類孩子彷彿不會被任何困難影響心情，所以根本就不會產生焦慮的感受；但從另一面來看，他們也很難將一件事堅持到底。

其實，**最讓家長感到困擾的，是這些孩子好像永遠都不懂得鞭策自己，徹底發揮潛力**。身為父母的我們必須知道，孩子不會一下子就變得積極，而是需要家長刻意引導才能走出舒適圈。

這些孩子身上帶著一點值得眾人欣賞的「禪」味，我們必須讚美他們的性格與處世之道。家長應該肯定並尊重樂天派孩子徐緩隨和的天性，因為這種個性能讓身邊的人如沐春風。他們不僅能為各種場合增添愉快的氛圍，也會避免讓自己的煩惱成為他人負擔，嘗試改變他們的風格簡直就是人神共憤的惡行。

我建議樂天派孩子的父母對孩子說這些話，讓他們感受到自己的價值：「你生性隨和善良，這是很罕見且特別的性格。你是獨一無二的，因為無論是在哪種場合，你都能散發沉著與平靜的能量。你是一塊寶玉，應該被所有人善待。社會會讓你覺得自己不夠好，要求你必須更這樣一些或更那樣一點，但這些觀念是錯的，不要讓這些期望成為你的壓力，也不要為其他人的問題操心。每個人的步調都不同，你應該堅持自己，因為大家都已經遺忘這種緩慢隨興的節奏了。」

樂天派孩子是珍貴的寶物，但他們需要父母的認可，活出自己應有的模樣。

覺醒家長的任務：允許孩子保有本質

你現在知道理解孩子本質背後的意義了嗎？了解孩子的本質，代表摒棄一切評判、比較與羞辱，單純的肯定他們本質之美。當父母真正理解孩子的基本面向後，就會明白他們的行為大多是出於天性驅使，他們生下來就帶著這種性格，所以很多行為是改不掉的。想真正理解孩子，我們就必須問自己下列幾個問題：

- 孩子的真實樣貌究竟是什麼？
- 我能在理解孩子的真實樣貌後，不妄加評判嗎？
- 我能否根據孩子的真實樣貌，調整自己的期望值，而不是要求他們變成我想要的樣子？
- 我能從孩子的本質中找出優勢，並讚美這些優勢嗎？

當我們願意反求諸己，便可以開始研究自己的觀念與腦中的幻想，鉅細靡遺的審視它們，並反問自己：

- 為何我會對孩子抱有這些期望？
- 這些期望是來自過去的經歷還是現在？
- 這些期望的源頭是恐懼與匱乏，還是豐盛與喜悅？

時時注意自己的投射行為，這樣我們才能懂得適時鬆手，給孩子空間行使自己的權力。在我們開口對孩子下達命令前，可以先在心中回答以下問題：

- 我能先單純的觀察一下孩子嗎？
- 我能理解孩子為什麼會這樣做嗎？
- 我能先把自己的想法放在一邊，並傾聽孩子的想法嗎？
- 我需要做出哪些（內心的）犧牲，才能放下自己的想法？

當我們看見孩子的價值，並允許他們做自己，他們就會開始綻放，就像趨向陽光長的花朵一樣，主動朝著充滿自信與個人價值的方向發展。只有身處在對的環境中，孩子才能健康茁壯；只有家長停止干預子女的自然發展後，他們才能獲得培養個人價值所需的養分。

身為覺醒家長，我們的任務就是了解子女的天性，並以此為基礎調整育兒策略，接受他們的天性，而不是排斥孩子。有太多家長在童年時都被移植進旁人為我們選擇的土壤，被迫在不適合自己的環境中生長，開出一朵與真我背道而馳的花，到了最後，我們又為了求生而戴上各種自我面具。若當時有人允許我們做自己、走自己的路，我們便不會虛擲這麼多光陰，追逐那些不屬於自己的夢。

植物只能在對的季節和對的環境中生長，當我們強行將某種植物帶往和與原生長地截然不同的環境，它必死無疑。人的精神也是這樣，**一旦被逼著扮演與真我不同的角色，精神便會徹底消亡，除了內心感到焦慮與緊張，身體也會出現許多問題**。

這種冒牌的個人身分極其脆弱，而當我們營造的虛假生活開始崩塌時，一切也終將分崩離析。人的自我就是這麼脆弱，只有讓本質牢牢在我們體內扎根，才能獲得無窮無盡的能量，成為一個堅強的人。正因如此，我才會將覺醒育兒的目標，設定為**盡可能允許孩子保有自己的本質**。對覺醒家長來說，幫孩子鞏固並遵從自己的本質，遠比學習各項才藝重要，因為前者與「存在」有關，而後者只是「行動」，若我們連第一項任務都處理不好，自然不可能順利完成第二項任務。只有先遵從個人本質，我們才能進入「行動」狀態，並永遠都能感受到內心那股堅毅的力量。當家長能先達到遵從個人本質的狀態，並幫孩子也達到這種狀態，育兒的方式就會徹底改變。此時我們將不會再強迫他們服從父母的心意，而是賦予他們展現本質的自信。

在這個社群媒體成癮的世界，所有人的生活都充斥著各種噪音和令人分心的事物，導致家長難以靜下心了解子女的本質。即便我們真的有幸在孩子年幼時，就了解他們的本質，但在這個互相比較的高壓社會中，他們必須懷抱超強的內在動力，才能與這種壓力相抗衡。

事實證明，孩子們向其低頭的可能性相當高，這種傾向導致全球青少年的焦慮程度上升到史無前例的高度，且更容易在壓力下崩潰。引發這種焦慮感受的罪魁禍首，很有可能就是社群媒體，因為**社群媒體讓孩子更容易被他人拒絕**。

以前的孩子只會在學校偶爾被同學拒絕，社群媒體卻將被拒絕的機率放到無限大，且拒絕孩子的人不只他們的朋友，還包括來自全世界的網路使用者，而社會上比較的尺度也更為嚴苛且不切實際。

雖然現有資料還不足以驟下定論，但我認為美國青少年過去十年間自殺率激增的元凶，就是社群媒體成癮。當然，經濟下行、氣候變遷、槍枝暴力，以及新冠肺炎帶來的毀滅性影響，也持續衝擊所有人的心理健康。

社群媒體大舉入侵與家長息息相關，是我們必須理解的重要議題，因為此現象會導致我們無法與子女建立連結，並對他們造成深刻影響。**家長和科技爭奪孩子注意力的競賽從沒停止過，而我們一直都處於劣勢，現在更是面臨空前的挑戰**。我們的孩子正在被演算法與大規模行銷策略洗腦，父母根本無法與其抗衡，導致我們必須付出高於以往數倍的精力陪伴、理解孩子，也得更注意他們的感受。

也就是說，若我們不想失去孩子，就不能像鴕鳥一樣，把頭埋進科技的沙漠中。家長必須當孩子的保護盾，將科技的負面影響抵擋在外，直到他們進入青少年階段。但很可惜，大多數家長都沒有做到這一點，許多孩子甚至在三、四歲時，就會在沒有大人監督的情況下使用網路，而科技產品也漸漸成為家長的代理保母。現在的狀況是：孩子與同儕、父母的互動日益減少，也沒什麼機會探索大自然（自然環境是促進兒童身心發展的重要元素），這些不足與欠缺，會對孩子的將來造成重大影響，絕不能等閒視之。

科技的介入，讓為人父母的難度上升到前所未有的境界，各式各樣電子設備正在侵蝕著兒童的靈魂，剝奪他們享受童年的權利。孩子特有的純真已徹底迷失在電子遊戲與虛擬實境中，人們也逐漸遺忘孩子玩遊戲時展現出的活力、大自然的迷人之處，以及真實的社交連結。我們必須幫孩子找回童年，絕不能辜負他們對父母的信任。

縮短你與孩子距離的溫柔理解法

理解他人不單純只是個漂亮的概念，而是門需要天天練習的技藝，和一種積極主動的存在狀態，需要我們清楚意識到自己與旁人的存在。不少家長都想知道究竟該「怎麼做」才能了解孩子，包括自己具體必須做些什麼，以及表達這份理解的方式。

為了解開家長們的疑惑，我創造了一套**溫柔理解法**（WARM，由觀察〔witnessing〕、允許〔allowance〕、互惠〔reciprocal〕、反映〔mirror〕四個英文單字首字母組成）。透過溫柔理解法和其他技巧，家長能縮短自己與孩子內心世界的距離，並注意到他們的本質。

這種「理解」是覺醒育兒法最有效的利器，當我們能做到真正的理解，便能根據孩子的本質調整與設計育兒策略、微調自身能量以滿足他們的需求。我想，這應該就是家長能送給孩子最珍貴的禮物了吧！

1. 觀察：培養理解力的第一步就是觀察孩子。我們必須觀察他們的站姿與坐相、他們聲音裡的顫抖、咬緊的牙關、聳高的肩膀、緊閉的雙唇等。從深層的角度來看，觀察代表我們必須放慢腳步、鬆開雙手、暫時喊停，並注意孩子如何用言語和身體表達憤怒、疲憊，或認為自己缺乏價值的感受。孩子傳達出的語言和非語言提示分別是什麼？他們的情緒與身體展現出哪些壓力的訊號？

孩子時時刻刻都在向父母傳達自己的感受，而我們必須學會如何注意他們給我們的提示。很多人以為詢問與試探可以得到答案，但事實並非如此。所有的提示都擺在我們眼前，家長只要放下內心那些會分散自己注意力的事物，就能發現它們。

舉例來說，只要我們用心觀察孩子從走下校車到進入房子的姿態，就能獲得足夠的提示，知道他們當下的需求，根本就不需要開口詢問。他們是一副垂頭喪氣的模樣嗎？進門時腳步拖泥帶水嗎？或者，他們是踏著輕快的步伐，一邊唱著歌、一邊走進家門呢？當我們打開注意力的開關，這些訊號就會變得清晰，而我們也會知道該怎麼跟孩子相處。

透過日常觀察，父母自然就會注意到子女的行為模式。以我自己為例，我只要觀察瑪婭和寵物狗的互動，就知道她今天心情好不好。總而言之，孩子的日常行為包含大量資訊，你可以觀察孩子今天洗澡時有沒有哼歌，或是觀察他們今天是不是特別愉快，還是說他們更想獨處。**了解子女的第一步，就是停止用問題和命令轟炸他們，而是在一旁默默觀察他們的言行。**

當我們能熟練觀察孩子的狀態後，就不必再向他們拋出一連串的問題（絕大多數的孩子都痛恨被家長瘋狂詰問），而能看見孩子最真實的樣貌，並了解他們當下的心情。如果你想與孩子建立深度連結，就一定要掌握這項高效技能。

2. 允許：允許的態度代表讓生活與孩子自由發展，而不是老覺得自己必須調整、管理、修正與控制一切。允許是「靜觀其變」，而不是「這樣下去一定會出問題，我要出手好好整頓一番」。

想學會允許，就必須先擁有一個許多人都不具備的關鍵元素：耐心。就我而言，我年輕時其實也是個特別沒耐心的人。大多數父母其實也都缺乏耐心，因為我們都希望事情能立刻、馬上、瞬間按自己的意思發展，絲毫沒有意識到孩子的步調與成人截然不同，會比我們慢上好幾拍。

用成人的節奏凌駕孩子的節奏，等於逼他們跳過接受個人生活體驗的階段，硬生生接受另一種不自然的生活方式：我們的方式。強行介入並控制孩子的生活瑣事，對孩子的身心健康有害無益，只會讓他們不停懷疑自己，並剝奪他們消化個人生活體驗的機會。

允許的另一個關鍵元素，就是創造安全的空間。也就是說，**家長要「允許」孩子得到安全感，從事各式各樣的行為，包括衝動行為**——你沒有看錯，孩子們可以練習大吼大叫，也可以違抗父母的指示、和父母作對，看看衝動與不顧一切的發洩會帶來什麼感覺。

思想傳統的家長或許會覺得這個觀念有點偏激：「什麼？你是說我要允許孩子鬧脾氣嗎？」但我保證，我不是要教你的孩子做一些負面、衝動的行為。給孩子空間的意思，是讓他們在不被懲罰的前提下，用最原始且安全的方式表達自己。等他們釋放完情緒並冷靜下來後，我們可以再坐下來和他們好好討論。

你可能會納悶為何「允許」對孩子來說如此重要，原因如下：當孩子開始壓抑自己，不肯用最自然的方式表達情緒時，這些情緒就會展現在他們的其他行為上。所以說，與其讓孩子間接傷害自己，不如允許他們在安全的空間內、在家長的陪同下好好表達自己，徹底釋放各種「垃圾情緒」，以免這些垃圾另覓宣洩的出口。

我要再次重申，我不是建議家長放任孩子亂發脾氣。允許的意義是父母不必時時處於緊張狀態，或隨時準備出手控制損害範圍，因為這會導致我們干預子女的生活，並在不自知的狀態下阻止他們表達和處理個人情緒。

允許代表家長接受孩子的混亂、不完美、平凡與緩慢的步調，這些元素就是童年的本質，我們必須欣然接受。

3. 互惠：建立互惠式親子關係，代表接受這段關係不僅是家長對子女，同時也包含了子女對家長。**互惠是尊重的最高級表現形式，簡單來說就是「己所欲，施於人」的意思。**父母總是想當孩子的老師，卻忘了其實孩子更有資格當我們的老師。當家長學會尊重親子關係的互惠本質，就能保護孩子對個人價值的感受。

雖然你的孩子還不會開支票、制定工資預算或納稅，但無論他們年紀再小，也請永遠不要低估他們對個人存在狀態的智慧。對孩子展示互惠式的信任與尊重永遠都不嫌早，所以當他們對你說：「我好累，再給我一點時間」、「我不喜歡芭蕾舞老師」、「我現在很生氣」時，我們就必須尊重他們，以對待自己的標準對待他們。

無論孩子表達的是個人喜好、意見或感受，也無論他們的想法和我們有多麼不同，都要展現出尊重的態度，就像我們也希望孩子尊重我們的喜好、意見與感受一樣。

你可能會反駁我：「孩子又不懂這些事情！他們根本什麼都不知道！」我的回答是：「當然，他們懂的不可能比大人多，但他們一定懂得自己當下的感受。」我們確實不用接受孩子的每一個感受（因為他們的感覺大多稍縱即逝），但一定要肯定或特別注意那些經久不消的感受。

每當我說到要尊重子女時，就會有家長跳出來質疑我：「所以，無論他們提出什麼奇怪的想法，家長都必須讓步囉？」這些父母認為只要尊重孩子，他們就會變成每晚狂吃零食到天亮的小孩，或是在十歲時就淪為酒鬼。

其實，家長之所以一聽到尊重和互惠就抓狂，是因為他們擔心自己必須放下控制的權柄，覺得親子間的互惠會威脅到他們的支配欲，這就是他們將尊重和互惠，與怠忽職守、無政府狀態劃上等號的原因。

覺醒育兒並非怠忽職守，事實恰恰相反，覺醒育兒的重點在於理解孩子也和我們一樣渴望成為重要的、具備個人價值的、能控制生活的人。當我們帶著這種理解和孩子相處，便能賦予他們主動參與個人生活的自信，而不是被動的將控制權交到父母手上。

互惠的相處方式，重點不在於讓步及接受孩子天馬行空的想法，而是理解孩子也有自己的權利與聲音，無論這個聲音有多麼異想天開。父母應該尊重孩子的這種權利，而不是縱容子女，或是默許他們每一個突如其來的念頭。

當家長讓孩子得到他們應得的互惠待遇與尊重，他們一定能感覺到，並意識到家長和自己的關係並非上對下，而是雙向。由於我們總是以認真的態度對待孩子，他們也會因此察覺自己在父母心中的分量。

孩子發現父母確實會傾聽與照顧他們的感受、喜好和需求，也看見我們願意注意並肯定他們，這些行為就會深入孩子的心靈，讓他們感受到自身價值。他們會漸漸活出最真實的自己，並以積極主動的態度面對人生。而當我們能更全面性認可孩子的體驗，徹底改變親子關係的性質也就指日可待了。

傳統育兒的重點在階級和支配，覺醒育兒則更在意親子關係的互惠與循環性質。在成長過程中，傳統育兒模式已經對我們造成太多負面影響，所以我才會呼籲家長將親子關係轉化成互惠模式，讓孩子覺得父母確實看見及聽到自己，而不是讓他們像兒時的我們一樣求而不得。

4. 反映：理解的力量表現在反映他人「當下的狀態」。舉個例子，假設你某天下班回家，你推測孩子應該已經寫完功課、遛完狗，也把蛋糕烤好了，進門後卻發現他們居然躺在床上看漫畫。此時，你的本能反應一定是先開罵再說。

你可能會朝他們吼道：「你怎麼可以懶成這樣？你不是應該在寫功課嗎？現在就給我滾下床！」你覺得聽到這一連串責罵後，孩子會做何感想？應該不會太開心吧！

若我們決定反映孩子的能量並理解他們，就要對他們說：「你正在放鬆嗎？感覺不錯喔，你恢復元氣了嗎？是不是該寫一下功課了？如果你現在開始寫的話，我們就能早點吃晚餐。」

第一種回應方式是怒吼和命令，第二種方式則是尊重並肯定孩子當下的狀態，但這份尊重並不會推翻孩子必須完成作業的事實，只是讓你帶著不同的能量「走進他們的房間」而已。

你能看出這兩種回應方式的差別有多大嗎？第一種回應方式是評判與責備，會讓家長以高人一等和興師問罪的姿態，和孩子展開互動。這種回應方式透露的是不信任與不尊重，我想，應該不會有人在被這樣對待後，還能靜下心回應。

而第二種回應給人的感覺是溫暖的、愉悅的、充滿好奇的、尊重的，不僅肯定了孩子的情緒狀態，也顯示父母相信他們有能力完成該做的事。

經過我的解釋，你現在應該知道反映孩子的能量狀態是什麼意思了。**反映就是根據孩子當前的狀態，調節自身語氣與回應方式，讓他們知道父母願意加入他們、了解他們，而不是訴諸譴責、排斥與控制**。反映就是意識到自己的情緒並調整，而不是一股腦兒嘗試控制子女的情緒。

13 你的孩子不會一覺醒來就叛逆

孩子，你的臉上掛著不同的面具，
我從它們背後看見你清澈雙眼，還有你的愁容。
這些假面讓你窒息，
但我知道你也是別無選擇。
你覺得隱藏自己是你的唯一選項，
只有這樣才能在這酷寒的世界中求生。
我的自我是加害者，
它撲滅了你靈魂的溫度，
令你和我赤裸著蜷縮在這虛情假意的冰冷洞穴中。
我正在學習褪下面具，
我想把你的本質看得更清楚，
我想肯定真正的你，
讓你感到安全，讓你敢做自己。

所有人都渴望旁人肯定自己真實的樣貌，沒有任何一個人想戴著面具生活。不會有人想成為專做壞事的惡人、不會有人想成為叛逆的人、不會有人想成為犯規的人。那些不幸落得如此下場的人，都是因為他們認為自己沒有其他選擇。現實的狀況是，我們不知道解套的方法，或者我們知道解套的辦法，卻缺乏實踐的自信。

以竊賊為例，你覺得他們是真的想當小偷嗎？還是說他們只是被絕望的人生制約了呢？想想那些經常把孩子罵到體無完膚的家長，你覺得他們是真的想罵孩子嗎？我知道可能有人會說：「他們大可選擇不這麼做，我只能說有些人的壞是天生的。」這類回答老套又偏激，不僅缺乏智慧，也不適用於所有情況，因為說話的人根本不了解當事人的動機與故事。

只有在了解背景故事（contextual backstory）後，真正的轉變才會到來，所以心理治療才會是實現改變的關鍵手段。心理治療能幫助人們了解背景故事的重要性，以及這些事件如何將我們的心理狀態塑造成現在的模樣，使我們不會為此感到羞愧或苛責自己，並逐漸了解背後原委。

而這就是這一節的重點——你和孩子的互動是如何演變成今天這副模樣？原因是什麼？孩子言行背後的因果關係是什麼？是哪些複雜的因素，導致孩子的心理狀態演變成現在的模樣？

你的孩子不會一覺醒來就突然變叛逆，這種狀態是

親子雙方生活中各種因果交互作用所造成。摸清楚這條因果鏈後，我們才能了解孩子的背景故事，並對孩子產生同情心與同理心，接著在原本阻斷親子溝通的鴻溝上，建構出一條通往孩子生活體驗的橋梁。

孩子為何會戴上自我面具？

我們的自我面具，是為了應付親子關係而生；同理，我們孩子的自我面具，也是為了應付親子關係而生。當他們察覺到家長臉上的面具時，便會掏出自己的面具戴上。

還記得我先前提過孩子的應對機制嗎？**當家長的自我開始向孩子施壓與發怒時，他們就會戴上面具應付**。注意到孩子的應對機制後，父母便能暫時後退一步，抱著同情、同理的心態理解他們。若我們對子女的應對機制視而不見，便會不明就裡的回應，而導致孩子的自我持續坐大，最終使雙方的自我陷入惡性循環。

接下來，讓我們試著分析家長的自我模式是如何催生子女的自我，並看看該怎樣打破失調的迴圈。

當孩子戴上狂戰士面具

每種類型的孩子都有可能戴上狂戰士面具，但一般來說，最常戴著這類面具的是焦慮炸彈兒童、閒不下來的冒險家和叛逆的獨行俠。當這類孩子感覺父母拒絕或貶低自己時，他們就會為了保護自己而奮起反抗。

一旦見到孩子變身成狂戰士，家長的自保本能便會啟動，導致我們無法以溫柔的態度同理孩子。然而，只要我們能理解孩子不過是戴上了狂戰士的面具，便能針對他們的本質回應，透過下列文字將讓他們找回自己：

「我知道我讓你生氣了，我知道我的行為有時候會讓人抓狂，對不起。我傷害了你，讓你覺得自己被人否定跟貶低，讓你承受了這麼大的痛苦，我覺得很抱歉。其實，你不用為了讓我了解你而跟我吵架，我懂你的感受，所以請你先冷靜下來。」

如果小孩的年紀太小，我們可以改問他們一些簡單的問題，例如：

- 媽媽讓你生氣了嗎？
- 爸爸嚇到你了嗎？
- 我知道你現在很生我的氣，對不起，你可以過一會兒再告訴我你有多生氣。

當我們能靜下心觀察變身成狂戰士的孩子，不要表現出牴觸的態度，而是順著他們的節奏走，孩子就會感受到家長願意認可自己真實的樣貌。

對進入狂戰士模式的孩子怒吼與咆哮一點用都沒有，所以千萬不要這樣做，而是要承認這張面具有一部分是出自我們之手。我們必須知道，**孩子戴上面具只是為了自保，以防被父母的自我傷害**，所以我們不該因孩子的反應而生氣，而是要承擔起自己應負的責任。

我們的自我面具是在痛苦中誕生，孩子臉上的狂戰士面具也是。當我們了解自我面具的運作原理，便能嘗試探究孩子內心深處的痛苦。若我們想讓孩子放下自我並回歸他們的本質，唯一辦法就是以這種溫柔且極富同情心的方式與他們互動。

當孩子戴上平事人面具

父母親很難不喜歡戴上平事人面具的孩子，這類面具對家長來說確實很有用，我們的自我也樂於在孩子身上見到平事人的自我面具。還記得安妮卡嗎？貼心又熱衷於取悅他人的安妮卡，就是典型的平事人兒童，她會為了討父母歡心而戴上這類自我面具。戴上面具的安妮卡確實讓父母的自我感到無比愉悅，但最後她耗盡了自己所有的精力。

透過安妮卡的例子，我們可以發現**平事人兒童其實是一個陷阱**，若我們忽略了這張面具本質上是個冒牌貨的事實，便會開始利用子女來滿足自己的需求。這有可能**導致孩子為了獲得家長的認同，而失去界線感，將來可能成為有心人士眼中的完美獵物**。有鑑於此，這類孩子的父母必須格外關心孩子，並在自我誘惑我們利用孩子滿足自身需求時，大聲說不。

較常戴著這類面具的孩子包括超級樂天派和太喜歡取悅他人的孩子。這兩種孩子天生就不懂得拒絕他人，家長一不小心就會對他們頤指氣使，要求他們按照自己的意思行事，還會用各種說法來證明自己沒有錯，例如：「他們答應了」、「是孩子說想聽我們的意見」，藉此逃避自己的心理陰影。

當我們真正了解子女的天性（特別是討好型兒童），就能發現他們在面對壓力時可能會戴上哪些面具，而這份理解最終也將解放孩子，讓他們今後無須再戴著面具做人。和這些超容易焦慮的孩子相處時，我們可以用下列文字安慰他們，讓他們知道自己原本的樣子已經夠好了：

「我看得出你現在很焦慮，也知道你想拚命把事情擺平。你想照顧我們，但這不是你該做的事。你或許擔心我們會不愛你真實的樣子，但我們怎麼會不愛你。你已經做得夠多了，不需要再增加自己的負擔。一定要記住，你原本的樣子就已經夠完美了。」

當我們收起多餘的反應，並用最溫柔的方式幫孩子注意到自己的冒牌自我面具，他們便能在不被評判與責備的狀態下，體會到內心真正的感受。

我想再提醒一次：只有在內心豐盛且充滿個人價值的狀態下，我們才能幫助孩子。如果我們還沒達到這種狀態，就有可能會利用子女的自我為自己服務，並讓他們的自我持續坐大。當我們對孩子的理解達到這個層次，就能真正了解他們本質和當下的狀態。

當孩子戴上偽裝者面具

孩子在極度渴望得到讚美和肯定時，就會戴上偽裝者的自我面具。太喜歡取悅他人的孩子可能會在不知不覺間，愛上當巨星的感覺，藉此獲得旁人的讚美和獎勵。愛作夢的隱士也有可能戴上偽裝者面具，目的是避免自己被孤立或排擠。

為了吸引他人注意力與爭取歸屬感，這類孩子往往不惜搏命演出，這是因為他們常因自己避世的性格，而遭人羞辱和揶揄。除此之外，叛逆的獨行俠偶爾也會戴上偽裝者的面具，因為他們想透過打破規則以吸引旁人目光。

這些孩子臉上帶著的，大多是偽裝者面具：班級的開心果、愛搞笑的活寶、喜歡小題大作的人、「壞壞的」叛逆男孩及女孩。這類面具為了吸引旁人的注意力，什麼事都做得出來。

如果我們能聽見偽裝者內心的吶喊，那聲音肯定是為了爭取注意力而發出的嘶吼，例如：「你注意到我了嗎」、「你喜歡我嗎」、「你在乎嗎」等。理解這種面具形成的原因後，我們便能用溫柔且富有同情心的語氣安慰他們，幫他們宣洩內心的感受，並對他們說：

「我的視線從沒有離開過你。我知道你是個優秀的人，你再也不需要像這樣賣力爭取我的注意力了。我之前忽視了你真正的需求，我會修正自己，盡可能滿足你的需求。你在我心中的地位最重要，我會確保你能感受到我有多重視你。」

孩子之所以會戴上這種想引人注目的面具，是因為他們的潛意識裡有種想被人看見的渴望。而身為父母，我們必須承擔起自己應負的責任，在心中回答下列問題：

- 我到底做了什麼事情，才會讓孩子這麼渴望被人看見？
- 我是否因太投入自己的生活，而忽視了子女的需求？
- 我該如何讓自己的身體與心靈都和孩子同在？

偽裝者兒童心中的痛，源於沒有人肯定或認同他們真實的樣子，導致他們覺得自己必須靠著面具，才能從家長身上得到自己想要的東西。理解孩子的傷痛後，我們就能幫他們卸下臉上的面具，讓他們隨心所欲的活出自己最真實的樣子。

當孩子戴上木頭人與逃兵面具

幾乎所有孩子都會戴上木頭人或逃兵的面具，差別只在於入戲深淺，而他們的投入程度，則取決於內心創傷的等級。

這兩張冒牌貨面具與孩子的本質關聯不大，而是跟創傷的本質有關（這一點和愛作夢的隱士不同，他們的沉默寡言是天性使然）。例如，當家長蒙昧的程度越高、越喜歡虐待孩子，或總是忽視孩子的需求，孩子就會更容易變成木頭人、進入解離狀態、逃避現實。

我們可以從孩子對父母的行為，看出他們是不是木頭人或逃兵。例如，**觀察孩子會不會把自己從情境中抽離、會不會為了躲你而把自己關在房間等，這些行為都是孩子受創以及想分離的徵兆**。這類孩子會在個人情緒周圍築起厚厚的心牆，以免被家長在不自覺的狀態下散發出的怒氣所傷害。

若我們能透過同情、同理孩子，以意識這些面具的存在，便能對他們說出下列文字，溫柔的幫孩子卸下盔甲：

「我知道你為什麼會對我做出這些反應，因為我曾經傷害過你，導致你不再信任我們之間的關係。你覺得自己沒人愛又沒價值，是我讓你產生這種感受，但我想改變，我想讓你看見我知道自己錯了，也知道你值得被好好對待，你願意給我一個機會嗎？過去的我不知道自己在做什麼，但現在的我想好好修復這段關係，因為你是我生命中最重要的人。」

自我面具掩蓋的，是孩子內心深處巨大的傷痛，當我們能揭開他們的武裝，看見他們內心深處那個惶恐無助的孩子，或許就能根據其需求與它建立連結。這類孩子就像受過虐待的小狗一樣，他們特別害怕再被拒絕和再次經歷創傷，家長必須用無邊的耐心和關愛，才能將幫助他們揮別陰霾，沐浴在愛與快樂之下。

把孩子的痛，當成自己的痛

讓我們重溫關注孩子與自身反應的練習，這兩件事是揪出孩子冒牌面具的關鍵，具體做法是在不喚醒自我的狀態下觀察子女的行為，以及他們沒說出口的感受。發現孩子進入假面狀態很簡單，克制自己戴上面具的衝動才是最難的部分。

若你不希望自我被孩子的面具喚醒，就要時時關心自己的感受。照顧自己的方式包括運動、冥想、休息與放鬆，這些練習可以讓我們在孩子宣洩情緒時，不會隨之起舞。

每當我感覺自己的自我即將被孩子的自我喚醒時，就會在心中對自己喊話，用不同的肯定句處理親子互動的各個面向，包括：

●孩子怎麼了？

↓孩子內心有很多感受，只是苦於無法表達。

↓孩子感到恐懼，所以才會戴上保護的面具。

↓孩子覺得自己失去控制權，所以才會用這種行為重新掌握控制權。

●我怎麼了？
↓我害怕失去控制權。
↓我怕自己是個壞家長。
↓我怕孩子不尊重我。

●我會用下列肯定句，治療自己內心的孩子：
↓你是個有價值的孩子，你不需要靠自我感受到個人價值。
↓只有你能掌控自己的情緒。
↓孩子的行為不會影響你的育兒方式。
↓孩子的狀態不會影響你的價值。

●孩子現在需要我做什麼？
↓孩子需要我的身體和心靈都和他們同在，並保持情緒穩定。
↓孩子需要我拿出大人該有的樣子。
↓孩子需要我停止評判他們。
↓孩子需要我了解他們正在經歷痛苦的掙扎。

鞏固親子關係的關鍵，在於關心自己的感受，唯有如此我們才能意識到孩子內心，其實也正

經歷和我們一樣的痛苦。

若想治療孩子的心理創傷，就必須理解這個道理，用看待自身痛苦和人性的方式，看待孩子的痛苦和人性，縮短親子間的距離、讓父母成為孩子的助力，並強化雙方連結，而這正是共通性（commonality）的力量，它可以讓兩個人合而為一。我認為，創造這種共通性的最佳方式，就是**把孩子的痛當成我們自己的痛**。

14 兒童的語言，跟成人不一樣

你的行為只是一種偽裝，
讓我分心、叫我誤會、使我摸不著頭緒，
令我看不見你內心真正的傷痛，
也找不到問題的根源。
因此我必須擦亮雙眼，用心感受，
把注意力聚焦在你的傷痛和恐懼上，
盡我的職責，治癒你的創傷。

兒童有一套自己的語彙，他們的溝通方式並非總是直截了當，也沒辦法把話好好講清楚——其實和成人一樣。如果連大多數成人都無法好好表達自身感受，對兒童來說一定更加辛苦。假設我們在童年時期就能學會辨識與表達感受，或許今天就不會陷入各種窘境。

我們經常會忽略身體給出的提示，並不分青紅皂白的將自身感受推給外部環境，且使用的手法都非常不利於心理健康，例如憤怒、大吵大鬧、自我封閉或焦慮。我們必須刻意學習如何解讀這些感受，並用清晰易懂的方式將其傳達給其他人聽。

家長與孩子脫節得最嚴重的地方，就是遊戲語言：兒童喜歡玩耍，成人不喜歡，而導致雙方理解世界的方式徹底脫節。大多數成人都不喜歡和孩子玩，覺得和孩子一起玩是浪費時間。當然，許多大人確實會陪孩子玩，但要有個明確的目標，例如特定的運動或規則複雜的桌遊，因為單純的「玩」實在是太無聊且收益太低。但其實，**毫無章法又充滿想像力的遊戲才是孩子的主語言**，若家長聽不懂子女的第一門語言，親子關係勢必會斷裂。

玩耍是兒童學會的第一件事情，也是他們最常用的語言，原因是孩子的思辨能力和對現實世界的思維還沒發展起來。孩子的大腦仍處於發展階段，對所有事情都似懂非懂，大約要到七歲時才會定型。此時，**他們還無法使用文字、標籤或思辨式分析來理解個人體驗，只能透過符號、圖像與各種比喻解讀周遭環境。**也就是說，**孩子對生活的理解，來自最直接的個人體驗。**

童年早期對兒童來說相當關鍵，因為這是他們最脆弱，也最擅於吸收周遭能量的一段時間。由於**兒童尚不具備分析事物的能力，他們特別容易被來自外界的影響力左右，也就是說，當他們**

接收到的垃圾越多，思維受汙染的程度就會越嚴重。反之，外界給孩子的垃圾越少，他們就越能與內在認知建立深度連結。總而言之，兒童的情緒基礎會在七歲前定下來，所以這幾年是他們心理健康發展的關鍵時期。

孩子的語言，跟我們不一樣

然而，家長卻常常在孩子尚未做好準備時，就逼他們放棄自己最常用的語言，而進入成人的世界，接受各種架構分明且競爭意味濃厚的遊戲、規則、成績和學習方式。此時我們的孩子已明顯處於劣勢，因為他們被迫放棄最原始的語言，學習另一門陌生的語言：成人的語言。

和孩子玩耍，代表進入他們充滿幻想與各種可能的心理世界，具體做法可能是趴在地板上假裝自己是條小狗，也有可能是在地毯上模仿蟒蛇蜿蜒前行的姿態。和孩子玩耍有時很煩人，但只有透過這些遊戲，我們才能進入他們的世界，而不是強行將他們拉進成人的世界中。

其實，大多數父母都不理解兒童說話、思考與行為的邏輯，只是單純透過成人或自我的視角解讀他們的行為，這最終導致我們和孩子陷入各說各話的窘境。本節的重點就是教你如何解讀孩子的行為，並藉此與他們建立深層連結。

我見過太多被孩子（年齡通常都在七歲以下）哭鬧聲搞得心煩意亂的家長，而這些父母都有一個共同點：他們不知道哭鬧是孩子表達壓力的方式。**兒童掌握的詞彙量不夠，無法明確說出自己內心的掙扎與恐懼，所以只能用哭來表達情緒，但家長往往會把哭泣解讀成不正常的行為。**

此外，**很多家長都會因孩子對自己出言不遜而被觸發，或產生負面感受，但我們其實也只是根據自己的主觀意識判斷孩子有沒有禮貌**。我記得女兒瑪婭大約十二歲時，曾因為心情不好而對我說了句：「我真的受不了妳！」而我則抓著她這句話不放，開始扮演無辜的受害者。為了讓她感到內疚，我像機關槍一樣瘋狂炮轟她：「妳怎麼敢說這種話！我為妳付出了這麼多，妳的良心跑到哪裡去了？」

瑪婭給我的回應是：「媽，我剛剛心情很差，我真的沒那個意思。我不是受不了妳，我只是受不了這些事情，我不是在針對妳！為什麼妳總是覺得我跟妳過不去？」

瑪婭的回答令我深感震撼，並讓我徹底改變自己和她的互動方式。我把她話中的訊息放大成災難等級的尺寸，並因此感到難過、不受尊重、不被愛，導致我自己心中的那個孩子被徹底喚醒。但聽完瑪婭的解釋後，我的想法就立刻改變了，並告訴自己：「原來瑪婭不是這個意思，我誤會她了。瑪婭說這句話不是為了攻擊我，而是我沒弄清楚她心情不好時的說話習慣，我應該要用不同的方式解讀她的語言。」

現在，當我聽到瑪婭說出乍聽之下像是人身攻擊的話，例如「我恨妳」時，都會自動將其解讀成「我恨透這件事了，媽」。

大眾心理學界流傳著一句話：「孩子永遠都知道如何踐踏父母的底線。」這句話傳達的訊息是，孩子知道家長的底線是什麼，而他們的任務就是故意做一些會觸及我們底線的事。而我可以直接告訴你，**這句話根本就是害人不淺的謬論**。因為這句話，家長會覺得孩子是「專門惹自己生氣」的惡魔，和他們相處時必須隨時提高警覺，而這種思維勢必會導致親子關係失調。

其實，**孩子根本不知道也不在乎父母的底線是什麼，他們不是故意要找碴，比起惡整家長，他們更想在生活中找樂子和做自己**。了解這一點後，我們便不會再輕信孩子會操縱父母，且隨時都在計畫如何對付我們的觀念。

孩子會不會運用小聰明以滿足自己的需求？答案絕對是肯定的，但這不代表他們的本質是邪惡的，或是故意要騙我們。即便孩子真的做出了一些操縱父母的行為，身為家長的我們反而應該檢討，問自己：「我到底做了什麼才會讓孩子覺得直接問我沒用，還認為只有操縱父母才能滿足他的需求？」

脫序行為，其實是內心世界出問題的徵兆

撒謊是大多數家長的觸發點，伊萊（Eli）也不例外。有次，他因為兒子諾亞（Noah）對他謊報成績而勃然大怒。諾亞是名大學生，一直以來他都告訴爸爸自己的成績還算不錯，可以順利畢業。但某天伊萊突然發現諾亞的成績危如累卵，之前他所說的一切全都是謊言。

得知真相的伊萊怒不可遏，便拉著兒子到我的辦公室接受心理治療，以宣洩自己的怒氣，他對兒子說：「我希望你當一個誠實的人，誰知道你居然成了個超級大騙子，你真該為自己的行為感到羞恥，我以後不可能再相信你了！」

我注意到伊萊說話時，諾亞一直低著頭，代表他真的被父親的憤怒嚇到了，所以便立刻問了伊萊一個問題：「伊萊，你能理解諾亞為什麼會說謊嗎？或是為什麼人會說謊？你會不會覺得，

諾亞之所以會說謊，是因為他太害怕告訴你實話嗎？得知真相的你絕對會大發雷霆，這就是諾亞說謊的原因，他太害怕得知你對他的看法。說謊乍看之下是一種負面的行為，但只要我們向下深究，就會發現說謊也有正面的意義，代表說謊者不想讓對方失望，或是不想面對他們的憤怒。」

伊萊默默聽完我的看法後說：「這說起來有點好笑，其實我中學時也騙過我爸。我爸曾經逼我學過小提琴，並把學琴當成一件大事看待，但我根本就不想拉小提琴，所以只好裝裝樣子。他每次都會載我去老師那邊上課，但我根本不會進教室，而是跑去公園坐著消磨時間、打球，或跟朋友講電話聊天。前幾個月我還算是隱藏得滿好的，但最後老師打了通電話給我爸，曝光我都沒來上課的事。我爸得知我的謊言後徹底抓狂，連續好幾個月都不和我說話。我那陣子覺得好丟臉，除了想對我爸大吼宣洩情緒以外，我還想告訴他我不是騙子，只是怕講實話會惹他生氣而已，但最後我什麼都沒說。自從這件事情發生後，我和我爸的關係就變了。現在，我又用和我爸一樣的方式對待自己兒子，妳不覺得很可笑嗎？」

看見伊萊這麼快就學會用同理心對待兒子，並與他的經歷產生共鳴，我鬆了一口氣。我總是會對我輔導的父母說：「如果孩子覺得自己和你在一起不安全，又感覺你控制他們的力道太強時，他們就一定會對你撒謊。他們這樣做，不僅是為了躲避你的失望與怒氣，也是因為他們在乎你的反應。如果孩子不在乎你，根本不會浪費力氣捏造謊言。」

絕大多數家長都難以接受這個概念，因為他們都被制約了，認為只要是謊言就應該被懲罰，但這種簡單粗暴的解決方式根本無法觸及問題核心。事實上，**說謊和人類許多行為一樣，是一種症狀與線索，指向更深層的問題。倘若我們只著眼於表面，就會錯過真正的問題**，撒謊這個行為就是最好的例子。

說謊這件事，從表面來看確實很不好，但只要家長反求諸己，問自己：「孩子說謊是為了隱藏什麼？」往往就能得到令人意想不到的答案。

切記，**父母和孩子的各種脫序與自我式的行為，都是一種徵兆，代表我們的內心世界出了一些問題**。只要牢記這一點，就能停下腳步，審視自己的內心，找出引發這些行為的需求。我們必須解讀自己與對方的言語和行為，才能找出隱藏在其中的感受。

人的外在行為由感受主導與決定，這是不滅的真理。當我們學會用外在行為來理解各種徵兆，便能連帶理解情境的因果關係，讓我們能用惻隱之心、理解之心、連結之心對待自己和他人，而不是訴諸忽視、拒絕或羞辱。

家長可以透過下列問題解讀子女的行為，找出蘊藏在其中的感受：

- 孩子想透過這種行為，向我傳達什麼訊息？
- 徵兆是什麼？為什麼孩子會出現這樣的徵兆，而我該如何幫助孩子轉變它？
- 孩子當前的痛苦指數有多高？
- 我需要動用哪些資源才能幫助孩子？

不同的行為代表不同的徵兆，有些徵兆背後隱藏的是等級一的痛苦，有些則是等級五，父母必須花點時間用心找出對應的規則。

若父母不探索孩子的內心、嘗試理解他們的心理狀態，孩子的言語便會觸發父母的自我反應，兩者的關係請見下頁插圖。插圖中有個小孩正在說一些會觸發父母，或是令他們壓力倍增的話，但在插圖的最左側，我們也能看見孩子心中有許多他們無法表達的感受，理解這些潛臺詞就是理解孩子的關鍵。

我們可以將孩子的言語分成五個等級。第一級是招手，也就是孩子會透過某些行為（徵兆）讓家長察覺到不對勁，並確信家長最終會滿足自己的需求。第二級是警示旗，代表孩子抗拒的程度開始升高，但依舊保持樂觀的態度，覺得家長最終還是會滿足自己內心的需求。第三級是火焰，孩子此時的情緒不穩定且易怒，因為家長忽視了他們的需求。達到第三級的孩子情緒溫度正在飆升，我們必須將目光聚焦在他們內心的痛苦和感受。

到了第四級是定時炸彈，代表孩子進入高度對抗和分離狀態，此時他們會覺得只有在自己和父母之間築起一道高牆，才能排解內心的痛苦。達到第四級的孩子會開始迴避父母，並破壞所有親子情感和連結的象徵，此刻孩子的痛苦指數，已飆高到就連最輕微拒絕也無法忍受的地步。

第五級是終極警報，代表危險即將到來，家長此時必須拉響所有警鈴，因為孩子已經進入極度焦慮的狀態，隨時都有可能自殘或傷人。此時此刻，孩子的內心已完全失去與自己和他人的連結，並感覺自己的存在毫無價值。到了這個階段，我會建議家長直接向外界求援。

若你想理解孩子、避免和孩子起衝突、在不傷害親子連結的狀況下和他們相處，就一定要隨時測量自己和孩子的情緒溫度。孩子的每一個行為，都在傳達他們情緒世界的狀態，了解這一點就是和子女建立連結的關鍵。

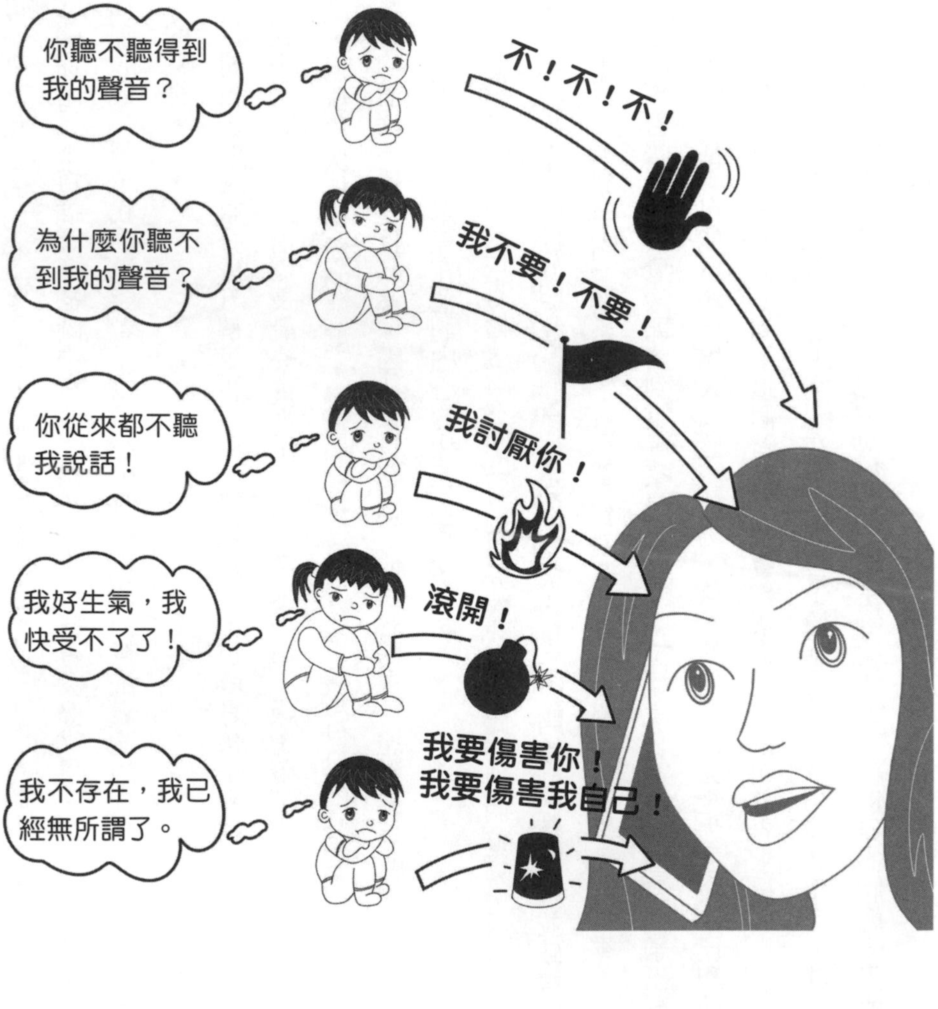
你聽不聽得到
我的聲音？
不！不！不！
為什麼你聽不
到我的聲音？
我不要！不要！
你從來都不聽
我說話！
我討厭你！
我好生氣，我
快受不了了！
滾開！
我不存在，我已
經無所謂了。
我要傷害你！
我要傷害我自己！

當孩子戴上自我面具，我該如何安撫？

當家長理解子女的行為，不過是面具或深層問題的徵兆，便能徹底改變和他們相處的模式，我們不會再針對孩子的行為（說謊或不尊重父母）做出反應，而能戴上覺醒育兒的洞察濾鏡看穿表象，問自己：「孩子到底怎麼了？他們真正的情緒需求是什麼？我該如何滿足這些需求？」

之前的章節曾提過利用內省我（第三個我）解決內在衝突，而現在我們要做的就是再次喚醒內省我，讓孩子感受到家長理解和傾聽的意願。

此外，我們還必須抱著同情的心態，並在維持親子連結的前提下，設身處地理解孩子內心的痛（具體做法請參考第二章）。接下來，我會告訴你當孩子戴上5F自我面具時，你要如何透過內在對話幫自己維持判斷力與理智，並示範安撫與肯定各種自我面具的方法。

狂戰士兒童

當狂戰士兒童感到自己缺乏個人價值，並因此被觸發時，就會做出攻擊父母的行為（例如對家長說出「我恨你」），以重新找回控制權。若你是不被自己內在小孩擺布的覺醒家長，就會理解孩子的情緒溫度，並嘗試從深層角度了解孩子。做到這一點後，家長就能學會無視這些攻擊性的言語，並告訴自己：

「孩子只是用言語解釋自己內心的混亂狀態，以及失去控制權之後的感受，他們展現出的憤怒與沮喪，其實是內心分裂與空虛的投射。如果我任由自己失控，對這些言語做出不當回應，只會讓情況越變越糟。身為家長，我應該了解孩子的痛苦，並幫他們緩解內心的焦慮。」

平事人兒童

當平事人兒童感覺自己缺乏個人價值，並因此被觸發時，就會幫父母「擺平」各種麻煩，以重新找回控制權。在家長的權力面前，他們會立刻舉雙手投降，並嘗試滿足家長的各種願望。

平事人兒童內心對自己缺乏個人價值這件事感到恐懼，他們希望透過屈服來緩解這種恐懼感，並獲得家長的肯定與認同。而家長不該隨孩子起舞，利用他們替父母平事的渴望為自己謀利，而是必須了解孩子的內心其實很痛苦。

能看穿子女平事人面具的家長，會告訴自己：「孩子感到自己被拒絕了，或覺得自己缺乏個人價值，才會一直討好我、服從我說的每句話，但這不是他們真正的樣貌。身為父母，我的任務是向孩子保證，即使他們不做任何改變也是有價值的人，不必透過委曲求全來感受到個人價值。我了解他們心中的痛，並且幫助他們緩解內心的焦慮。」

偽裝者兒童

當偽裝者兒童害怕自己缺乏個人價值，並因此被觸發時，就會想獲得眾人的注意力，並要求大家一定要讚美、肯定自己，具體做法是開始發洩情緒或不斷搞笑。

覺醒家長不會被子女的偽裝者自我面具觸發，而是理解他們心中一定是有所匱乏（如缺少價值感、歸屬感和重要性）才會這樣做。當父母能深入研究子女的內心世界，找出他們真正的需求，便能與這種缺乏歸屬感的恐懼連結，向孩子保證他們無論如何都是有價值的人。

這類家長在面對偽裝者兒童時會告訴自己：「孩子只是想得到我的注意力，我該如何滿足他們的需求，讓他們不要再做出這些極端的行為？身為一名家長，我的任務是了解孩子的痛苦，並緩解他們心中的焦慮。」

木頭人兒童

被觸發後，木頭人兒童會陷入封閉與麻木的狀態，若家長能設法進入他們的內心世界，便能和孩子內心的恐懼建立連結。

孩子之所以會感到惶恐，是因為他們覺得自己缺乏個人價值，也不值得被愛，我們不該因為他們做出木頭人式的反應而生氣，而是要抱著同情的心態，用覺醒又不失人性的方式回應他們，並告訴自己：

「孩子之所以封閉自己，是因為他們找不到安全感，也覺得沒人在乎自己。他們認為自己的重要性與權力都消失了，才會覺得封閉是最舒適的狀態。身為父母，我的任務是了解孩子的痛苦，並緩解他們心中的焦慮。**我必須為子女創造安全感，讓他們不再退縮，並重新相信我。**」

逃兵兒童

當逃兵兒童害怕自己缺乏個人價值，並因此被觸發時，就會做出解離、撤退與逃避等行為。這類兒童的家庭大多充斥著創傷和虐待，而這也是導致他們戴上逃兵面具的主因。

逃兵兒童最害怕的，就是成為毫無價值和用處的人。當家長設法挖掘出孩子真正的需求，就能與孩子內心的恐懼建立連結。家長要不斷提醒自己：

「孩子現在正因童年創傷帶來的痛苦，而陷入極度焦慮的狀態，我就算不是罪魁禍首，也一定是幫凶。想治好孩子內心的創傷，我一定要先修正失調的親子相處模式。身為家長，我的任務是了解孩子的痛苦，並緩解他們心中的焦慮。我一定要推翻過去的模式，重新獲得孩子的信任，並打造一個安全的環境。」

抗拒叫醒自我的衝動，與孩子建立深層的情感連結，是理解他們的最佳方式。當我們理解，表象行為反映的是孩子的心理狀態，就能和他們締結深層紐帶與連結。從此之後，我們不會再認為自己和自己的反應是最重要的，而能盡自己的本分同情孩子、陪伴孩子、理解孩子。只要我們能清空自己的情緒「垃圾」，便能真正感受到孩子的情緒溫度，並將他們的行為當成線索，讓親子間的連結邁向更深的層次。

理解孩子的關鍵：好奇心，與幫助他的渴望

接下來，讓我們把這裡的概念付諸行動。假設你的孩子年紀還很小，我會建議你每天跟他們玩耍幾次，但每次的時間都不要太長；如果你的孩子年紀比較大，我會建議你透過遊戲或其他活動和他們互動。**和孩子玩的每分每秒，其實都是在締結紐帶，久而久之，親子間的連結就會進入更深的層次**。

若家長想和子女的感受建立連結，並理解他們的情緒，就必須問自己：孩子行為背後的動機是什麼？

以下幾個問題可以幫助你意識到自己和孩子的情緒徵兆：我和孩子的情緒溫度今天是幾度？我和孩子今天樂觀／興奮／焦慮／不開心／壓力大嗎？

這些情緒本就會影響我們與孩子的行為，如果再加上其他壓力源，例如工作、考試、同儕壓力等，內心世界就有可能變成一個火藥桶。**每天測量情緒溫度是了解自身與孩子狀態的關鍵步驟**，時間可以訂在早上、中午，還有孩子放學後。問自己心中有哪些感受，以及孩子心中有哪些感受；問自己可以做些什麼，以照顧自己和孩子的內心世界。

這就像打開你內心的「感受X光濾鏡」，如此一來，你就能看見潛藏在表象下的各種心理活動，並理解自己與孩子的感受狀態。

為了避免被瑪婭的行為影響，我經常會問自己下列幾個問題：

- 我不喜歡這種行為，但瑪婭這樣做究竟是想傳遞什麼訊息給我？
- 這種行為可以讓我理解孩子的感受，而瑪婭現在的感受是什麼？
- 瑪婭對待我的方式就是她對自己的感受，我該怎麼幫她？
- 瑪婭的行為不是人身攻擊，而是她內心世界的投射，我該怎麼做才能理解她？

發現了嗎？以上四個問題都包含兩種元素：**好奇心與幫助孩子的渴望**。你可以列出自己專用的問題清單，並用這些問題克制因為被孩子激發而蠢蠢欲動的自我。

15 靠經驗，而非懲罰，讓孩子成長

我為什麼會認為自己有權懲罰你？
或羞辱你、貶低你、對你大吼大叫，
或有權擁有你、支配你，傷害你的身體？
我為什麼會認為，恐懼是你學習的唯一途徑？
我為什麼會認為，只要你不聽話我就能對你發怒？
我為什麼會認為，親子關係是場一定要有輸家的比賽？
為什麼我會對這些負面的觀念深信不疑？
這些觀念只會使我們對立，而不是連結；
這些觀念只會讓你成為我的敵人，而不是盟友。
我要一定要徹底棄絕這些想法，
重新回到出發點，
用與過去截然不同的方式和你相處——
不是互相敵視的狀態，而是互惠式連結。

我已不在乎自己是否擁有掌控你的權力，
我只想和你走完人生旅程的這一段路，
我們可以肩併著肩，朝同一個方向邁進，
讓我們互相當彼此的導師與學生。

育兒過程中包含一個黑暗面向，讓我個人覺得不吐不快，那就是懲戒的概念。我曾寫過一本書討論懲戒（《失控》〔*Out of Control*，中文名稱暫譯〕），若你想更深入了解這個議題，可以閱讀這本書。

我認為，大多數家長目前採用的懲戒模式，都是極度負面且蒙昧的，有些懲罰甚至跟犯罪沒什麼兩樣。目前普遍流行的懲戒模式，目的都是為了懲罰孩子，我覺得這種育兒方式根本就不該繼續存在。

覺醒育兒的宗旨不是為了懲罰誰，也絕對不會傷害到孩子，覺醒育兒不會運用恐懼、控制或操弄，逼迫孩子服從家長。

進入主題前，請容我提醒一下：本節的內容可能會勾起你一些不好的回憶，因為大多數人都是在傳統的懲戒式育兒法（也就是懲罰）調教下長大的。很多人在小時候都有被父母打罵、羞辱、禁足、懲罰的經驗，我希望你們能意識到自己對懲罰的觀念，因為過去的經歷將影響你吸收本節的內容。

被家長懲罰過的孩子，長大後往往變成霸凌者

首先，我想告訴你，懲罰孩子是個相當普遍且常見的概念。而我認為懲戒「產業」最令人感到不安的一點，在於它是種完全不受控的模式。家長能隨心所欲懲罰孩子，彷彿這件事已獲得全世界的人背書，甚至還覺得這是上天賦予自己的權力。我可以在這裡直截了當的告訴各位家長：懲戒（具體執行手段是懲罰）是這世上最自我中心的行為，它影響的不只孩子，還有我們生活中的所有面向。

懲戒式育兒的基本，是建立在散布恐懼和霸凌之上，這是一種殘忍、懶惰且完全由自我主導的行為。當家長透過霸凌而讓孩子感受到羞愧和恐懼，其實也是變相告訴他們：所有人都接受且贊成支配他人與使用暴力。

這些被家長懲罰過的孩子，長大後會變成新的霸凌者，並認為支配他人，甚至支配這個世界都是無傷大雅的小事。人類之所以會如此肆無忌憚的摧殘自然環境，說到底其實就是這種懲戒式育兒模式在作祟。也就是說，這世界所有的亂象都源自我們的童年。

傳統懲戒式育兒的核心原則如下：**家長有絕對的權力，以各種方式「糾正」子女的行為，他們可以隨心所欲的懲罰孩子，並將這種手段美其名曰「教育」**。也就是說，只要他們

想，所有家長都有權利懲罰孩子。

請思考一下這段話的背後邏輯：無論家長是否已經徹底覺醒，也不管他們童年經歷過的「懲戒」創傷是否已經癒合，所有家長都有懲罰孩子的權利。

這就好比把核彈發射器按鈕，交到一個情緒不穩定的人手上，這種做法明智嗎？但我們確實就是這樣操作的，我們允許父母擁有不受限的權利，可以隨意處置孩子的身體與心靈，且不須在乎後果。

當這項權力落到錯誤的人手上，等待孩子只會是絕對的虐待。然而，這還不是最慘的——最可憐的是完全沒有人能保護孩子不受父母虐待。

我列出了一些家長認為自己有權對孩子做的事情：

- 公開或私下羞辱他們。
- 打屁股、摑耳光、毒打。
- 怒罵。
- 禁足、關禁閉。
- 朝他們身上丟東西。
- 收回自己的愛。
- 忽視孩子。
- 沒收他們的物品。

只有在極端的虐童事件發生後，人們才會開始質疑家長的判斷力，或是拒絕服從父母的權威，但這些極端的虐待大多是都在私領域進行。自天地初開以來，父母親就懂得用懲罰來糾正孩子的行為，除非有不同的育兒方式出現，否則人們還是會繼續沿用這個模式。

身為家長的我們，擁有干涉孩子生活與支配他們的權力，還能根據自己的喜好決定干涉與支配的形式。誰敢跳出來阻止？孩子是我們生的，理應就是我們的所有物，對吧？旁人因為害怕被其他家長攻擊，根本不敢指出他們的育兒方式錯誤，會對孩子造成傷害。

事實上，大多數家長都不敢把自己對待孩子的那套做法，應用在其他成人身上。也就是說，我們壓根就沒有「懲罰」其他成人的膽，因為他們可能會使出下列報復手段：

- 斷絕與你的關係。
- 反擊。
- 向相關單位舉報你的暴力及虐待行為。

孩子無助的特質，是家長覺得自己有權隨意處置他們的原因。然而，控制與支配他人是項危險的權力，我們一定要提升自己對這類權力互動的意識。這就是我提倡覺醒育兒的原因，因為覺醒育兒可以讓家長看見懲戒育兒不僅不合時宜，還是一種負面且失調的育兒法，只會給孩子帶來壓力，並蠶食親子間的連結。覺醒家長都知道懲罰是自我使用的手段，而這種做法會使孩子喪失個人價值。

懲戒育兒這種陳舊的模式，是建立在控制、恐懼、罪惡感與羞辱之上，卻是我們所知的唯一育兒手法。一些父母可能不會體罰孩子，卻會轉移目標，不斷打擊孩子的情緒。無論我們用哪種懲罰手段懲罰孩子，都不能抹滅懲戒是家長自我產物的事實。若父母不約束自我，它就會將孩子的個人價值、安全感和自尊消磨殆盡。

我們以為，控制、恐懼、罪惡感和羞辱能教孩子學會什麼東西，實則不然，真正的教育從來都不是強迫與操弄，而是用自然的方式拓展人的內在認知。

控制、恐懼、罪惡感和羞辱都是不自然的手段，目的是操控與壓迫旁人，逼他們乖乖就範。這些伎倆確實能讓家長暫時覺得自己擁有支配孩子的權力，但這種感受虛假且稍縱即逝。此外，這種君臨天下的短暫快感，還會引發一連串與孩子心理相關的問題。

獨裁者會利用控制、恐懼、罪惡感和羞辱來洗腦人民，將他們改造成只懂服從命令的機器人。你希望自己的孩子也變成機器人嗎？你想透過洗腦讓他們變得對你百依百順、唯命是從嗎？還是說，你希望自己能發自內心理解孩子，而不是得到他們因恐懼而做出的反應呢？

在壓迫中長大成人的孩子，最終會做出下列兩種行為之一：成為壓迫者，繼續壓迫真實的自己；或是尋找其他能壓迫自己的人，臣服在他們腳下。所以說，懲戒根本就不是學習與教育，而是一種針對自己與他人的負面侵略行為。

傳統模式中的懲戒通常都會被眾人讚揚、被美化成教育孩子，或是「為了孩子好」，這種觀念簡直就是痴人說夢，我覺得自己必須指出其喪心病狂之處。傳統懲戒就是虐待，只有在得出這個結論後，人們才會願意改變自己的行為模式。

你願意接受新的想法與新的狀態嗎？你能想像永遠無需強迫孩子，以及對孩子使用暴力（也就是不必下禁足令跟打孩子）是什麼樣子嗎？你能以家長身分想像這種現實生活嗎？這些狀態都是可能做到的，但前提是你必須徹底改變自己的思維和行為。

NBC原則，與孩子建立連結

我為覺醒育兒做的第一件事，就是放棄對女兒施加任何身體與情緒暴力，想都不想處罰這件事。徹底排除這個選項後，我就放棄所有暗示自己將使用身體與情緒暴力的言語和行為。雖然我的表現不盡完美（我有幾次仍因情緒失控而吼了瑪婭），但我確實盡了最大的努力，想用最短的時間擺脫這些負面的心態。

我並非透過自責或羞辱自己以擺脫這些心態，而是透過實踐我在本書中一直向你們傳達的概念：治療自己內心的創傷。我的覺醒程度日益提升，更懂得如何不使用這些負面的手段，與此同時，我與瑪婭的連結也變得越來越強。

所以，如果不能使用控制、支配與羞辱，家長該如何撫養孩子？答案就是覺醒育兒。覺醒育兒的最高宗旨就是連結，我經常提醒客戶一個概念：**糾正之前先連結**。這句話就是覺醒育兒的基石，而本書提到的概念就像磚塊，終極目標是堆砌出這塊基石。

當家長開始自問：「我該如何與孩子的感受建立連結？」親子關係的能量就會開始轉變，從支配進化成合作，牢記這一點是加深親子連結的關鍵。接下來，我會用NBC原則（由協商

〔negotiation〕、界線〔boundaries〕和結果〔consequences〕的英文單字首字母組成）詳細闡述，並教大家如何實踐這個概念。

只要遵循覺醒育兒的這三大原則，我們就能在教育孩子之餘，依舊維持親子間的連結，並確保孩子與自己的個人價值和內在力量緊緊相連，這才是最重要的。話不多說，現在就讓我們深入探討這三大原則。

協商：育兒就是一連串的協商過程

每當我提到要和孩子協商時，家長都會露出一副不情願的表情，彷彿在說：「為什麼？」他們覺得協商太麻煩了，也認為過程中的你來我往相當累人。

確實如此，和孩子協商比向他們下達命令難，卻是更健康的策略，因為協商可以讓孩子獲得自信和來自父母的肯定。**當人們認為自己握有人生的掌控權，就會展現出超強的生命力，這是人類的天性。即便孩子並沒有掌控實權，但我們還是必須讓他們覺得自己擁有這項權力。**

孩子渴望掌控自己的人生，即便只是一種錯覺，他們也甘之如飴。

當父母不分青皂白的向孩子下達一堆指令，並期待他們百分之百服從自己，其實就是在綁架他們的內在權威，並要求他們和自己的內在認知脫節。反之，與孩子協商則可以讓他們感受到尊重和個人價值。協商會讓孩子覺得，自己在家長心中占有一席之地，且父母也會願意聆聽自己的意見和觀點。

願意協商的家長，是以行動證明自己重視孩子，也願意停下腳步與孩子對話，並在溝通的過程中為他們的福祉著想，同時培養他們看待事物的觀點，而不是剷除和自己不同的意見。我相信，大家都願意與自己的好朋友協商，那我們何不嘗試用同樣的方式對待孩子？

以下是與孩子協商的例子：假設你的孩子（正值青春期）想在你外出時在家舉辦派對，但你並不想同意這件事，你該如何回應孩子？你會對他說：「你瘋了嗎？門都沒有！」還是你會用對待同儕的方式對待孩子，停下腳步考慮一下他的請求？

也許，你可以這樣說：「我知道你想辦派對，但我覺得如果家裡沒大人會有點危險。我們想個辦法達成協議，滿足彼此的需求，讓你可以辦派對，而我也可以確保你們的安全。」這樣一來，孩子可能會答應不在你外出時舉辦派對，而你答應他自己不會露面，好讓他們玩得盡興。或者你們會達成其他協議，但無論結果如何，親子協商的過程都是最關鍵的要素，因為孩子會透過這個過程，感受到家長的尊重與親子間的連結，而不是只被動接受父母的控制與命令。

當孩子發現家長願意與他們協商，和他們一起尋找解決問題的方法，他們便會感受到家長的重視與肯定。當我們接受協商這個選項，孩子就會漸漸卸下心防，並嘗試用開放心態與我們達成對雙方都有利的協議。

透過協商，孩子會了解眼前的問題並非一場戰爭，且父母也會全力支持自己。孩子將不再視父母為敵人，而會敞開心扉與我們合作。簡而言之，協商是建立親子連結與強化紐帶的絕佳策略。

協商策略的重點不在於誰讓步了，或誰贏了，而是我們對整件事的態度。我們是抱持著關心的態度看待每個人的想法嗎？還是說，我們只關心自己的想法？協商可以讓孩子知道，他們的意見和大人平等，都會受到認可。此外，他們還會學到如何表達意見，並了解自己其實也很重要。

然而，有些事情確實比較複雜，處理起來也更棘手，導致雙方難以達成協議。但協商的重點並非用輕鬆的方式得出結論，而是要讓孩子知道我們願意與他們對話，並尊重他們的看法。簡而言之，協商能讓孩子明白自己的聲音值得被聽見，無論他們年紀再小，家長都會把他們當成自主的個體看待。

你可能已經開始抗議了：「我怎麼可能跟孩子協商每一件事情，有些事就是沒有商量的餘地啊！」沒錯，有些事確實沒有商量的餘地，這一點非常重要。在你急著列出沒有商量餘地的事情之前，我想先提醒你，有資格登上「沒有商量餘地」榜單的事情並不多。當我說「某事沒有商量的餘地」，代表的是這件事情根本連討論都不用討論，因為它已經觸犯了法律與秩序。

如果沒有商量餘地的事情太多，就會給孩子造成壓迫感，讓他們覺得你是個不懂變通的人。人生本來就已經夠複雜了，各種因果的糾結纏繞早已讓孩子不堪其擾，何必再加上這一大堆沒有商量餘地的事。凡事都沒有商量餘地的生活，猶如獨裁統治，會使人陷入見樹不見林的狀態。

向孩子宣布某件事情沒有商量的餘地，代表家長已經撂下狠話，也意味著我們正在動用家長權力將所有人的意見消音。這種方法不是不能用，而是只能在一些觸及底線的事情上。

我希望你記住一件事：**太多僵硬的規矩，會使生活失去流動與悠閒的性質**。舉例來說，嚴格規定就寢與用餐時間，可能會導致孩子天天犯規，因為孩子的狀態時刻都在變化，強硬規定什麼時候必須做什麼事，勢必會引發衝突。你會希望自己每天都跟孩子為了這些事情爭吵嗎？或是你願意訂個較為寬鬆的標準，並隨時和孩子協商呢？第二種做法能使父母有餘裕因應各種突發狀況，減輕我們的壓力，進而避免親子衝突不斷重演。

我個人認為，**唯一沒有商量餘地的事情就是安全，所有與安全有關的議題**（例如傷害自己或他人）**都不應有妥協的空間**。我把會危及安全的行為命名為「地雷」行為，包括物質濫用、自殘（包含自殺的想法和衝動）等。對於安全議題以外的事，我都是抱持著開放、隨和的態度，仔細思考其背後錯綜複雜的因素，才不會讓自己和孩子陷入無法轉圜的境地。

當我們學會用成長與流動的濾鏡看待生活，就會發現它其實是由一次次的協商組成，或用你來我往形容也可以。這是一種不分階級的互惠相處模式，父母也不會抱著唯我獨尊的心態和孩子互動，而是將自己視為這段多變關係的一部分，並認真思考與肯定其中每一個因果關係的節點。

能否將育兒過程視為一系列的協商，取決於你處理親子關係的態度。而我們必須先換上正確的態度，才能進入到下一個層次，也就是協商的實際執行面：劃出界線。當家長能放下對抗的態度，並透過合作濾鏡看待自己育兒時遭遇的困境，便能徹底扭轉親子關係。用合作的方式與孩子互動，他們就會主動參與協議的過程，而不會認為家長是敵人。透過協商，我們必將收獲喜悅與連結，而不是壓力與爭執。

界線：建立在生活哲學，而不是針對孩子個人行為

我們在一段關係中呈現出的樣貌，取決於處理自身界線的方式。當我們對此議題缺乏應有的意識，人際關係就會變得一塌糊塗，還完全不知道事情為何會演變成這樣。

界線意識對育兒至關重要，因為孩子會不斷做出各種挑戰家長底線的事。若我們不清楚如何處理類似情境，就會把事情搞砸，令孩子感到無所適從。接下來，我將帶你深入探討界線議題。界線在現代心理學中是個內容相當豐富的主題，許多人際關係疑難雜症的答案似乎都和界線的建立有關。這句話確實有道理，但我們必須注意其中的陷阱，因為只要一不小心，這些界線就會化身為自保的高牆，使我們感受不到來自環境的疼痛。

由此我們便能看出，**界線是自我基於恐懼和控制創造的產物，目的是保護我們不受生活的打擊**，所以更應該被稱為「高牆」。我們本應拆解痛苦、治療痛苦，卻選擇將它阻隔在牆的另一邊，就這樣跳過深入了解自己的關鍵步驟。

真正的界線並不一定都是針對外部環境做出的反應，也就是說，真正的界線並非由恐懼和控制引發的反射動作，而是成長與意識催生的產物。真正的界線不是自恐慌中誕生，而是由自愛和個人價值孕育成形。

被人傷害之後，我們不會就此築起一道高牆，把對方拒之牆外，而是會建立起一道新的界線，以自愛和個人價值為依據，將人事物劃分為能接受與不能接受兩個分類，並接納所有能滿足自尊的人事物，排除不能滿足自尊的人事物。這類界線針對的不是某個人，而是與我們對個人本質的內在感知，以及我們自己設定的互動標準有關。你能看出當中細微的差別嗎？

接下來，讓我們把相同觀念套用在育兒之上。我相信，所有家長都希望自己為孩子劃出的界線是健康、有彈性的，而不是利用恐懼或控制來限制他們。問題是，我們該如何劃出這樣的界線？

首先，我們一定要反求諸己，靜下心來誠實面對自己，弄清楚自己想創建的界線本質是什麼。請務必記住，我們要做的，是將自己對生活的原則轉化成界線，而不是在不經意間豎立起一道阻隔親子的高牆。**這些界線不應該是純粹針對孩子的行為而建立，而是要與我們自己的生活方式與狀態有關**。

舉例來說：我們不能因為孩子吃了太多餅乾且體重超重，就不准他們吃零食，而是要在意識到這些食物對所有人的健康都是有害而無益後，規定自己不再添購零食；我們不能因為孩子成績不好，就不准他們使用電子產品，而是要意識到沉迷於電子產品會導致人際關係出問題後，規定所有家庭成員不得長時間使用，且不能把電子產品帶進房間裡。

你能看出這兩種做法的差別嗎？第一種做法是**針對孩子的行為而制定**，第二種做法則是**奠基在生活哲學之上**，適用於家中每一個人。

當我們創建的界線，是源於自己對某人的反應，這條界線就會搖擺不定，甚至會令對方感到無所適從。這種界線並非深思熟慮後的產物，也無法融入任何生活哲學之中。反之，若我們能在清醒的狀態下，反覆斟酌自己與界線的關係，這類界線便會更加明確，也更經得起考驗。

想弄清楚自己的界線有哪些，我們就必須回以下幾個問題：

1. 這條界線是為誰而劃的？

我設定的界線是基於自我，還是孩子的需求？父母一定要問自己這個問題。很多人會跳過這個問題，是因為他們認為自己做的一切都是為孩子好。但我們已經知道，家長的行為很多時候都不是為了孩子，我甚至敢說，**許多父母的界線大多數源於自己對孩子的期望和個人渴望，跟孩子**

本身一點關係都沒有。

假設我們今天設定的界線與練習鋼琴的時間有關，就必須先回答一個問題：我們希望孩子彈琴，是為了滿足自己的需求，還是因為他們真心喜歡彈琴？如果孩子是為了自己而彈，他們不是應該會主動練習嗎？孩子到底喜不喜歡彈琴？如果他們喜歡鋼琴的話，我為什麼每天都必須逼他們練習呢？我們是不是太過專斷，忘了保留一些彈性，問孩子覺得怎樣做對他們才是最好的？

再以睡覺時間為例，我們設定的就寢時間，真的符合孩子的休息／睡眠週期需求嗎？或只是為了方便有自己的時間追劇、做你想做的事？其實，家長的界線大多是為自己的計畫服務，也就是自我增強型（ego-enhancing）界線。自我增強界線源於我們的幻想、計畫與期待，且通常不會將孩子的需求和渴望列入考量。

2. 我設定的界線屬於自我增強型界線，還是生活增強型（life-enhancing）界線？

這兩類界線的定義是什麼？自我增強型界線是為家長內心的計畫或期待服務；而**生活增強型界線是為了孩子的福祉服務，且經得起時間的考驗**，也適用於世界上絕大多數國家。

生活增強型界線的例子，包括養成良好的衛生習慣、接受教育、保持身體健康、不可傷害自己或他人，以及與社區建立連結等。

你應該可以看出來，這些界線與彈鋼琴、學籃球很不一樣，生活增強型界線對兒童的個人意識與福祉相當重要，如果沒有這些界線，他們的人生將會活得非常辛苦。反之，自我增強型界線則是家長的個人渴望，孩子即便不滿足父母的這些需求，也能茁壯發展成一個健全的個體。

以我為例，我這輩子從沒打過籃球，也不是鋼琴大師，但這些事情對我的人生沒有絲毫影響。這個例子應該能幫助你理解我想表達的意思。

你可能會說：「喜法莉博士，萬一我的孩子每天都只想打電動怎麼辦？如果我答應了，他們不就真的要成天玩電動了嗎？」

我必須強調一件事：當我們發現孩子的渴望會毀掉他們的人生時，滿足這份渴望絕對無法造福他們。你應該也明白，每天狂玩電動會毀掉孩子的人生，對吧？所以，我的回答是：「和現實生活脫節，每天花好幾個小時玩電動是一種自我式的需求，到最後也不會為人生帶來正面影響。如果你劃出界線的目的是讓他們和生活建立連結，那麼你可以直接和他們協商。」

對人生有益的界線，可以鞏固孩子與自己和家長的連結，並將孩子的個性與需求統整在一起、納入考量。當我們在思考某件事情是否對孩子的人生有益，其實就是在照顧他們的健康，並開拓邁向正確方向的道路。

若想針對孩子打電動的需求設定界線，可以考慮這樣說：「你的情緒健康是我最關心的事，長時間玩電動對你的情緒健康有負面影響，因為你會把自己關在房間裡，拒絕和家人、朋友互動，也不會到戶外玩耍及運動。我尊重你想玩電動的渴望，但你也必須尊重自己的身心健康。我們可以討論如何做到兩者兼顧，讓你既可以玩到想玩的電動，也能照顧自己的情緒健康。」

當我們表明立場，告訴孩子玩太多電動不利於身心健康時，他們雖然會覺得這條界線有點煩人，但也會理解我們的用意。看到家長是發自內心為他們著想，孩子就更有可能接受我們的建議，並提出新的解決方式。

3. 我的界線組成元素是什麼？

我設定的界線是由什麼構成的？是石頭還是沙子？我們必須決定自己的界線是不可撼動，或可以視情況調整？因此，我們必須問自己：

- 我的哪些界線是不可撼動的？
- 為什麼我要劃下這些界線？
- 我要如何堅守這些界線？

瑪婭剛出生那陣子，我對育兒的想法很天真，也相當自傲，設下了許多不可撼動的界線。我以為，優秀的家長就應該訂出一套統一且明確的行程表與計畫，並堅持到底，所以我如法炮製，創建了許多不可撼動的界線，並認為只要恪遵這些原則，界線最終就會變成慣例。

舉例來說，我制定了一套鉅細靡遺的時間表，列出吃完晚飯後的例行公事：七點打掃、七點十五分洗澡、七點半讀床邊故事、七點四十五分上床睡覺、八點送瑪婭進入夢鄉。可想而知，我的行程表被各種意料之外的事耽誤，而當我注意到時間正一點一滴的流逝，內心壓力指數也會漸漸上升。所以，只要看見瑪婭在餐桌上愛吃不吃的模樣，或是發現她洗澡的時間太長時，我就會變得特別暴躁易怒。

某天，我終於停下來問自己：「為什麼我一定要堅持孩子在幾點就寢？為什麼睡覺時間一定得是晚上七點四十五分？為什麼我不能讓她做完該做的事，並在九點前上床就好？為什麼我要這麼一板一眼，產生這麼多只有機器人能達成的期望？」

當我發現其實根本沒有人逼我時，我感覺鬆了一大口氣，心中的壓力也頓時消散。就在那一刻，我對自己許下一個承諾，不再規定自己必須完成哪些事，以及要在什麼時候完成，因為這些界線會讓女兒變得不快樂，並失去兒童率真的天性。

如果孩子享受在浴缸裡泡澡的感覺，何不跟他們一起同樂？很多事情，其實根本就沒必要被不可撼動的界線規範。鬆開你的壓力閥，接受眼前所有的豐盛與歡樂。如果你的孩子上床後特別躁動，遲遲難以入睡，請嘗試理解他們的情緒，並給他們一點時間找回平靜。

無論是洗澡或睡覺的例子，你都可以用平靜與釋放，取代壓力和控制。這種將界線材質從石頭換成沙子的手法、「即興」的相處方式，能讓生活充滿自由與樂趣。而**嚴格按表操課的相處模式，會使人心中出現一座壓力火山，爆發只是早晚的事**。

傳統育兒中有個很重要的觀念，就是界線必須保持一致。雖然這些界線乍看之下相當理想，但保持界線永遠不變根本就不切實際，沒有人能做到這一點。舉例來說，家長有時確實可以堅持「不能看電視的規則」，但當你突然生病且找不到保母時，或許就可以放寬界線，允許孩子看電視。**硬逼自己保持一致，家長反而會被沒有變通餘地的界線逼入絕境，並因無法達成這些不可能達到的標準而沮喪**。

若我們換個想法，將界線的材質換成沙，便能用更愉悅與放鬆的心情看待它。有商量餘地的界線不等於沒有底線，而是代表我們設定的界線就像沙子一樣會隨風移動、改變。這樣一來，家長就能抱著開放與彈性的態度看待眼前事物，生活也會變得更加張弛有度。

舉例來說，將就寢時間訂在八點左右，其中「左右」這兩個字將散發出輕鬆、隨興的能量，鼓勵我們放下過分嚴謹和完美主義的心態，接受生活的各種混亂。

再舉一個有商量餘地的界線的例子。家長可以對孩子說：「我知道你很想去朋友家過夜（或買手機），我能理解這的需求，但現在我真的不能答應你。我們可以過幾個月後再來討論這個問題（間隔長短取決於事件的性質，也可以是幾年後）。」這種互動方式可以在照顧孩子渴望的同時，又兼顧他們的情緒健康。

大多數家長都不太能接受這種互動方式，覺得這樣會顯得自己優柔寡斷，孩子也會因此感到困惑。我能理解這些父母抗拒的原因，但我想提供一個不同的視角與理解方式，讓你知道這種相處模式並非優柔寡斷，而是靈活、可變通的。

界線必須源自生活哲學，而不是針對某個人或某件事而創建，將這個大框架牢記於心，就能在這個框架之下隨機應變。

假設父母信奉健康飲食的人生哲學，那麼偶爾讓孩子吃點冰淇淋跟餅乾（例如在生日派對時），便能為生活增添一些情趣。這種變通的做法不代表父母的立場不夠堅定，而是代表我們懂得用靈活與活潑的態度享受當下。若你認為自己絕大部分（約九五％時間）的生活方式都是健康的，就能根據當下的情境，以更活潑的態度處理界線問題。

4. 如何讓孩子知道我的界線？

我們該採用的方式是控制，還是深度溝通？在創建能傳遞慈愛與覺醒意識的界線時，一定要問自己：「我的語氣和能量散發出的是愛與關懷，還是控制與支配？我聽起來像是發號施令的指揮官，還是和他們站在同一陣線的盟友與夥伴？我是用咆哮的方式命令孩子嗎？我有沒有和孩子合作？我有沒有邀請孩子與自己合作？」

以下是用咆哮的方式命令孩子的例子：

- 現在就給我把房間收拾乾淨！
- 你現在就把功課寫完！

以下是合作型親子關係中會出現的對話：

- 親愛的，我知道你現在很累，先休息五分鐘，我們再來討論一下打掃房間的事。
- 嘿，我知道你正在看電影，但時間不早了，待會我們就要吃晚飯了，你打算什麼時候把作業寫完？

你能看出兩者的差別嗎？你希望自己的親子關係是命令型或合作型？你喜歡聽到有人用咆哮的方式對你下達命令，還是希望對方用溫柔的語氣和你協商？請一定要記住：**孩子和成人一樣，也想被尊重與肯定**。

即使我們認為自己要求孩子做的事對他們有益（例如喝果菜汁、睡前冥想、把衣服捐給慈善機構等），但若我們是抱著控制的態度要求他們，孩子也會感覺你就是對他們咆哮著下達命令，最終得到相同的結果。**我們說了什麼其實並不是這麼重要，重要的是我們的語氣與散發的能量。**

我記得我在瑪婭年紀還很小時，就開始教她冥想。冥想確實是件好事，但我也很清楚要是我用強勢的態度逼她，一定會把事情搞砸。也就是說，我絕對不能對她吼道：「一、二、三，吐氣，一、二、三，吸氣！」這種方式完全違背了冥想的原則。

語氣與能量是關鍵，這兩件事會顯示出我們是否意識自己與孩子是合作夥伴，也會顯示出我們是否尊重彼此的合作關係。我們是把孩子當成人生路上的旅伴，還是我們的奴隸？只要在心中不斷問自己這些問題，我們就能創建出增強親子共鳴、鞏固親子連結的界線。

除此之外，我們還可以搭起一座串聯彼此的橋梁，讓孩子感受到父母和他們站在同一陣線，而非敵人。當我們謹記建立親子連結是家長的首要任務，就能順利創建並堅守自己的界線。

結果：讓生活體驗當孩子的導師

接下來，讓我們開始討論結果的相關議題，以及結果在覺醒育兒中的意義。

孩子終將會過自己的生活，而**獨立生活代表的是承擔人生的各種結果**。信奉完美主義的孩子要承擔的後果就是壓力；凡事表現都差人一截的孩子，也得承擔這項特質帶來的後果；做事拖拖拉拉和喜歡與人競爭的孩子，也必須承擔自身行為帶來的後果。每一種狀態會產生相應的結果，家長無法控制這種因果關係，孩子只能自己承擔。

讓孩子承擔生活的結果（稱之為「自然結果」）最大的好處是什麼？他們會透過行為與結果的因果關係，學到寶貴的教訓，並健康的成長茁壯。**最直接的體驗會帶來最深刻的教訓**，這是人人都知道，卻經常在育兒過程中忘記的道理。家長總是誤以為既然孩子屬於自己，便有責任控制他們的行為，以及承擔這些行為引發的結果，最終給自己徒增負擔。

其實，只要孩子到了一定年紀後（十三、十四歲），家長就沒有義務與責任再控制孩子的選擇和選擇造成的結果。父母總有一天得放手讓他們承擔後果。我們這樣做不是無情，而是因為生活的經驗告訴我們，這是學習和成長的唯一途徑。既然我們知道**經驗是學習的最佳方式，就要放下父母必須教訓和懲罰孩子的執念，退居幕後，讓結果擔任他們的導師**。

假設你的孩子（十六歲）忘了寫作業，就讓孩子體驗沒寫作業的後果，你不用冒著損害親子關係的風險懲罰孩子。你可能會問我：「萬一孩子根本就不在乎後果怎麼辦？」我的回答是：「你無法逼他們在意結果，懲罰也無法讓他們變得在意，只會使他們恨你並與你切斷連結而已。」

自然結果是人生的良師，比所有你能設計出的賞罰制度還有用，當孩子直接感受到結果帶來的獎勵與懲罰，就會知道自己接下來該做什麼。想讓自然結果發揮作用，家長就必須後退一步，讓孩子親身體驗生活給予的教訓。但自我會從中作梗，它會使我們產生想控制孩子與其行為的渴望，導致我們無法給他們自由發揮的空間。

梅麗莎（Melissa）二十二歲，是名就讀工程學系的大學生，她做了一個讓父母理智線斷裂的決定：從大學輟學，並進入廚藝學院就讀。

梅麗莎的父母覺得女兒學做菜根本就是大材小用，也氣她居然不願意發揮自己的天分（他們認為的天分）。他們根本不給梅麗莎探索好惡的自由，而是控制女兒做的每一件事情，讓她變成自己想要的模樣。來找我之前，他們已經和梅麗莎僵持了半年，堅決不同意她轉換人生跑道。

在這段期間內，梅麗莎也因親子關係破裂引發的壓力而罹患飲食障礙症。值得慶幸的是，雙方關係在我的協助下慢慢好轉。梅麗莎的父母花了好長時間才悟出一個道理，那就是女兒必須透過自身行為引發的結果學習，而不是透過父母的教誨。他們早該在梅麗莎進入青春期時就收手，而不是持續干涉女兒的人生。

他們終於了解放手讓女兒掌控自己的人生有多重要，並發現梅麗莎之所以會患上飲食障礙症，全都是由於他們過度干預她的生活，而她只能透過飲食創造一絲絲掌控人生的權力。即便不情願，梅麗莎的父母最終還是選擇放手，讓女兒做自己想做的事，而梅麗莎也如願成為一名廚師，用熱情與喜悅經營自己的事業。

家長總是放不下孩子，也意識不到過度涉入子女生活有多不健康，這種家長過度干預孩子的現象，在現代社會尤為常見，生活過得越富裕，父母就越熱衷於插手孩子的生活。但這種行為其實是不健康的，在孩子進入青春期後，父母就必須切斷紐帶並慢慢放手，等他們進入大學後，差不多就該放下所有控制權了。

我們必須允許子女做決定、允許他們犯錯，並壓抑住拯救他們的衝動。同時，也必須要求子女開始承擔更多責任、實踐自己的計畫，而我們要壓抑自己幫助或控制他們的衝動。

覺醒育兒有個重點：家長必須知道，生活本身是育兒旅途中不可或缺的夥伴。覺醒家長是懂得控制自我的一群人，他們知道自己並非孩子最佳的人生導師，個人生活經歷才是孩子的導師。

因此，覺醒家長會理解自己有時必須後退一步，讓生活和孩子對話並教育孩子。和父母相比，生活體驗的教學效果更加優秀。

舉例來說，當孩子告訴我們他想同時學棒球與籃球，我們不應對他們說：「你只能選一個，兩種都學太多了。」我們該這樣回應：「可以啊，你可以試看看兩種運動一起學，如果到時候覺得太累就放棄掉一個。」

若孩子的行程已經太滿，或是教練費太貴，我們可以這樣說：「如果你真的棒球跟籃球都想學，可不可以先學一種，然後再學另一種，這樣你就可以把所有的精力集中在一種運動上。」

你看出這兩種溝通方式細微但關鍵的差別了嗎？第一種方式較為專斷，而且會干涉孩子的選擇過程；第二種方式則是相信生活，讓它教孩子找出正確的處理方式。使用第二種方法等於是將生活視為自己的育兒夥伴，並和它一起教育孩子。

我希望家長允許孩子體驗自己選擇帶來的痛苦與掙扎，也希望你允許孩子的生活以自然狀態展開。**請讓子女品味心碎與失望的感覺**，沒事的，他們不會因此一蹶不振。其實，關鍵在於父母的接受方式，**若我們相信孩子有能力度過難關，他們就能克服恐懼並浴火重生**（但淚水與掙扎是免不了的）。

我知道，家長都捨不得見到孩子受苦，但痛苦是人生最好的老師，若你希望培養孩子的韌性，就讓他們體驗生活最真實的樣貌與型態。例如，你發現孩子沒有受邀參加同學的生日派對，你或許會想跳出來幫他們解決問題，像是打電話給這位同學的家長，請他們邀請自己的孩子。

但根據覺醒育兒的原則，這類情境是一種寶貴的人生體驗，孩子必須親身經歷過，才會知道自己不可能受邀參加每場派對，也不可能和所有人成為朋友，我們必須允許生活的體驗讓他們學會這一課。相信我，它一定能讓你的孩子學會，唯一的問題就是家長因擔心孩子心碎而跳出來保護他們。

但是，你會不會覺得這種做法很諷刺呢？一方面希望子女能變得更堅強，一方面卻又阻止他們體驗能培養韌性的生活經歷。

當我們漸漸捨棄懲戒式育兒技巧（例如打屁股、吼叫、懲罰等），親子關係就會進入相互尊重與賦權的嶄新模式，孩子也能感受到個人價值，並知道自己身處的這段關係是安全的，且自己可以決定生活中的各種事情。在孩子眼中，我們的身分是盟友，而不是獨裁者。

當家長與子女形成合作關係，並攜手嘗試解決生活中各種難題，孩子就會知道自己的意見和需求都不會被忽視，進而獲得信心。階級式獨裁育兒法是一種過時的育兒模式，只會令親子關係失衡，使孩子失去信心。只要我們能放下這類陳舊的育兒原則，親子關係就會煥然一新，雙方的紐帶也會更經得起考驗。

擺脫懲戒育兒的練習

擺脫懲戒式育兒法需要大量練習，我列出了一張每日檢查表，你可以用它提醒自己一些重要的概念（我建議你把這張檢查表貼在冰箱上，每天查看）。

- 不以體型優勢支配孩子，也不得使用暴力。
- 不罵孩子，也不可以羞辱孩子。
- 不對孩子大吼大叫。
- 不嘗試緩解或控制孩子的痛。
- 不過分干預孩子的人生決定。
- 不命令或強制規定孩子的行程。

要求自己恪遵以上原則，其實就是訓練自己用覺醒的腦袋處理事情。除此之外，你也可以將這些原則轉換成下列句子，提醒自己抱著慈愛的態度育兒：

- 孩子是我人生路上的旅伴。
- 孩子的大腦還在發育，我必須用耐心跟愛心呵護他們。
- 孩子還不知道生活的運作方式，我必須多關心跟照顧他們。
- 孩子和我一樣都是獨立自主的個體，我也必須尊重他們。
- 孩子不是我的敵人，他們並非生來就是為了折磨父母。
- 孩子的行為並非針對我。
- 孩子和我一樣不想被人羞辱或貶低。

時時提醒自己以上原則，我們就能找到自己心中慈愛溫柔的特質，並抱著同情心照顧孩子，達到「己所欲，施於人」的境界。覺醒育兒的世界中容不下陳舊過時的懲戒（或懲罰）式教養模式，當你能意識到這一點，便可以在育兒這條道路上往前邁進一大步。

了解這個道理後，你就可以立刻做到下列事項（我建議你將這些句子張貼在顯眼的地方）：

- 相信孩子有自己的人生路要走，而生活也會讓他們學會各種必備的技能。
- 傾聽孩子的感受與需求，這樣做能讓他們覺得自己不是隱形人。
- 耐心看待孩子的迷茫與錯誤，因為他們還在成長。

當你將本節提出的新原則應用在自己育兒方式中，親子關係就會徹底轉型，孩子不僅會覺得自己與你連結得更強，也更能和個人價值和重要性建立連結。這是件值得期待的事，對吧？只要每個人都能感受到自身的優秀與光芒，世界會變得更好，這就是我想透過整頓內心世界達成的終極目標，我希望所有人都能用自信和個人價值取代羞辱與憎恨。

啟動進化開關後，家長便能用自己最夢寐以求的方式與子女建立連結，並幫助他們振翅高飛，踏上自己的進化之旅。這就是覺醒育兒帶給父母的最大獎勵。

16 人生本就變幻莫測，小孩性格也是

生活充滿意外與轉折，
時而山窮水盡，時而峰迴路轉，
我們的儲蓄和心都有可能被掏空，
或是因為被炒魷魚而借酒澆愁，
最終失去方向與理智。
這就是人生的本質，也是生而為人的常態，
人生之道就是在石堆中尋找璞玉，
將其雕琢成美麗的珠寶。

許多家長都是平事人與控制狂，我們總難以擺脫這兩種角色，在面對孩子時更是如此。眼見孩子的生活失控，我們便認為自己的生活也失控了，所以才會像發瘋一樣控制他們。父母如何控制孩子？就是逼他們出演我們編寫的人生劇本。

生活本來就是一匹脫韁野馬，如果再加上孩子，局面一定會更加混亂。每多一個孩子，生活

的漩渦就會轉動得更快一些、更不受控一些，而當生活變得難以駕馭且徹底失控時，人的焦慮感便會衝破天際。

於是，我們選擇把孩子的行程排得更滿，讓他們時時刻刻都有事做，藉此抓緊控制的韁繩。只有這樣，我們才能確保意料之外的事不會發生，營造自己能預知未來的假象。

但是，如果孩子脫稿演出怎麼辦？如果他們犯錯了怎麼辦？如果他們破壞了家長的計畫怎麼辦？我們會崩潰，並覺得一切都完了，還會大方的把這種情緒分享給孩子聽，讓他們產生羞恥感，並認為自己缺乏個人價值，導致他們終其一生都不敢再承擔風險與冒險。

控制和支配孩子是絕對負面的行為，最終會傷害親子關係的完整性，對雙方連結的影響甚鉅。我們是否會控制孩子，其實完全取決於當人生偏離預想中的完美劇本時，我們能否用正確的態度面對。

父母最在意的，其實從來都不是孩子犯的錯誤本身，而是因為他們的錯誤破壞了我們的劇本，導致我們感覺局面徹底失控。

假設我們和孩子一起烤餅乾，期間有人不小心打翻了麵粉，我們可能不會因此生氣，因為當下的氣氛是歡樂的；但如果我們正忙著準備出門參加重要的會議，孩子卻在此時打翻麵粉，我們一定會氣到發瘋。

在兩個情境中，打翻的東西都是麵粉，唯一的差別在於這起意外是不是落在「可允許」的範圍內，而判定標準是家長今天的行程。然而，大多數人都不願承認自己有控制方面的問題，並大方承認：「我有控制方面的問題，而你犯的錯誤讓我感到自己失去掌控權了，所以我才會這麼生氣。」我們更常做的是羞辱孩子，對他們說：「你怎麼會犯這種白痴錯誤？」你能分辨出這兩種回應方式的差距嗎？

首先，我們要學會承認自己內心的感受。我舉出的第二種回答，會將錯誤推到孩子頭上，使他們因為犯了錯而感到難過。但我們不該將這種失調的訊息傳遞給孩子，讓他們認為犯錯是一件壞事，他們也應該害怕犯錯，並在犯錯後感到羞愧。我們不願承認自己是控制狂與完美魔人，所以就嫁禍給孩子，告訴他們犯了錯的人就是「壞人」。然而，人生在世，又有誰能無過無錯？

每個人都會犯錯，包括你和你的孩子，**我們犯錯不是因為我們是「壞人」或有什麼缺陷，而是因為我們是人**。犯錯是正常且不可避免的行為，無論是大人、小孩都不該害怕。如果我們想讓身邊的人知道，每個人都可以無所畏懼的犯錯與失敗，唯一方式就是接受失去控制的感覺，不要刻意追求完美的人生。直視自身對控制與完美的渴望，我們才能停止將害怕犯錯的恐懼感與犯錯後的恥辱感，轉嫁到孩子身上。

我們之所以這麼想掌控自己的生活劇本，是因為我們小時候從沒真正控制過自己的生活。我們都曾因犯錯而被擔心失去控制權的父母責罵，你也知道，這種惡性循環是會延續的。

我們該如何打破這循環？首先，你必須和自己的錯誤與失敗和解，觀察自己犯錯後批評、責備及評判自己的力度有多強。**你對待自己錯誤與失敗的態度，就是你對待他人錯誤與失敗的態**

度——**我們怎麼對自己說話，就會怎麼對別人說話。**

當你內心的聲音尖酸刻薄，還喜歡挑毛病、批判自己，會因自己不夠完美而羞辱自己時，你就會將這份羞恥感轉移到孩子身上。當孩子的表現不夠完美，你就會用尖酸刻薄的語氣批評他們，就像你批評不夠完美的自己一樣。在接收到批評與羞辱後，孩子就會斷開與家長的連結，並開始產生負面感受，進而對親子關係產生不好的感覺。當孩子在父母身邊無法獲得正面的感受時，就會開始迴避家長，或避免在家長身邊展現出真實的一面，最終導致雙方的關係惡化。

你可以有憧憬，但別忘了人生就是變幻莫測

譚美（Tammy）還記得自己九歲時，因搞砸科學報告而被父親狠狠教訓的場景。她說：「他對我破口大罵了至少十分鐘，一直批評我有多粗心，還說我懶惰、做事馬虎。我之所以記得他罵了我十分鐘，是因為我當時趕著去上游泳課，所以很急。那十分鐘簡直就跟一輩子一樣長，我差點以為自己要遲到了。那天，他把我罵得狗血淋頭，讓我真心覺得自己是全世界最失敗的人。我父親是名研究員，所以特別在意孩子的學業表現。但我跟他一點都不像，我對科學一點興趣都沒有，還覺得科學是最無聊的科目。我喜歡與藝術相關的科目，但他從來都搞不懂為什麼我會喜歡藝術，而是希望我能像和他一樣成為數理資優生。

「那天他臭罵了我一頓後，我不僅沒有下定決心開始認真讀書，反而更不將心思放在課業上。他把我批評得一文不值，我便索性徹底放棄學習。因為我太怕失敗，連試一下都不想。從此

之後，我徹底放棄學校的課業並選擇從中學休學。一直到現在，我都不怎麼跟我爸說話，在我青春期的那段時間，我跟他的關係也一直不太好。」

譚美因為懼怕失敗，導致人生變得一塌糊塗，而這也是她成為隱士的主因，因為她實在是太害怕失敗了，所以乾脆連試都不肯試。譚美目前還在接受我的治療，我們正努力幫她擺脫內心批評自己的聲音。這不是一項簡單的任務，因為譚美的心理機制在年幼時，就已經被她的父親（完美主義者兼控制狂）制約了，導致她無論做什麼事都會無情的批評自己。也就是說，譚美內心的聲音，就是她父親的聲音，那個她再努力都難以擺脫的聲音。

我要再次重申，父母的蒙昧不是他們的錯，因為他們的行為也受自己童年制約。如果他們的父母在育兒時，懷抱著憎恨自己的心態，他們也會理所當然的將相同心態投射到周遭的環境。若他們對自己缺乏容忍度和同情心，便會將這些特性加諸在我們身上，而我們又會再傳承給自己的子女，如此循環往復。

俗話說：「人無完人。」生活也是一樣，充滿太多不可預期的事物，非你我所能掌控，所以請不要妄想自己能活出完美的人生或掌控生活。我們越早放棄完美與控制的念頭，就越能在不完美與不受控的人生中活得更自在。其實，一切的問題都源於我們認為，自己與生活必須呈現某種樣貌。**我們當然可以對生活有憧憬，但也不能忘記人生變化莫測的本質**。

以新冠肺炎為例，你想過自己有生之年會經歷如此嚴峻的全球流行病嗎？當我們寫好的劇本沒能成真，還身陷全球疫情的巨大風暴中，我們可以說這是人生犯的錯嗎？我們能說是人生辜負了我們嗎？我們可以說人生的表現差強人意，甚至不及格嗎？答案是不行，因為人生本來就是如此，是無限因果關係組成的過程，而我們的生活也會以相似的因果形式展開。

我們會忘記帶鑰匙、錯過班機、在考場表現失常；我們總是太忙、太容易分心、太健忘，這就是我們的日常。我們對失敗念念不忘，並不斷用它折磨自己，只是浪費自己寶貴的精力和時間。

教練會要求運動員不要執著於上一輪的表現，或是上一場比賽的成績，而是將目光聚焦在當下。若運動員總因過去的錯誤或失敗而鄙視、批評自己，他們的精神一定會徹底崩潰。相同的道理也適用於孩子身上，我們必須讓他們忘記剛剛打翻牛奶的窘境、忽視忘了背書包出門的尷尬、考試時筆誤的懊悔，方法就是理解並接受錯誤的必然性與常態性。

我們必須每天練習，才能將犯錯視為正常現象。當孩子打翻了什麼東西，或是在家中搞破壞，父母必須訓練自己克制怒氣，並告訴他們：「沒關係，犯錯很正常，不要一直想，我們收拾收拾後就讓這件事過去吧！」

假設孩子這個月第四次把背包放在學校忘了帶回來，我們應該對他們說：「沒關係，犯錯很正常，我們來想想有什麼方法能改善你健忘的毛病，然後就讓這件事過去吧。」這種積極的態度，可以慢慢降低錯誤出現的頻率，而即便相同的錯誤再次出現，我們也不會情緒失控。家長可以幫孩子設定鬧鐘，提醒他們別忘了拿背包，或用各種方式協助他們處理生活瑣事。然而，我們應該抱著犯錯乃人之常情的態度做這些事，而不是責罵和羞辱他們。

將錯誤和失敗定義為正常現象後，孩子便無須再背負完美與控制的重擔，而能從壓力中解脫。**允許孩子放心做個平凡人，看似對他們沒什麼要求，卻是培養他們冒險精神的關鍵。當孩子發現自己即便只是一個平凡人，家長也願意接受自己的價值與完整性時，他們便能安心的嘗試各**

種事物、作各種夢，而不會感覺處處受限。當我們不害怕旁人的羞辱與批評時，世界就會變成一座大型運動場，而我們則可以大膽探索其中的新事物，完全不會擔心自己是否會被罵。

找到錯誤中的可取之處，不代表要將錯誤轉化成其他東西，答案恰恰相反，錯誤的可取之處就是接受自己的不完美，以及嘗試新事物的潛力。舉例來說，假設你開了一間服飾店，最後卻因經營不善草草退場，你便可以藉這次失敗接受自己的不足，並嘗試新的事物。然而，由於我們對失敗的反應都被制約了，這件事反而會成為我們羞辱自己與崩潰的開關。我們非但不會因這次失敗而同情自己，反而會將所有內在資源浪費在苛責和羞辱自己之上。

在我舉的例子中，成長並不是說你非得再創立一個新的事業。其實，對當下的自己展現同情心就是成長。我能同情自己嗎？我能用中立的態度接受自己「當下的狀態」，並放下這件事、繼續向前邁進嗎？我能否從這次失敗中學到什麼，並確保自己下次不再犯相同的錯？唯有坦率且直接承認現實（即人生的本質），才算是真正的進化。

當然，若你能將「錯誤」轉化成另一項新的事業也很好，只是這種東山再起並非真正的成長，主動接受當下才是。

人類最偉大的能力，就是透過自信的行為，在不嘲笑與憎恨自己的狀態中放下錯誤和失敗，並繼續前行在人生的道路上。當我們到達這個境界，就會變得像水一樣，遇到各種阻礙時總能另闢蹊徑，繼續流動，而不是停滯不前。當我們的內心散發水的能量，便能允許自己接受現實，進入全新的境界，前提是我們的腦袋必須先放下執念。

當人在兒時就被父母的理想主義與控制欲壓得喘不過氣，長大後內心就會衍生出憎恨自己或他人的感受，因為我們的潛意識深信只有完美的人才有價值，且錯誤與失敗等於世界末日。此外，我們往往會在不自覺的狀態下憎恨自己，所以自我就會更會堅持把每件事都做到完美並控制一切，以免我們感受到內心的痛苦。

其實，**即便孩子不是個完美的人，也能感覺到自己是個完整的人，完美與完整不會互相影響**。完整是人與生俱來的權利與命運，我們不需要刻意完成什麼任務才會變得完整，一如大多數玫瑰都是紅色的，完整就是我們的本色（或天性）。然而，現代文化卻在背後推波助瀾，使我們相信唯有完美的人才是完整的人，我認為這種制約模式必須被推翻，唯有如此我們才能找回生活的平和與喜悅。

重構人類對錯誤和失敗的哲學，是我們的當務之急。當我們越是能同情與接納自己，就越能同情並接納孩子。我希望所有家長都能用仁慈和寬恕，對待孩子的錯誤和失敗；我希望所有家長都能告訴孩子，錯誤與失敗很正常，是人生的必經之路，他們不必因此崩潰。當孩子在父母的協助下漸漸接受這種觀念，便能學會接受身上的各種不完美，並將這些不完美轉化為成長。

孩子犯的每一個錯，你也幾乎都犯過

由於孩子的大腦尚處於發育階段，所以經常到處搞破壞，也很容易犯錯，你幾乎每天都有機會把我說的內容付諸實踐。簡單來說，孩子的思慮還不夠周到，無法顧及生活中各種細節（其實，這一點很多成人也做不到）。

正因孩子的大腦還不夠成熟，我們才應該給他們更多同情心和耐心，**羞辱只會阻礙他們的發育，導致他們日後無論做什麼事都畏畏縮縮，完全不敢冒險**。

當你發現孩子做了「錯事」或「壞事」時，請先停下腳步，並提醒自己：

- 孩子的大腦還在發育，犯錯很正常。
- 告訴孩子犯錯是正常的，這樣他們才能成為一個大膽的人。
- 錯誤可以讓人學會接受自己。
- 我們應該對自己及他人的錯誤，展現同情心與謙遜。
- 錯誤可以讓人學會接受現實，並放下執念。
- 錯誤可以讓人學會解決問題與進化。
- 接受孩子的錯誤，等於對他們投以無條件的愛。

當我們懷抱這種意識看待孩子的錯誤，就能減少他們的羞恥感與罪惡感，並教他們以平常心對待生活的起伏、教他們接受現實、教他們用飽滿的精神與喜悅的心情面對每一個當下，就像所有訓練有素的運動員一樣。

除此之外，我們還可以用「如果是我」練習來重新定義錯誤。

當下次你又被孩子的錯誤觸發時，請先停下腳步，並問自己：「如果犯錯的人是我呢？」我敢打賭，**孩子犯的每一個錯誤，你幾乎也都犯過，因為只要是人就一定會犯錯**。當我們對孩子發飆時，就會突然患上自我型失憶症和幼稚病，因為我們會認定自己絕對不可能犯這種低級的錯誤。這種**自戀式錯覺會使我們產生優越感與憤怒，使我們看不清現實，便出言貶低孩子**。

你可以用磁鐵把「我也有缺點」、「我每天都在犯錯」，或是「我也希望別人原諒我的錯誤」這類句子貼在冰箱上，提醒自己每個人都有缺點，自己並沒有比孩子厲害。如此一來，我們便會記得下次孩子犯錯或闖禍時，應該用寬容的態度包容他們。

其實，人性的缺點多不勝數，接受這個事實後，我們就能用同情心對待身邊每一個人。我們不應該抗拒人類固有的缺點，而是要拓展自身頻寬和耐受度，讓這些缺點只會使我們的內心泛起一絲漣漪，而不是掀起滔天巨浪。

用不同的方式解讀並容忍不完美是門藝術，可以讓我們更懂得同理與同情他人。練習以「禪」式心態看待不完美，可以使我們活得更從容。

17 肯定孩子的感受，別急著給建議

當你說甲，我覺得你想表達的是乙，
但當你說乙時，我又覺得你想表達的是丙。
我發現，你的話語是一串我無法解讀的密碼，
而原因是我太想當正確的一方，
或是太想保持理智、太想成為戰爭中的贏家。
當我用心感受，並不再執著要當正確的一方，
當我專心的理解你後，一切都變了。
你想傳達的話突然變清楚了，
我終於看清你真實的樣貌。
我們的世界風平浪靜，
起點就是我不再堅持我對你錯的那一瞬間。

我們已經來到覺醒育兒旅程的第三階段，我會用各種方式反覆闡述一個關鍵概念：**孩子需要**

父母與他們建立連結。親子連結是孩子情緒健康的基石，想與孩子建立真正的連結，我們不僅須理解他們的思考方式、行為、感受，還要摸清楚他們的風格、模式、需求。

我們年幼時也需要能理解自己，以及能聽懂我們想說什麼的父母，但只有極少數人的父母是願意理解孩子的覺醒家長。若我們小時候沒有與家長建立起良性連結，現在自然也不會知道如何與子女建立連結。接下來，我會提出一套與孩子建立深度連結的方法，其中包含各種策略與詳細的步驟。

我會用自己原創的VENT溝通法（V代表肯定〔validate〕、E代表同理〔empathize〕、N代表正常化與中和〔normalize and neutralize〕、T代表轉變〔transform〕）協助你與孩子進行深度交流。這套溝通法可以幫父母看見並重視孩子最真實的一面，藉此掌握孩子的情緒狀態。

肯定：理解及尊重，別搶著給建議

肯定一個人，代表完全理解對方的想法與需求，以及尊重對方對現實的體驗。對方的體驗不一定要符合我們的體驗或期待，也不是非得與我們的處事風格契合，重點在於這段體驗帶給對方的感受。

假設孩子因為朋友說的一些話而傷心流淚，身為父母的你，此時可以選擇肯定或否定他的體驗。若你想肯定孩子，可以對他說：「你真的很在意他說的話，一定很難過對吧？你很生他的氣，我能理解，我懂你在說什麼，你可以再多講一些細節。」若你想否定孩子，就這樣對他說：「好了，不要小題大作了，我想他講這些話應該不是為了傷害你。不要再鬧脾氣了，你去旁邊玩一下。」

你能看出這兩種回應方式的差別嗎？如果是你，你會希望自己愛的人用哪種方式回應你？所有人都想得到第一種回應，因為這種回答代表著對方願意認可並接受自己。

當我們能肯定另一個人（尤其是自己的孩子）時，其實就是在告訴對方：「我注意到你的感受了，你的感受是你的權利，沒有人有權左右你的感受。」透過這句話，家長可以向孩子傳遞一個訊息，那就是心中出現這些感受並沒有錯。我們要告訴孩子，我們信任他們，理解他們感受是真實的，並透過傾聽和關注，展現對孩子的尊重。

肯定孩子感受這件事有一個很大的關卡，就是父母的想法與期待。若我們會因為自己的想法與孩子不同，就不相信他們說的話，代表我們並不具備肯定他人的能力。若我們總以自己的想法為尊，自然就不會認同孩子的想法。當家長放不下某些觀念，給孩子的回應方式設限，就是在告訴孩子：「你說的話一點都不重要。」記得我之前提過的溫柔理解法嗎？我曾說過要給孩子信心，讓他們在不受父母干預的狀態下獨立思考與行動，這件事真的很重要。

雖說是受潛意識影響，但我實在見過太多無法肯定孩子感受的家長。事實上，很多家長之所以不願肯定孩子，其實是想保護孩子，或是為他們的情緒健康著想，但他們不知道自己其實只是在關心自己的煩惱，而不是肯定孩子的情緒狀態。當家長因潛意識影響而否定孩子的情緒狀態時，通常都會這樣說：

- 我覺得你不應該有這種感受。
- 你不要想太多。
- 你不要再難過了，為什麼要這樣悶悶不樂？
- 我覺得，這件事根本不值得你這麼生氣。
- 你的反應一直都很誇張。
- 你誤會我了，我不是這個意思。
- 我只是在開玩笑！你為什麼總是把事情看得這麼嚴重？
- 你太敏感了，還喜歡小題大作。
- 我的想法和你不一樣，我覺得事情不是這樣。
- 你要懂得變通。
- 你太不理性了。
- 你根本就不知道事情的真相，只是在亂講話。
- 如果我是你，我會……。
- 我不會這樣做。
- 你堅強一點好嗎？

● 我也經歷過相同的事情，當時我是這樣做的……。
● 你為什麼永遠覺得每件事都是在針對你？

我還可以列出更多家長否定子女感受的說辭，但我想你已經理解我想表達的意思了。試想一下，如果有人用這些句子回應你的感受，你難道不會生氣嗎？你應該會覺得他們不理解你、覺得他們連嘗試理解都嫌麻煩，對吧？你肯定會為此感到難過。

我們身邊總有些人喜歡把所有話題都引導到自己身上，他們會迫不及待跟你分享類似的經驗，並教你應該怎麼做、應該做何感受。**很多時候，人們都覺得肯定他人的意思，是分享自己的意見或教育對方，但這兩種行為都與肯定完全背道而馳**。分享意見和教育孩子一點用都沒有，反而會導致親子關係斷裂。

在對方還沒開口詢問，或是在他們話都還沒說完前，就急著分享意見，等於告訴對方他們的回應方式是錯的，並令對方感到自己連表達個人真實經歷的權利都沒有。當家長向子女釋放出這類訊息，不僅會全盤推翻他們的內在認知，還會剝奪他們成長和自行解決問題的能力。

肯定他人的經歷，代表我們願意尊重、信任與關心對方；肯定他人代表我們願意與對方並肩同行，而不是走在他們後面或前面。其實，孩子不需要父母的攙扶，也不需要父母替自己開路，他們只希望我們能默默走在他們身旁、牽著他們的手。當我們學會與孩子比肩而行，便能漸漸喚醒他們自行找出答案的力量。

肯定孩子並喚醒他們潛力的說法，包括：

- 聽起來真的很糟糕，我可以理解為什麼你會這麼難過。
- 這件事聽起來真的滿困難的。
- 我們的生活經歷不一樣，所以我可能無法完全理解你的感受，但我會努力嘗試。
- 我知道你現在內心很掙扎，但我會一直陪著你。
- 你受傷了，我知道，我完全可以理解你為什麼會這麼難過。
- 你想哭就哭吧，眼淚有益身心健康，我會一直陪著你。

你能感受到這些文字蘊含的力量嗎？這些文字絲毫沒有想改變對方感知到的現實、評判或羞辱對方的意思，而是徹底認可他人的感受。這些文字不僅能讓對方感覺有人肯定自己，還能創造出一個安全的空間，供他們消化這些情緒。

用這種方式與孩子溝通，就是在教導孩子不要害怕這些強烈的情緒，也是告訴他們，你認可他們的回應方式，並肯定他們的情緒。

除此之外，我們還可以賦予孩子信心，讓他們相信自己有能力解決眼前的問題。我們不會出手干預他們的事，也不強迫他們接受我們的觀念，而是默默傾聽、肯定，並和他們討論。這種溝通法不會引發爭吵，也不會變成由家長替孩子擺平麻煩，更不會使某一方選擇逃避問題，而是單純聚焦在理解、同情與支援上。

肯定是協助孩子掌握自身情緒的第一步。我在開頭時提過，不少家長在這一步卡關，是因為我們總會想對孩子大吼、緩解孩子的痛苦、解決孩子的問題，或是轉身逃跑。在我們看來，只是肯定孩子的經歷太消極了，但只要你明白其中蘊含的神奇力量，就會不由自主想繼續肯定他的感受。相信我，這就是肯定他人的魔力。我們越經常肯定孩子，他們就會對我們敞開心扉。更重要的是，他們也會更願意接受自己。

同理：假設自己也經歷同樣的狀況

同理最能療癒人心，卻也是最困難的溝通技巧，有很多人都搞不清楚同理究竟是什麼，也不明白該如何在人際關係中展示自己的同理心，而我將在此揭開同理的面紗。

首先，我們來看看哪些行為不屬於同理心的表現方式：

- 糾纏與交融：同理不代表我們非得要體驗過和對方一模一樣的經歷，或是產生和他們一模一樣的感受。
- 縱容與解套：同理某個人，不代表我們必須解決對方的問題或照顧他們。
- 控制與說教：你不需要成為別人的管家、幫他們得出結論，或是協助他們對現實產生新的認知。
- 評判與羞辱：你不需要讓對方覺得自己的感受是錯誤的。

同理孩子，指的是與孩子的感受建立連結，重點聚焦在感受而非思維。假設你聽到孩子說：

「我討厭學校也討厭老師！」具備同理心的回答應該是：「我知道了，聽你這樣說，應該是真的很不喜歡學校跟老師。每天都要到學校上課一定讓你感覺很煎熬吧，我能理解你的感受。」

同理是肯定的下一個境界，也就是進入建立連結的階段，此時我們要做的是**嘗試感受對方的感受，也就是俗稱的「感同身受」。肯定是理解對方，同理則是設身處地，假設自己也經歷過對方的經歷。**

簡而言之，同理指的是一種願意接受他人對某情境情緒反應的真誠態度。舉例來說，若孩子對明天的考試感到緊張，你可以這樣說：「感覺這次考試很難，也造成你很大的壓力，看得出來你是真的很焦慮也很緊張。我可以理解你的體驗，雖然我不是你，但可以與你的感受共鳴。我明白你心中有好多種情緒在翻湧，你可以跟我分享這些感受。」

若是還沒覺醒的家長，則可能會說：「你想太多了啦，你一定會表現得很好，相信自己！你比你想像中的還優秀，而且我也不是這麼在乎成績，我只希望你能看見自己身上好的一面。」

其實，第二種回答聽起來也挺正面的，對吧？雖然這段話的內容都正確，卻缺乏同理心，因為這些話只照顧了家長的情緒，並沒有與孩子的感受建立連結。無論我們希望對方感受到什麼，在展現同理心時，我們最重視的都應該是對方的感受。

而當孩子生你的氣，或認為你就是讓他們感到痛苦的人，同理這件事就會變得更難。在這種情況下，父母往往會將同理心徹底拋諸腦後，並開啟防衛狀態。

舉例來說，某天孩子一回家就對你說：「我數學會這麼爛都是你害的，每次我想認真念書時，你就開始罵我，把我批評得一文不值。如果你能給我多一點耐心和鼓勵，我的數學成績一定會進步，都是你的錯！」

我想，應該沒多少家長能容忍這番言論。此時你有兩個選擇，一是展現同理心，二是否定孩子的論點並無視他。

我們先來聽聽看具備同理心的回答，我會在下列範例中用各種方式傳達同理心，但你不需要和我一樣說這麼多。

「我知道你現在很難過，也理解你為什麼會這麼氣餒。我知道這種感受有多痛苦，也明白這件事跟我脫不了關係。我完全理解你對我的憤怒，我能站在你的角度思考。你說的對，我確實有做得不好的地方，過去的我還沒覺醒，也不夠有耐心，才會把你傷得這麼重。我尊重你對我的憤怒，我也很生自己的氣，我必須探索自己的內心世界，搞清楚自己當初為何要做出這種行為。很抱歉，我之前居然這樣對你，當時的我實在是太草率了，居然做了傷害你的事，我能理解你為何會對我產生負面感受，但我想幫你度過難關，也想改掉自己沒有耐心的壞習慣。請給我一個彌補的機會好嗎？」

要將這些話說出口非常難，尤其是當你內心正在大喊：「有沒有搞錯？這個死小鬼居然怪罪我，我到底哪裡做錯了？我明明是在幫他啊！」如果這是你內心的獨白，你也真把它說出來了，很有可能引發另一場海嘯。

你可能會用憤怒的語氣說：「你在鬼扯什麼？自己成績不好幹嘛怪到我頭上？我幫了你這麼多，對你這麼有耐心，還這麼關心你，這些你都忘了嗎？我每次都花好幾個小時輔導你的數學，是你一直分心好嗎？考爛了就自己承擔責任，不要把錯推到我頭上，我不敢相信你居然一點感恩的心都沒有！」

寫這段文字時，我一邊打字、一邊笑，因為我用這種蒙昧方式回應瑪婭的次數，多到無法計算。要求家長在感覺孩子正在攻擊自己後，依舊保持冷靜的態度，確實有點強人所難，因為我們內心的防衛本能一定會瞬間啟動，並竭力維護自己的形象，導致我們徹底忘記孩子的感受。

我不會因此責怪家長，當親子意見分歧，或是父母認為孩子提出的指控不正確時，要繼續把焦點放在孩子身上確實沒那麼簡單。我相信大多數人都努力過，然而，當聽見孩子要求我們為他們的痛苦負責時，這種攻擊絕對不是一般人所能忍受，而我們也會不由自主的反擊。簡單來說，要求家長在這種時候展現同理心，根本就是不可能的任務。

同理是門高深的藝術，所以我設計了一套協助家長培養同理心的流程。此流程共有五個步驟，這五個步驟的英文首字母組合起來恰好是DREAM（夢想），只要跟著這套流程走，你就能漸漸培養出同理的能力。

- **分離與去個人化**（detach and depersonalize）。這一步是同理的基礎，同理他人的前提，是不要認為對方在針對自己。此外，即便對方明顯擺出一副興師問罪的態度，也不要認為他們的感受是衝著你來的，而是**要不停告訴自己：「主角不是我，主角不是我。」**
- **認可與尊重**（recognize and respect）。無論再怎麼不認同，也要認可孩子的感受，並尊重他們的觀點。你在這一步要達成的任務，就是認可孩子的感受，並直接讓他們知道你認可他們的感受。

- **克制自我**（extinguish your ego）。此步驟的目標是克制自己，以免自己戴上自我面具、進入反應狀態。不要被自我面具蒙蔽雙眼，而是要嘗試用他人的視角看待事物。總而言之，**要小心別讓自我代替你反應，並努力駕馭自我**。
- **道歉與負責**（apologize and be accountable）。讓孩子知道你很後悔自己對他們造成的傷痛。後悔不該只是做做樣子，而是一種發自內心深處的回應，表示你已經知道自己的自我對他們造成傷害。同理式溝通法有個重點，那就是**父母必須承認自己的自我確實觸發了孩子，且是導致他們心情變差的原因**。你可能不認同孩子的說法，但一定要認可他們對你和你行為的感受。
- **彌補與修復**（mend and make new）。制定改善計畫，不僅要對孩子遭受的痛苦負起責任，還要列出改變自己與修復親子關係的步驟。

回到我先前舉的例子，看看我寫下的同理式回應有沒有達到DREAM流程的五大標準。我將逐句分析回應的內容，證明這段文字確實符合同理心的標準要求。

- **回應中哪些文字展示了分離與去個人化？**「我知道你現在很難過，也理解你為什麼會這麼氣餒，我知道這種感受有多痛苦。」這些文字代表你的回應是聚焦在孩子的經歷上，而非自己的經歷。讓孩子感覺父母確實聽到自己的聲音，也願意肯定自己的經歷，而不是父母搶著當主角，就一定做到分離與去個人化。

接下來，對比同一個例子的第二種回應方式：「你在鬼扯什麼？自己成績不好幹嘛怪到我頭上？我幫了你這麼多，對你這麼有耐心，還這麼關心你，這些你都忘了嗎？我每次都花好幾個小時輔導你的數學，是你一直分心好嗎？考爛了就自己承擔責任，不要把錯推到我頭上，我不敢相信你居然一點感恩的心都沒有！」完全就是父母的自我在當主角，看出來了嗎？

● **回應中哪些文字展示了認可與尊重？**「（我）也明白這件事跟我脫不了關係，我完全理解你對我的憤怒，我能站在你的角度思考。」這些文字代表我們認可並尊重孩子的感受，且不會嘗試淡化或改變他們的觀點和對現實的體驗。我們不指責孩子想太多，或發表一些評判性的言論，例如：「你看什麼都不順眼」、「我已經受夠你的脾氣了」、「你能不能別老是這麼愛生氣」等，而是認可他們的憤怒。

即使我們對孩子的評論是正確的，但在孩子生氣時告訴他們現在不該生氣，絕非明智之舉。此時父母該做的，是運用自己的智慧和愛，將這些想法放在心中，等時機成熟後再告訴他們。

● **回應中哪些文字代表你正在嘗試克制自我？**「（我）也明白這件事跟我脫不了關係，我完全理解你對我的憤怒」、「過去的我還沒覺醒，也不夠有耐心，才會把你傷得這麼重。我尊重你對我的憤怒，我也很生自己的氣，我必須探索自己的內心世界，搞清楚自己當初為何要做出這種行為」。能說出這些話，就代表我們承認自我確實存在。承認自我存在是同理流程中最棘手的部分，對還沒治癒內心傷痛的人來說更是難如登天。若你的傷口還沒癒合，也還在從外界尋找肯定，那麼承認自我存在絕對會讓你覺得自己是個失敗者。

若你還沒解決自我的問題，就有可能在不經意間這樣回應孩子：「你錯了！我受夠你對我的各種負面回應了！我做了這麼多，你居然這麼不珍惜！」這種自我式的回應方式聽起來很可怕，對吧？要控制自己不說出這些話真的很難，但如果我們想幫助孩子度過情緒經歷的難關，就一定要克制自我，不要讓它有說話的機會。

● **回應中哪些文字代表道歉與負責？**「很抱歉，我之前居然這樣對你，當時的我實在是太草率了，居然做了傷害你的事，我能理解你為何會對我產生負面感受。」表達歉意的最佳方式，就是展現出誠心和誠意，這樣你的道歉才不會淪為空洞的文字和廉價的話語。也就是說，孩子必須「感受」到你的歉意。雖然他們很可能會認為你的道歉並非發自真心，但你還是得盡量表達自己的感受，因為有時我們只是「感覺」自己正在道歉，殊不知對方其實根本沒有接收到歉意。

此外，很多時候我們雖然嘴上說著對不起，心中卻在偷偷責怪別人。真心的道歉應該是像這樣：「對不起，我居然讓你產生這樣的感受，但我希望你下次可以不要對我大吼大叫，因為聽到你的吼叫後，我也不小心失控了吼了回去，真的很抱歉，我剛剛又傷害到你了。」

道歉的句型有兩種，第一種是「對不起，我……」，第二種是「對不起，但你……」，你能感受到其中的差別嗎？**第一種句型是承認自己應該負起責任，第二種句型則是把錯推到別人身上**。當一個人具備足夠的覺悟，便能區分兩者的不同。

● **回應中的哪些文字代表彌補與修復？**「但我想幫你度過難關，也想改掉自己沒有耐心的壞習慣，請給我一個彌補的機會好嗎？」彌補與修復是需要計畫的，必須重新塑造模式。光道歉不夠，我們還要讓孩子看到實際的改變，用行動證明自己的關心不只是說說而已。當孩子發現父母總是光說不練，便不會再把我們的話當一回事。

孩子要的不是只有一句道歉，他們更希望我們改變行為，而我們也有義務為他們改變。你選擇閱讀本書，就代表你想要成長，而這顆追求個人成長的心，也將成為你給孩子最珍貴的禮物。

正常化與中和：所有感受都是正常的

沒有人想聽到別人用「詭異」或「極端」形容我們體驗世界的方式，因為我們都希望自己是「正常」的，也希望自己的言行舉止不要太與眾不同。孩子也是如此，他們希望自己的反應，以及對人生的體驗是正常的，而身為父母的我們完全有能力實現他們這個願望。

當孩子內心產生一些強烈的感受，家長一定要讓他們知道這些體驗都是正常的，最有效的方式就是對他們說：「我完全理解你現在的狀態，真的，其實大多數人都會有和你相同的感受。」

若孩子年紀還小，你可以說：「有這種感受是完全正常的喔！」接下來，我們還可以做一件重要的事，那就是嘗試中和該體驗帶來的衝擊，具體做法就是不以情緒能量回應當下的環境，並盡量保持中立。

舉例來說，當孩子被蜘蛛嚇得驚聲尖叫時，我們便可以用下列說法中和這段經歷，讓它變正常：「我知道你怕蜘蛛，很多人都怕，我小時候最怕的就是蜘蛛，但你仔細觀察一下，牠其實根本就沒有在注意我們。」當我們選擇守住情緒能量，就能中和蜘蛛對自身情緒的影響力，並讓孩子了解，他們害怕的蜘蛛其實是中性的事物。

有次，瑪婭站在遊樂園的滑水道排隊起點處，嘴裡一直喊著：「我好怕，媽媽。」我說：「我也很怕，但我不會被嚇跑，而是跟恐懼交朋友。來媽媽這裡，我告訴妳該怎麼做。」沒過多久，我就編好一首以害怕滑水道為主題的兒歌，並一邊哼著這首歌，一邊邁著發抖的雙腿往上爬。

我還記得歌詞是這樣唱的：「心裡怕怕怕，眼淚流流流，這就是恐懼，我才不在意！」等輪到我們時，我和瑪婭先深吸了一口氣，接著相視而笑，哼著歌一路滑到底。事後我對瑪婭說：「恐懼和眼淚都是正常的，每個人都會害怕，也會流淚，我們不應該逃避恐懼和眼淚，而是要感受它們，畢竟它們就只是一種感受，沒什麼大不了的。」

當我們先放下心中的標籤與評語，再面對生活的現狀，就會發現它對我們的掌控力漸漸消失，而我們也能停止所有評判與羞辱，欣然接受所有經歷，以及它當下想傳遞給我們的訊息。無論是害怕、生氣或焦慮，都是生活經歷不可或缺的元素，也是我們的老師。唯有接受一切，我們才能在生活中茁壯成長，而不是變得萎靡不振。

轉變：情緒與內在的成長

幫孩子轉變情緒狀態是什麼意思？**轉變情緒狀態和單純換個情緒不一樣，「換」是一種表面行為，而轉變則和內心的成長與進化有關。**

幫助孩子轉變情緒狀態，代表**注意孩子（以及自己）藉生活經歷成長的能力**。舉例來說，若孩子因為太擔心考試而感到焦慮，那麼在針對孩子的情緒狀態，完成了肯定、同理與正常化這三項步驟後，接下來就要幫他們將這段經歷轉變為成長。

我們可以指出孩子的優點，幫助他們用不同的角度解讀焦慮的感受，並將這種感受轉換成勇氣。你可以這樣對孩子說：

「我知道你現在很難靜下心來維持注意力，我尊重你現在的心情，也知道你內心一定感到無比煎熬。不過我想告訴你，雖然你現在內心很掙扎，但你這次的表現比上次好太多了，上次你甚至不願意參加考試，但這次你已經確定明天會參加考試。你知道這兩種反應的差別有多大嗎？這代表你現在已經學會處理壓力的方法了，你已經長大了，我真心以你為榮。其實，考試本身並不重要，最重要的是你能夠應付考試帶來的所有壓力。我知道這件事對你來說並不簡單，我會陪你一起體驗這段經歷。」

如果我們只是想讓孩子換個情緒，我們可能就會這樣說：「我跟你一起複習一下，或幫你找個家教吧！這樣你就不會一直想考試的事了。打起精神念書，你明天一定要考好，我也會確保你能拿出全部實力。」

你能看出轉變情緒與換個情緒的差別嗎？**轉變情緒關心的是孩子的情緒經歷與內在成長，而換個情緒只在乎孩子手上的任務**，也就是外部因素。我們要做的是轉變孩子的情緒狀態，而不是讓他們換個情緒就好。

其實，無論人或情境都是不能更換的，唯有發自內心的換才算是真正的換，而這種發自內心的換就叫做轉變。

孩子可以透過轉變學會一件事：「成功」的矩陣就在自己的心中，一切都與個人內心成長有關。從小就學會這個道理的孩子，會對自己更有同情心，也更願意接受自己。

再回到剛剛考試那個例子，假設孩子這次應付壓力的能力，還是和上次一樣沒有進步，你或許可以這樣說：「每段類似的經歷都會使你的內心變得更強大，你只是還沒意識到這一點罷了，但我相信，你現在已經能好好的跟自己的感受相處。成功需要時間，但沒有人會限制你一定要在什麼時候之前成功，你可以按照自己的步調前進，應付壓力這件事也會變得越來越簡單，我會一直陪在你身邊。」

用這種方式回應孩子，可以撫慰他們的心靈，使他們感到安心。當我們將重點放在接受生活的現狀，便能安撫他們的情緒，讓他們可以做自己。這種溝通方式可以直接提升孩子的個人價值，進而降低他們的焦慮與壓力。

若家長總是用「換個情緒」的方式和子女溝通，他們就會感受到莫名的壓力，覺得自己必須換一種生活方式，並在失敗後感到羞恥，還會責怪自己。

覺醒育兒的重點是內在轉變，當父母聚焦在孩子的內在轉變，就不會淪為孩子眼中的警察或法官，而是會成為他們的盟友與夥伴，陪他們一起面對這充滿挑戰又令人抓狂的生活。

你永遠都有練習的機會

每當孩子情緒崩潰，家長就可以趁機練習VENT溝通法，也就是說，我們永遠不缺練習的機會。肯定、同理、正常化與中和、轉變，這四步驟適用於所有情境，我們也可以藉此與孩子建立連結。

每當孩子心情低落或生氣時，我們可以啟動內心的意識開關，並問自己：「我該如何運用

ＶＥＮＴ溝通法的原則看見孩子、傾聽孩子、肯定孩子，並讓他們感受到？」只要我們不斷練習這四種連結策略，就一定能提升孩子的個人價值和安全感，進而幫助他們以韌性面對生活。

弄清楚這四大步驟的概念後，我們還要刻意並逐一將其付諸行動。我建議你個別練習每個步驟，並將它們融入你的日常生活，感受使用ＶＥＮＴ溝通法時，親子互動會產生什麼變化。

除此之外，你也要提升個人意識的敏銳度，必要時這些步驟便能信手捻來。我可以向你保證，ＶＥＮＴ溝通法絕對會改變孩子對困難情境的回應方式，更重要的是，它也能改變你的回應方式。

18 學會說「好」

孩子，你身處的世界有無限可能，
你全然相信這個世界，也有不可限量的發展；
我與你截然相反，我的生活只有匱乏，
面對所有事物，我都會發自本能的拒絕，
並嘗試限制、減少和阻礙，
這樣我才會覺得舒服並感到安全。
但我不知道這種行為，
只會縮限你的世界、局限你的夢想。
我在你的氣球裡裝上鉛塊與磚塊，
只因我擔心你一旦飛走就不回來了，
留我一人在原地荒涼。

當孩子來到這個世界上，總是會出於本能的對所有事情都說「好」。他們根本不知道匱乏為何物，也不覺得這世上有什麼事是不值得去做的，他們眼中所見全都是豐盛與發展的可能，身邊的一切都能讓他們讚嘆與驚訝，例如盤子裡的義大利麵、天空中的雲朵，以及草地上的螞蟻。簡單來說，孩子天生的狀態就是開放、信任與豐盛。

但**大人的自然狀態就不是這樣了，我們與兒童恰好相反，總是被焦慮、匱乏與缺乏價值等負面元素占據**。可想而知，成人與孩子的狀態，散發出的能量經常互相牴觸，產生的波動可能導致親子關係失調或發生衝突。追根究柢，這些問題的根源都是由於大人與孩子散發的能量不同。

我還記得，我在女兒七歲那年和她吵了一架，時間是下午五點半，我早已累得哪裡都不想去，但瑪婭就像臺小型發電機，她說她還想到附近的公園看花，而我是這樣回答她的：「瑪婭，現在太晚了，已經到了休息時間，妳不能到公園玩。」

我當時真的沒什麼精力應付瑪婭，也有點懶得和她交流。誰知道瑪婭的眼淚立刻流了下來，並說：「只玩幾分鐘就好了，媽媽！一下下就好！」我的脾氣立刻就上來了，我說：「瑪婭，妳不要無理取鬧好嗎？我已經說了不行，就這樣。」話剛說完，瑪婭就立刻衝進她的房間鬧脾氣。

幸好當天我媽也在家，她察覺到我們的情緒，於是便用溫柔的口吻對我說：「喜法莉，妳累了，我可

以帶瑪婭去公園玩一下。現在是夏天，天黑得沒那麼快，而且她明天也不用上學，讓我帶她去吧！」聽到好消息的瑪婭立刻從房間衝出來，還給外婆一個大大的擁抱。

最後，我答應了媽媽的提議，倒不是因為我改變了心意，而是我想一個人靜一靜。她們出門不到二十五分鐘就回來了，瑪婭的表情和出門前判若兩人，她蒐集了一大袋禮物要送給我，裡面有石頭、樹枝，還有幾朵被踩爛的花。

看得出來瑪婭的心情非常好，但最重要的是她終於累了，她告訴我：「剛剛好好玩啊！但我現在好累，好想睡覺！」沒過多久（十分鐘內）她真的就睡著了。

這件事讓我學到一個道理，那就是瑪婭並非像我所說的「無理取鬧」。瑪婭根本就不是無理取鬧，她只是充滿好奇心、愛玩、精力充沛外加熱情洋溢而已。也就是說，她不過是在展現一個愛冒險七歲小女孩的本性。如果我那天不是這麼累，一定也會和她去公園繞繞，就像我媽媽帶她去玩那樣。

那天我和我母親唯一的差別，就在於身體的疲憊程度與內心的抗拒感，我因為太想做自己想做的事，所以不願配合孩子做他們天生就該做的事。我太執著在「假如」這兩個字上，一直問自己：「假如她回家後還是不願睡覺怎麼辦？」以及「假如我回來後真的太累怎麼辦？」如果我當時能聚焦在「現狀」，並帶她出門玩耍，她就不會發這麼大脾氣，也不會與我斷開連結。

我深刻反省了自己當時的行為，並問自己：「如果那時我願意和瑪婭的渴望建立連結，而不是粗魯的將她拒之門外，那會怎樣呢？順著她的狀態和她想與我連結的渴望，帶她出門玩幾分鐘，難道真的有這麼麻煩嗎？」我這才驚覺自己錯過了與女兒建立連結的大好機會，而且我甚至用了這麼嚴厲的文字評判她的渴望。

其實，我應該用不同的手法處理這件事，並對瑪婭說：「瑪婭，我覺得這個主意很棒！雖然我現在有點累，但也很想肯定妳提出的請求。我們先講好，我可以帶妳去公園，但不能在那邊待太久，這樣妳能接受嗎？」如果我當時用的是這種方式，她一定會認真的跟我談條件，雙方也不會陷入情緒崩潰的窘境（多虧了我媽，我和瑪婭沒有走到這一步）。

但我沒有這樣做，我選擇進入匱乏與恐懼的狀態：我害怕她會在賴在公園不走，最後把我累死，我也害怕我會累到連煮晚餐的力氣都沒有。我害怕所有「可能」會發生的事，這些恐懼卻讓我徹底錯過在當下與孩子建立連結的機會。

孩子活在當下，大人卻活在「假如」的焦慮

親子之間，永遠都會因為三件事情起衝突，這三件事情代表著兒童與成人在本質上的差別。舉例來說，孩子認為當下是最重要的，他們會答應與當下有關的所有事，即便他們會在事後悔不當初，但是大人很多時候都在抗拒當下。這種差別會以下列方式在親子關係間不斷出現：

- 孩子大多時候都是活在當下的，而大人基本上都是活在過去和未來之中；**孩子活的是生活的「現狀」，我們則活在由「假如」組成的恐怖世界中**。成人有太多放不下的悔恨與恩怨，也總是對未來的事感到焦慮。

- 孩子的生活，大多時候都充滿豐盛與喜悅；成人的生活，則是由匱乏、疲倦和焦慮組成。
- **孩子大多時候都處於「隨性（天性）而為」的狀態，而成人則處於非得做什麼的狀態。**

孩子的行為都是來自他們的天性，如愛玩、愛探索、好奇、愛冒險，他們心裡其實沒有什麼真正的計畫，只是順著當下心情，看看接下來會發生什麼事。**反觀大人，總是想著要「做些什麼」**，一般來說，這種感受並不是源自與天性相連的狀態，而是源於人的自我。我們會做這麼多事，是因為我們想存錢、想贏，或是想成功。這種狀態的本質是**以目標為導向，建立在外部肯定與文化指標之上**，而不像孩子以過程為導向。

成人與兒童的能量狀態可謂天差地別，勢必會引發衝突，但孩子沒有義務迎合父母的狀態，反倒是我們必須配合他們的狀態。然而，孩子的狀態與我們的差距實在是太大了，所以我們可能會覺得自己受到威脅，並嘗試將孩子拒之門外。我們會評判、羞辱、懲罰孩子，還會創造出失調的迴圈，最終失去與他們的連結。

每當我告訴家長，育兒時必須「學會說好」，他們都會以為我在鼓勵父母縱容孩子，讓孩子覺得自己可以獲得一切。這個觀念確實會容易觸發家長，使我們立刻進入恐慌模式，認為自己要對孩子的所有要求「讓步」，把他們寵成討人厭的小孩。

但這套方法並不是叫家長退讓，「學會說好」代表理解孩子的渴望，但你不需要因此退讓或縱容孩子。**「學會說好」代表你能先和孩子達成共識，並在這個共識上答應孩子的要求，讓他們感到父母不僅了解自己，還願意肯定自己。**「學會說好」可以代表我們同意某種概念，例如：

- 好，我完全了解你的渴望。
- 好，我也是這樣想的。
- 好，我跟你有同樣的感受。
- 好，我知道這是你最想做的事。
- 好，我也想這樣做。
- 好，我跟你一樣年紀時也有相同的想法。
- 好，我們兩個想要的東西是一樣的。

這個「好」也可以表示我們同意某件事情，如：

- 好，我也希望你能實現這個目標，我們來制定一套計畫吧。
- 好，我會買給你，但必須等到時機成熟我才會買。
- 好，我也希望你能去，我們等考試結束後再談。
- 好，等你忙完家事後，我再看看怎麼幫你實現願望。

這兩種答應的初衷，都不是物質上的妥協，也不是縱容孩子，讓他們覺得自己能為所欲為，而是要散發出一種能量，讓他們感覺父母能理解並肯定自己的渴望。在滿足他們需求的同時，家長也必須注意孩子可能會提出一些不切實際的願望。

請務必記住，由於我們的生活環境中充斥太多令人目眩神迷的事物，孩子自然會產生什麼都想要的念頭，這種渴望並非壞跟貪婪的表現，而是再正常不過的欲望。然而，**若家長不斷拒絕孩子的要求，最終只會讓他們永遠處於渴望與匱乏的狀態，而更想追求那些他們無法擁有的東西，這就是著名的禁果理論**。久而久之，他們就會對擁有更多事物產生更深的執念。不僅如此，孩子也會以自己的渴望為恥，並因自己永遠都被拒絕而產生匱乏感。

你可能會問我：「萬一我現在真的買不起孩子想要的好東西，該怎麼辦？如果我將來也買不起怎麼辦？隨便答應孩子不是會讓他們日後更失望嗎？」

我的回答是：父母當下的允諾完全是針對欲望本身，而不是代表我們一定要滿足孩子的這項欲望。在肯定孩子的欲望後，我們便可以開始制定計畫，幫他們得到想要的東西，有可能他們明天才能拿到，也有可能必須等到下週或明年。

執行的過程其實並不重要，重要的是盡可能讓他們的渴望之火保持燃燒。決定渴望之火是否熄滅的人是孩子，而非家長，但我們也不能總當那個潑他們冷水的人。很多時候，孩子對特定事物的熱忱是會自己消失的，也就是說，他們會主動放棄某項渴望。

孩子心中每天都會出現無數渴望，其中大多數都會隨時間熄滅，或是被其他事物取代，而家長真正需要處理的，是那些過了好幾週都沒消失的渴望。

針對這些渴望，家長可以抱著同情心和耐心和孩子聊聊，讓他們理解自己想要的東西已超出家庭財務能力可承受的範圍。這樣一來，孩子才會感到父母確實看見自己，也不會認為父母總是不滿足或忽視自己的渴望。

總而言之，我們越是毫無理由的拒絕孩子，孩子的匱乏感就會越強，也會用更強硬的措辭要求家長滿足他們的渴望。

舉個例子，假設你的孩子在十二歲那年突然對你說：「我不打算上大學了，中學畢業後我就要開車賣冰淇淋，我的終極目標是開一間全世界最大的冰淇淋車公司。」身為父母的你，此時可以選擇用匱乏或豐盛心態回應孩子，你的選擇是什麼呢？

若你決定以匱乏心態回應孩子，就會感受到來自「現實」的壓力，告訴他們這個想法有多荒謬。你可能會這樣說：「這也太荒謬了吧！上大學很重要，你一定要上大學。賣冰淇淋根本賺不了什麼錢，你的想法爛透了。」

孩子聽到這個回答會有什麼感受？其實，孩子在這個年紀產生這種天真的想法相當正常，我們憑什麼澆熄對方的熱忱和渴望？大人之所以會潑孩子的冷水，是因為我們在聽到孩子的夢想後，立刻進入匱乏和恐懼的狀態。

我們害怕孩子對未來有這麼多奇怪的想法，而這些未來看起來又都毫無前景可言，最終我們會將這些在內心翻湧的負面情緒，投射到孩子身上。身為父母的我們非但不鼓勵孩子做打破傳統的夢，還會將孩子硬塞進傳統的框架中。

若是懷抱豐盛心態的家長，可能會這樣回答：「好酷的目標！我最喜歡吃冰淇淋了，我一定會當你最忠誠的客戶。我覺得，你接下來對自己的未來一定還會有其他想法，我建議你把它們都寫下來才不會忘記，這樣我們以後也可以對照看看你實現了哪些目標！」

對孩子的渴望說好就是這麼簡單，你只要和他們一起天馬行空，並不讓你的情緒投射影響自己的回應方式，也不要抗拒他們的想法就好。**對孩子說好可以讓他們覺得自己的夢想是正常的，也能鼓勵他們維持這種跳脫常規的思維方式**。然而，身我父母的我們必須先讓內心進入豐盛與勇於冒險的狀態，才能鼓勵孩子挑戰傳統。

你沒有替孩子實現夢想的義務

家長總是在第一時間擔心孩子將來會過得很辛苦，或是面臨失敗，並馬上想到自己該如何替他們善後。我們會覺得，自己未來也必須承擔照顧他們的責任，這種想法確實不怎麼吸引人。你發現了嗎？這種想法完全是建立在匱乏感之上。

父母總認為自己有義務實現孩子的夢想，但這項負擔根本就是虛構的。當我們不知道如何實現他們的夢想時，心情就會變差。然而，**該實現孩子夢想的人不是家長，而是孩子自己**，決定是否要將夢想公諸於世的人也是孩子，不是我們，我們要做的就是制定一套支援計畫。

貝琳達（Belinda）是我的客戶，她的女兒柔依（Zoe）想從大學休學並開一間水療中心，這件事卡在貝琳達心中，一直過不去，而我能理解她的感受。

貝琳達覺得女兒的前途一片黯淡，完全不了解為何柔依要放棄大學學業，轉而投入水療事業。母女倆因為這件事吵得不可開交，貝琳達之所以會這麼恨柔依，是因為她認為自己付出的所有努力與金錢全都付諸東流。

貝琳達一直陷在負面的情緒中走不出來，我不斷勸她站在柔依的角度看這件事，她的情況才稍微有些好轉。其實，柔依只是希望貝琳達能像朋友一樣支持她的決定，她並不打算要求貝琳達拯救自己，或是出錢資助自己的水療事業。

我告訴貝琳達：「妳可以出一些主意，告訴她實現夢想的方法，但妳不必真的捲起袖子幫她實現。」

貝琳達突然就想通了，她之所以這麼不希望女兒休學，是因為她以為自己必須資助女兒的水療事業。當我告訴貝琳達，她其實只需充當女兒的後盾跟顧問，她緊繃的情緒立刻放鬆下來。

我是這樣說的：「妳不能拒絕女兒做自己想做的事，妳不需要出一分錢，如果她想跟銀行貸款開店的話，那也是她的人生，與妳無關，妳要做的就是幫她出謀劃策。孩子已經到了這個年紀，我們也沒義務再替他們承擔任何責任，他們必須為個人選擇造成的後果買單。但有件事妳一定要知道：否定孩子的選擇只會打擊他們的士氣，讓他們變得害怕失敗。」

貝琳達終於想通了，她改變了自己的觀念，並開始像朋友一樣幫助柔依，母女的關係也開始好轉。在這個過程中，柔依漸漸了解到做生意其實是件苦差事，最後她決定暫緩休學計畫，並利用這段時間思考下一步該怎麼走。

家長越抗拒，孩子越堅持

許多年輕家長都會面臨一個棘手的問題：孩子在還沒達到「應該」擁有手機的年紀前，就和父母說自己想要手機。其實，孩子想要手機也是正常的，畢竟他們身邊的每一個成人都離不開手機，生長在這種環境中，他們怎麼可能會不想擁有自己的手機呢？孩子們可能會感到納悶，想知道「為什麼大人每天都盯著手機」，或是「為什麼媽媽寧可看手機也不願關心我」。

所以，我們該如何在不給孩子買手機的前提下，滿足他們對手機的渴望？我可以提供三個解決方案。

第一就是反求諸己，戒掉自己的手機癮（在孩子還不滿十歲前，更要貫徹到底）。孩子需要我們全身心的陪伴，也需要我們將注意力放在親子關係上，我們越常陪伴孩子，就越不需要時時刻刻使用手機。

第二個解決方案是為孩子創造一個不需要手機的童年，思考究竟該怎麼做才能讓他們對人際連結更感興趣，進而不再熱衷於手機。第三種方法就是告訴孩子幾歲後才能擁有手機，讓他們知道只要時間到了，你就會滿足他們的需求。

當我們克服由匱乏與缺乏個人價值引發的反射性拒絕衝動，並開始應允孩子融入這個世界的本能渴望，就能讓他們對有形的「事物」不再如此執著。父母若不願正視孩子的想法，他們對物質的執念就會越變越強。簡單來說，**家長越是抗拒，孩子就越是堅持**。

我們總以為，只要忽視或拒絕孩子的要求，他們就會放下這些念頭，殊不知這樣做只會適得其反，讓他們的渴望越變越強。我們非但沒有沖淡他們的欲望，反而將這些欲望無限延長。然而，只要父母用「說好」的方式處理孩子的需求，就能滿足他們想被人聽見與肯定的需求，做到這件事就等於成功了一半。

孩子們最想要的，莫過父母能尊重自己和自己的渴望，只要我們能像支持朋友一樣支持孩子，就能讓他們感到備受尊重。幫孩子制定計畫不代表必須立刻付諸行動，而是代表我們重視並尊重他們的渴望和需求。

制定的計畫可能得過很久後才能實現，但只要我們願意花時間和精力做這件事，就能讓孩子獲得自信。即使他們想要的事最終沒有實現，制定計畫的過程依舊是對孩子的肯定，除了肯定他們想要的事可以實現之外，也肯定他們擁有將計畫付諸行動的權利。畢竟，誰知道孩子們十年後會不會獲得實現理想的能力？既然我們無法預測未來，就不要現在扼殺他們的夢想。

瑪婭自三歲起就想養隻狗當寵物，但當時我們的生活條件不允許養狗，而我也不太清楚她是否只是一時興起。所以，只有在瑪婭確定自己是真的愛狗後，我才會願意承擔起照顧小狗的責任。我必須尊重瑪婭，也必須尊重我自己，因為我知道照顧狗的責任最終會落到我頭上。

說實話，當時的我根本不想浪費時間跟精力再照顧另一個生命。因此，我眼前只有兩個選擇：讓她徹底打消養狗的念頭，或讓她知道可以養狗，但不是現在。

生活充滿各種意外，很多現在看似不可能的事將來都有可能成真。我們對事物究竟是應該抱持開放的態度，還是先把話說死？其實，這個問題完全是由你的思維決定。

家長可能覺得，答應孩子會讓他們內心產生錯誤的期待感，但**對孩子的渴望說好並不是欺騙，而是幫助孩子了解一項重要的人生哲學：生活充滿無限希望**。人生是一段峰迴路轉的旅程，沒有人能精準預言未來的事物，**當我們真心渴望得到某樣東西（前提是這樣東西必須你力所能及，而你也願意為之努力奮鬥），所有當下看似不可能實現的願望，也有可能在未來某天成真。**

時間與努力可以將不可能化為可能，只要讓孩子學會這項重要的人生哲學，他們就能擁抱自己與生活的無窮潛力。

因此，那時我是這樣告訴瑪婭的：「我愛妳，也愛小狗，但媽媽現在真的沒有辦法照顧狗狗。等妳長大一點後，我們再來討論這件事好嗎？雖然妳現在不能養狗，但妳還是可以愛狗狗呀！」即使我心裡清楚不能讓瑪婭養狗，但我還是會設法培養她對毛小孩的愛，例如帶她逛寵物店、讓她摸摸小狗，或是讓她和家裡有養狗的朋友一起玩耍。就算當下無法滿足孩子的渴望，家長還是能提前為實現願望的那天做準備。

你猜，瑪婭想養狗這件事最後怎麼了？她對小狗的熱忱一直都沒有消失，每當她在街上看到有狗經過時，都會發表一些評論，我看得出她對狗的熱忱是發自內心的。到了瑪婭十四歲時，我終於有時間跟精力照顧寵物，於是便兌現我的承諾，送一隻小狗給瑪婭，而收到狗的瑪婭也難掩欣喜之情。

瑪婭養狗的願望之所以能實現，是因為在過去十年間，她對小狗的熱忱從沒消失過，而我也在這段期間內不斷調整心理狀態。這些年來，我一直都對女兒想養狗的熱情抱持開放態度，認為凡事皆有可能，而這正是她美夢成真的主因之一。

六歲的查理（Charlie）是我們家集萬千寵愛於一身的毛小孩，牠在最合適的時間點成為我們家的一分子。瑪婭對養狗的渴望從小到大都沒有消退，而她也親眼見證夢化為現實的時刻。這段經歷讓她見識到熱忱的力量，也了解只要穩紮穩打且夠有耐心，就能讓所有人看見自己的熱忱。

我知道，有些家長可能會選擇寸步不讓，其實這種做法也沒什麼不好。若父母認為自己無論如何都沒辦法照顧小狗，他們就不該違背自己內在的認知、滿足孩子的渴望，這樣只會引發家庭災難。父母該做的，是讓孩子了解他們可以保有夢想，並在長大成人後讓所有人看見自己的夢想。不是每種渴望都能立刻被公諸於世，有些可能要耗時數十年，但這個過程就和立刻獲得滿足的感覺一樣美妙。

對孩子的渴望說好，可以讓他們學到堅持與韌性的力量，也就是每個人都必須靠策略與奮鬥獲得自己想要的東西，而這正是人生最寶貴的一課。用這種方式答應滿足孩子的渴望，不代表寵壞孩子，事實恰好相反：「學會說好」代表的是傾聽、認同，以及幫助孩子學到個人需求和渴望的價值。

「學會說好」不是直接拒絕孩子，也不是立刻滿足孩子的渴望，而是**要求孩子探索內心，看看自己究竟有多想要這樣東西，以及為什麼想要**。

給孩子作夢的空間，並讓他們探索自己的內心世界，能幫他們了解自己的渴望有多真實。當我們立刻拒絕孩子，他們就會開始和父母作對，白白浪費能量；當我們立刻滿足孩子的渴望，就會導致他們失去探索內心，以及感受堅持與熱忱的大好機會——你一定知道這些課題對孩子來說有多重要。

延遲滿足是極為重要的人生課題，耐心和堅持是孩子們一定要學會的價值觀。關於這一點，大自然是我們最好的老師，芒果會在夏季成熟、雪會在冬季落下。大自然告訴我們：「你可以堅持自己對芒果的愛，也可以吃到芒果，但不是現在，而是要等到芒果成熟的那一天。」

「學會說好」之所以這麼有效，是因為孩子們會從中學到**渴望是正常的，而渴望無法立刻被滿足也是正常的**。

家長之所以會這麼害怕孩子的渴望，是因為他們的潛意識中有兩個觀念在作祟：第一，我必須盡快滿足孩子的渴望；第二，如果不盡快滿足孩子的渴望，孩子就會不開心，而不開心是件「壞事」。但這兩種觀念都是錯的。

孩子確實會因為渴望未能被及時滿足而不開心，但這種感受對他們的發展是好的，是一種可以透過培養獲得的健康情緒能力。此外，即便家長滿足了子女的渴望，他們也可能不開心（我相信所有的父母都知道我在說什麼）。

每個人內心都有憧憬，有些人想養狗（例如瑪婭）、有些人想經營水療中心（例如柔依）、有些人則是想搬到國外居住。每個人都可以將自己的夢想公諸於世，但前提是這些夢想要合理，至於夢想能不能化為現實，則取決於人們身處的環境，以及他們對現實的看法。

即使孩子的夢乍聽下根本不可能實現，例如：「媽媽，我想飛到月亮上！」我們也不必急著反駁他們：「你在說什麼蠢話！你又沒有翅膀，而且月球距離地球超級遠。」這種回答只會讓父母錯過孩子想傳達的訊息。

我們應該這樣回應他們：「我也想和你一起飛到月球上，但我們又不是小鳥，而且月亮實在是太遠了！但是，我們可以一起幻想飛到月球上是什麼感覺。」透過這樣的對話，孩子會覺得自己的渴望很正常，也知道自己擁有作夢和幻想的自由。隨著時間推移，這些夢想也將成為孩子充滿熱忱與各種可能的人生中不可或缺的元素。其實很多時候，事情的關鍵就在於家長如何回應孩子內心的憧憬。

對孩子說好，絕不等於縱容

孩子的內心時時刻刻都會浮現新渴望，所以家長每天都有機會練習對孩子說好。我要再次重申，請**不要把對孩子說好與縱容孩子劃上等號**。

當孩子表示自己想吃更多零食／延長玩手機的時間／買鞋子／買化妝品／到朋友家玩／吃垃圾食物時，身為父母的我們究竟該如何回應他們的渴望？我知道你其實很想這樣說：「我受夠你這些無理的要求了，答案是不行！」

但你也可以換上覺醒的態度，這樣回答孩子：「我也希望自己可以吃更多零食／延長玩手機的時間／買鞋子／買化妝品／到朋友家玩／吃垃圾食物，這些東西確實會令人上癮，也很有趣，可是如果不知道節制，這些東西就會危害健康。你當然可以做這些事情啊！前提是你得先完成自己應該做的事情。我們現在就來制定一套計畫，讓你能夠在盡完義務之餘，滿足這些需求。」

發現了嗎？**這套方法可以讓孩子挑起自己本應承擔的責任**。你不再是孩子的敵人（所謂的敵人，就是那一長串有待完成的任務），而是與他們站在同一陣線的盟友，只要你們能攜手排除眼前的障礙就萬事大吉。

只要用這種方式回應孩子，他們就不會和你作對，因為你不是他們眼中的障礙，真正阻礙他們的，是他們無法完成應盡的義務這件事。

以下舉幾個常見的例子，示範如何用此方式與孩子溝通：

●使用3C產品

孩子：「我晚上想在床上多用一會兒手機。」

覺醒的回應：「我知道為什麼你想多看一會兒手機，但你明天還要上學，一定要睡滿八個小時。你如果睡不飽的話，怎麼有精神上課？假如你可以做到上課不打瞌睡，那我們就可以討論一下，讓你多玩一會兒手機。」

●吃垃圾食物

孩子：「我想吃一些垃圾食物。」

覺醒的回應：「我也想吃垃圾食物，但首先，我們必須把眼前的健康食物吃掉，之後才能吃垃圾食物。我們可以制定一套垃圾食物攝取計畫，但你現在得先把蔬果汁／青菜／健康的正餐吃完，我們再來討論垃圾食物的部分。」

●購物

孩子：「我想買東西／買鞋子／買玩具！」

覺醒的回應：「我也經常想買些新東西，所以可以理解你的感受。你不是可以自由支配零用錢嗎？我想，我們一起列一張預算表，這樣你就可以買自己想要的東西了。」

看出這套流程的運作方式了嗎？當你和孩子的渴望站在同一陣線時，其實就是在要求他們對自己提出的要求負責。只要父母不打擊孩子的欲望，他們就能發揮想像力，嘗試用各種方法滿足需求，而**此時的你也不再是孩子眼中那個「礙手礙腳的人」，而是他們的「軍師」**。

除此之外，你還能讓孩子與自身渴望建立直接關係，而不是受制於個人的局限與恐懼，做出踐踏孩子夢想的傻事。此時此刻，**你應該聚焦在孩子和他們的夢想之上，並讓孩子知道：只要他們做好準備（可能是在未來的某天），你一定會伸出援手**。

19 「現在」就是最好的開始

看著那些已經逝去的時間，
我心中充滿愧疚與自責。
負罪感與羞愧感啃咬著我，
我忘不掉自己對你造成的傷害，
也忘不掉所有錯過的時光，
我想知道是否有重拾過往的方法、逆轉時間的開關。
我想重來，我想彌補、想再得到一次機會，
但我忘了一件事——
即便我回到過去，
我依舊是當初的我，你仍然是那時的你，
正是那些消逝的時間造就了現在的你我，
也是那些虛度的光陰和不明智的決定啟迪了我，
沒有過昨天的經歷，哪來今天的我。

我現在才懂，當時的我是一個必經的過程，
有了他，我才會是當前的我。
如果沒有過去，所有當下都不會存在，
因此，我目前身處的時間與空間都恰如其分，
這個時空的名字就是現在。

我遇過的每一個家長，都希望自己能倒轉時間，帶著現有知識再經歷一次育兒過程，這也是我的願望。若我能用覺醒的思維重新扶養瑪婭，一定能成為自己夢寐以求的理想家長。但現實是殘酷的，沒有人能讓時間逆轉，因為**我們當下的狀態，都是由過去的起伏、錯誤和盲點塑造而成**。沒有「過去」，哪來「現在」，一切事物都環環相扣。

每個人都有放不下的過去、想不通的事情，也難以改變自己的想法，讓往事隨風而去。這種執念會使我們無法活在當下，而偏偏活在當下又是育兒的關鍵要素之一。

人們對過去的執念會以三種形式呈現，分別是罪惡感、責怪與後悔，當我們進入這三種模式，就會陷入回憶的漩渦，反覆咀嚼那些陳年往事。人的大腦好像怎麼都忘不掉過去的事，導致我們執著於各式各樣的「當初真不應該」。

● **罪惡感**是針對**自己**的感受，臺詞是：「**我當初就不應該這樣做！**」
● **責怪**是針對**他人**的行為，臺詞是：「**你當初就不應該這樣做！**」
● **後悔**是針對**過去**的感受，臺詞是：「**這件事**當初就不應該發生！」

這三種模式會令我們陷入一種懸而未決的悲慘與羞恥狀態，並使我們內心波濤洶湧且不願接受現實，後悔自己當初為什麼不那樣做，或是想不通為什麼人生總是事與願違。當人全部的心思都被這些無謂想法占據時，自然就無法活在當下。而孩子不僅能察覺到父母這種狀態，也能感受到親子關係正逐漸失調。

接下來，讓我們深入探討這三種模式（罪惡感、責怪與後悔），看看它們是怎麼阻止我們與孩子享受當下的生活。

1. 罪惡感：人在自責並被罪惡感折磨時，通常都會露出一副悔不當初的模樣。然而，當人滿腦子都是罪惡感時，目光就會專注在表面上。

我們可能會告訴自己或被自己傷害的人，說我們「不該」做某件事，或是我們「應該」表現得更好才對。這種跳針的行為，會讓自己與旁人產生幻覺，誤以為我們已下定決心痛改前非，然而，當一個人的改變是發自內心時，他其實並不會否定自己的本質和行為。

不斷重複「我不該做什麼」，或是「我應該做什麼」，雖然也是一種必要的意識，但它只停留在表層的水平。這些文字創造出的不過是轉變的假象，若我們在此階段駐足不前，就會陷入停滯的循環。

我們該如何前進呢？只要明白**「當初應該」思維與自責，其實是源於隱性自戀情結**，就能擺脫這個狀態、往前邁進。也就是說，**我們認為當初的自己明明能展現出更高的情緒敏銳度，只是一時失手，但事實是我們根本不具備這種能力**。這就是我們做出一些不合時宜的行為後，總是會對自己說「我當初不應該這麼做」的原因。

只要我們對自身情緒與心理能力不抱有不切實際的幻想，就不會對自己說出這些話，而是會告訴自己：「我的行為確實就是出自我的本意，它反映出的是我內心的傷口，也代表我還沒治好心中的創傷，否認只會讓我無法接受自己的陰影。」看出來了嗎？罪惡感其實是一種隱形的自戀情結，它只會阻礙我們，讓我們無法修復自己的內心世界，找出這些無意識反應的根源。

當我們不再因自己過去對孩子做的事而產生罪惡感，就能接受自身的陰影能量，並大方承擔起當下行為的責任。此時的我們已不再沉溺於自己創造的罪惡感漩渦中，而是能分析手邊的資料，嘗試從內在轉變自己。

2. 責怪：在抗拒這件事上，責備和罪惡感是一樣的，只不過**責怪針對的對象是他人**。當我們堅信旁人（尤其是孩子）必須為我們的反應負責時，就不可能會探索自己的內心、審視自己的陰影，而是不斷關注事物的表象，並說出諸如「她要是沒講那句話，我當然不會吼她」，或是「他如果沒做那件事，我就不會發脾氣」之類的話。

這些想法和所有由罪惡感而引發的想法一樣，都是源於自認為優越的自戀情結，這種自戀情結會催眠我們：「我的反應之所以會這麼激烈，全都是因為其他人的行為太白目。」這種小伎倆是我們拒絕探索自己內心世界的藉口。

3. 後悔：後悔的臺詞是：「人生總是事與願違。」**從我們開始抗拒人生的那一刻起，就會堅信生活如果不是現在這個樣子，自己就不會是現在這個樣子。**

這三種反應（罪惡感、怪罪、後悔）都是障礙，會導致我們無法承認自己的情緒與心理實際現狀，以及隱藏在其中的陰影元素。只有在接受自身還未解決與尚未痊癒的部分後，我們才能接受自己過去蒙昧的行為，接著再以全新面貌與充滿活力的態度，和孩子一起活在當下。

我們犯的每一個錯，都是喚醒自己的警鐘

如果我們總是認為自己的內在體驗，是由其他人事物（即便這項事物是我們本身的不完美）造成，我們就永遠走不出去。事實上，人的體驗其實都是源於自己的心理狀態：我們的憤怒是源於內心的憤怒、我們的憎恨是源於內心的憎恨、我們的愛是源於內心的愛。

然而，當我們在句子中加上「因為」，並將責任歸咎給其他人事物時，就等於是轉移個人狀態應負的責任，並假設自己的反應是一種被觸發的行為，而不是因果的產物。

我們的反應是個人體驗的產物，而非外部情境的產物。接受這個事實，我們便能改變自己對

整體現實的看法。想彌補自己在育兒過程中犯的錯誤，家長就必須先承認自己確實傷害了孩子，但不要急著找原因，因為真正的原因只有一個，那就是父母心中尚未痊癒的傷口。傷口越多，我們造成的傷害就越多；傷口少，我們造成的傷害就少。孩子的言行確實會挑動並刺激父母的內在體驗，但他們絕對不是我們內在體驗的創造者。

早在孩子降臨到我們家前，我們的內心世界就已經成形。唯有正視這個事實，我們才能正視自己目前在育兒時丟出的垃圾；只有意識到罪惡感思維、怪罪思維、後悔思維會導致我們無法擺脫過去，我們才能轉換心境並聚焦當下。

擺脫這三種思維模式後，我們就會對當下的自己產生新看法，並接受現在的自己是由過去發生的事形塑而成。當我們能發自內心接受這個事實，就能開始欣賞過去那個蒙昧的自己，因為我們當前的意識都是從當時的蒙昧演變而來。

當然，每個人都希望過去的自己不是如此蒙昧無知，但你一定要記住，認為自己能一步登天的想法不僅過分天真，更是一種錯覺，因為我們完全忽略了自我的破壞力。與其希望當初的自己不要這麼蒙昧，不如讚美自我引發的各種災難，因為正是這些事件使我們意識到，自己必須打破負面模式，並啟動更新、更具覺醒意識的模式。

肯定自己尚未覺醒的那段時期，能使我們與過去和解，並從中學習到重要的人生課題，這樣一來，我們不但不會抗拒，反而還會感謝它們，讓我們看見了自我。我們可以用平靜的心情回顧那段時期，感受過去的心結都已被解開。

每個人對過去的理解都是不同的：

- 我曾對孩子大吼過，那次事件讓我徹底了解自我。
- 我曾因為太累而大哭，那次事件讓我徹底了解自我。
- 有次我做出了和媽媽一模一樣的行為，那次事件讓我徹底了解自我。
- 我曾指責我的孩子是「壞孩子」，那次事件讓我徹底了解自我。
- 我曾忽略過自己的孩子，那次事件讓我徹底了解自我。
- 有次，孩子說他們恨我，那次事件讓我徹底了解自我。
- 孩子考試不及格這件事，讓我徹底了解自我。
- 我曾覺得自己是個糟糕透頂的家長，那段經歷讓我徹底了解自我。

我們犯的每一個錯誤，都是喚醒自己的警鐘，如果不能大方承認自己的失敗，我們在面對鏡子時又怎能看見自己的傷口？我知道承認自己的錯誤很難，也有句俗話是這樣說的：「無知是福。」打破無知的屏障、面對真相猶如一根尖刺，會帶給人痛苦，但這種痛苦是必然的，因為覺醒的過程本來就會令人感到刺痛。試想，溫柔的敲擊有辦法打破自我的堅硬外殼嗎？

直視自我的真實樣貌，是覺醒過程中必經且令人坐立難安的環節，只有了解自我的真相後，我們才有可能徹底轉變。也就是說，面對自我與轉型密不可分。

正因如此，唯一值得我們考慮的時刻就是當下，過去發生的事情已是歷史，它們唯一的作用就是把我們帶往當下，僅此而已。

你腦中的所有智慧，都是由那些最黑暗的時刻孕育而來，而不是在某個沒來由的瞬間突然進

入你的意識。人生智慧是經年累月的沉澱，而越黑暗的過去，往往能催生出越大的智慧。

以我為例，我很清楚自己現在擁有的智慧，大多是從痛苦中淬煉而來。如果想不經歷痛苦與掙扎就獲得智慧，這個人不是太天真，就是有妄想症。

智慧與掙扎是一體兩面，舉例來說，酒鬼必須先經歷痛苦的戒斷過程，並打破酗酒的模式（期間的折磨絕非一般人能想像）後，才能洗心革面，獲得智慧並過上清醒的人生。這個人可能會因自己曾經讓身邊的人感到痛苦而悔不當初，這些感受都很正常，但任由自己沉溺在這種感受中絕非明智之舉，因為現在的這個人和當初那個酒鬼已不是同一個人，那個嗜酒如命的人早已不復存在。

在進化的過程中，舊的自己會漸漸死去，而覺醒的自己會緩緩誕生。當我們懷抱著新的意識、審視過去的自己時，很有可能會掉進陷阱，以為正在回首過往的你和當時的自己是同一個人，但事實並非如此，因為過去那個我已經不存在了。

如果我們想用全新面貌投入現在的生活，就一定要明白這個道理，否則就會溺死在由過去失敗經歷引發的罪惡感與羞恥感之中。

你可以這樣安慰自己：「是過去的我造就了今天的我，我不能否認自己的過去，它讓我成為現在的自己，所以我必須用堅定的態度面對過去。我會將曾經面臨過的掙扎化為同情心，同情他人與自己；我會將過去的痛苦化成喜悅，為他人與自己喜悅；我不會再為自己的過去後悔，而是全然接納自己現在的樣貌。」

覺醒不是終點站，而是過程

我總是會提醒自己和客戶，當下才是最重要的，我們可以在這一刻重寫和自己有關的敘事，並重新開始，這一刻就是現在，是一個新的時間點，我們可以用嶄新的狀態再次出發。過去已經過去，即便它還存在於我們的記憶之中，也早已被時間汙染，變得模糊不清。

沒有人能精準無誤回憶起曾經發生的某件事，所以對過去念念不忘其實沒有任何意義。過去只在一個時候會有意義，那就是討論它對現在的影響之時。所以，我們該問自己的問題是：**我的過去能對現在產生什麼正面的影響嗎？**如果答案是肯定的，我們就必須大聲對外宣告自己活在當下，唯有如此，過去才能對現在產生正面影響。我們必須登高一呼，告訴所有人：「我活在當下，我已經準備好要重新開始了。」

同理，我們對未來的煩惱也會影響自身狀態，**所有的「如果」都會使我們無法接受當下正在發生的「現狀」**。所以說，把自己的思緒從過去和未來導回至現在，才是最重要的。

如果我們能將一切都投入到現在，並認真活在當下，就能完成許多了不起的事。無論你的孩子是已經成年且離開家庭，或是還在襁褓中嗷嗷待哺，重新開始永遠都不嫌晚，你永遠都可以向他們展現你的愛，或是和他們說聲對不起。

除此之外，在當下和孩子建立連結也沒有時間限制。只要我們願意轉換觀點，就會發現當下其實充滿各種可能性與機會，我們可以隨時扭轉自己的人生，根本不必等到完美的時機到來。我們要做的，就是一次向前邁出一小步，而這條向前的軌跡，就是當下發展成明天的路線。

當罪惡感、怪罪或後悔的聲音浮上檯面，請務必記得以同情心善待自己，學會放下旁人對過去的你所做的評判，並溫柔引導自己成為當下的自己。請用寬容的眼睛看待自己，因為你也是環境的受害者，當初的你會那樣做，完全受限於當時擁有的知識。

你可以這樣安慰自己：「如果我當時手上如果握有正確的工具，就絕對能成為一個覺醒度更高的人。」這種想法可以讓你給自己多一點愛與寬容。

以這種態度對待生活，你就會發現自己過去因蒙昧無知所犯下的錯誤不是地雷，而是金礦，並將自我精煉成珍貴的元素，將錯誤打磨成美麗的珠寶。

無論你和孩子的年紀多大，都可以在當下踏上全新的道路，過去發生的事情將永遠在過去，這就是我們可以重新開始的原因。當父母用全新面貌和孩子一起活在當下，就能治療並轉變內心的創傷。

別忘了，**覺醒不是終點站，而是過程**，沿途一定會有許多崎嶇與轉折。你在路上碰到的曲折越多，覺醒與轉變的潛力也就越大，若我們只是因為自己的人生道路較為蜿蜒，就對它做出負面評斷，無疑是貶低了這些轉折的價值。其實，**我們應該讚美這些彎路，因為是它們造就了現在的我們，讓我們成為更有智慧、更具同情心，內心傷口癒合狀況更好的人類**。

想進入覺醒狀態，我們就必須先經歷過長時間的蒙昧狀態，這是進化的過程。沒有人可以既不經歷痛苦也不付出努力，就進入覺醒狀態，就連佛陀當年也是在菩提樹下靜坐並講道數年後，才悟得真正的道。即便是佛陀，也要經歷一番寒徹骨後才能獲得智慧，無中不能生有，這世上的一切都其來有自。

人的智慧也是這樣，它來自我們的蒙昧狀態。想屏除世間一切的蒙昧，就好像是希望太陽不再散發熱量、海面不再有浪潮。世間的萬事萬物都是相輔相成，無法劃分得清清楚楚，這就是一即是全（all is one）的道理。

活在當下是所有父母的必修課，當我們一而再、再而三的重新開始，就能放下過去，坦然接受眼前的人事物。

孩子不需要你的罪惡感、責怪和後悔，他們只需要你當個願意主動改變親子關係的人。**你的孩子需要最真實的你、活在當下的你、平凡的你、會犯錯的你、忠於自己的你**。

與其說孩子需要「家長」，不如說他們需要一個願意治療自己內心創傷的人，當你將自己靠改變得來的覺醒當成禮物送給孩子，你會發現自己交到他們手上的，其實是這世上最珍貴的寶藏：一個人療癒自己的過程。這世上沒有任何玩具能和這項贈禮媲美，它可以打開鎖住孩子靈魂的牢籠，讓他們振翅翱翔。

真正的問題，是我們的抗拒心態

活在當下不是一種練習，而是生活方式，且是最高效的生活方式。一個人若不能活在當下，便會陷入往事的漩渦，惶惶不可終日。當我想訓練自己專注在當下的能力時，我會設定手機鬧鐘，讓它每小時響一次，提醒自己「進入當下的時空」。設鬧鐘的目的是要刺激我注意眼前正在發生的事物，並將我的思緒從其他地方拉回來。

鬧鐘練習徹底改變了我的處事方式，尤其是在被孩子觸發的當下。每當我被孩子觸發時，我都可以問自己：「當下發生的哪件事情令我感到焦慮？」

很多時候，我的回答都是：「沒有。」

你也可以試著問自己：「為什麼現在我會這麼焦慮？」大多數時候，你會發現當下其實沒什麼焦慮的理由。你知道為什麼嗎？原因就是我們認為的「壞事」早就已經發生了，或是我們幻想了太多根本還沒發生的事。

只要我們還活著，每個當下就都會維持它本該呈現的樣子，真正有問題的是我們對事物現狀的抗拒心態。當孩子考試成績不好，我們就會開始抗拒這個已發生的事實，或是幻想自己與孩子的未來將淪落到萬劫不復的境地。但事實是，當下根本沒有發生任何事情。

「這件事真的有這麼糟糕嗎？」這個問題可以讓我們發現，很多事情其實根本沒那麼糟糕。只要我們明白，雖然當下會向你拋出一些挑戰，但你總能與它和平共處，如此一來，就能進入感恩與全然接受的狀態，而當感恩與全然接受兩者合而為一，就能創造祥和與喜悅。試著回答這個問題，相信你很快就會感受到當下的魔力。

20 如果另一半不願意配合改變？

你感覺如何？
蛻去舊的皮囊後，你感覺如何？
摘下自我的面具後，你感覺如何？
打破負面的模式後，你感覺如何？
馴服自我後，你感覺如何？
我想你一定感到有點奇怪、有點陌生，
有點孤獨，又有點怪異，
因為你突然換上了一副新的意識、腦袋和心靈。
這種喜悅絕非筆墨能夠形容，
畢竟，內心的解放是種無法描述的感受，
只有走過這段路途的人方知個中滋味，例如你。

終於到了育兒地圖的最後一站，在此我們不妨停下腳步，好好品味一下這關鍵的里程碑（兼門檻）。你內心有什麼感覺呢？是否覺得自己已經改頭換面了呢？如果你的答案是肯定的，請欣然接受這個全新的自己！

覺醒不是個舒服的過程，我們必須張開自己的眼睛，用新的視角看待自己和孩子。對那些已經沉睡了幾十年的人來說，覺醒的難度只會倍增，一個人沉睡時間越長，覺醒的過程就越難受。在覺醒前，你腦中的某些觀念早已根深柢固，但現在你必須挑戰自己的每個想法、看法與觀點。我希望你能像初次見面那樣，看見人事物的真實樣貌，雖然這個過程會令你感到困惑不已，卻是我發自內心的期盼。

身為一名母親，我的覺醒時刻是當我驚覺現代育兒建立在自我之上的瞬間，這個領悟令我久久不能自已，因為我一直以為育兒是出於無私的愛。確實，**育兒這件事本身是無私的，但我們的育兒方式很多時候都是自私**，意識到這一點後，我的世界徹底改變了。

自那一刻開始，育兒的遮羞布就這樣消失了。我不僅看見自己的自我，還看見身邊每一個家長的自我。我好想登高一呼，對所有人吶喊：「你難道看不到你的自我嗎？我看到了，我的自我是這樣的！而你的自我是那樣的！」然而，根本沒有人關心我說了什麼，我覺得自己只是在和空氣對話。

後來，我經歷了一段迷惘期，在這段期間內，我就像一個帶著全新意識的遊魂，用著和過去截然不同的視

角，觀察每一個我認識的人（包括我自己）。我是誰？這個我以為我曾認識的人又是誰？在我眼中，所有人事物都變得和從前不一樣了，無論我的目光投向何處，我能看見的都只有自我。那段期間帶給我的體驗確實有點詭異。

我把育兒旅程的這一站稱為「真空地帶」，走進這個區域時，你會覺得自己就像死了一樣。事實也的確是這樣，在某種程度上，我們的自我會在這一階段死去。在真空地帶，所有的人事物都會變得和過去截然不同，而我們則像是移居到另一個星球的外星人。

但覺醒的旅程還是要繼續，而我們也會將這套意識應用在身邊所有人事物身上。除了看見自己與他人的自我之外，你還會看見機構與程序的自我，包括學校、政治與商業等。

我在看見自我的同時，也看見了痛苦，這種經歷著實令我感到困惑。因為從一方面來說，自我毫不遮掩的惡行令我作噁；但從另一方面來看，潛藏在自我之下的痛苦，又令我心碎不已。在放下對自我的憤怒和厭惡後，我終於可以把目光聚焦在面具底下的傷疤，從這一刻開始，我悲天憫人的同情心開始急速增長，也迫不及待想用行動幫助身邊的人。這就是我研究覺醒育兒並撰寫相關書籍的原因，我現在最大的熱忱，就是幫助眾人覺醒，揭開障蔽他們視線的蒙昧面紗。

如果你也和我有同樣的感覺，請記住你不是特例。**你可能會覺得，這趟覺醒之旅使你陷入孤立無援的境地，但這條路上還有其他旅人，你要做的就是找到他們**。每當你脫下一張自我面具，就會朝著懷抱相同意識的人更前進一步，並遠離缺乏這種意識的人。

如果另一半不願覺醒育兒，怎麼辦？

在覺醒的旅途中，會有一些人將你的成長視為背叛，認為你拋棄了他們、將他們甩在身後。確實，當一個人的進化步調快過旁人，自然就必須面對他們的怒火，這種現象並不罕見。如果你也面臨相同的問題，請不要把這件事當成自己必須停止進化的跡象，而是要繼續朝前方邁進，因為你的新族人正在那裡等你。你要做的，就是縮短自己與他們的距離。

覺醒育兒是一條孤獨的道路，因為我們身邊大多數人經歷的都是傳統的、行為主義的育兒模式（包含的元素有憤怒、責備、羞辱與罪惡感），而你主張的新育兒方式自然會引來眾人的鄙視和貶低。這些回應可能會讓你灰心喪志，甚至心生怯意，你也許會懷疑自己，並迫於壓力用更「嚴厲」的態度對待孩子。

但我希望你堅定自己的立場，並牢牢記住一件事，那就是控制和恐懼源於陳舊的育兒模式。在你耳邊鼓吹傳統育兒方式的人不是真的壞人，也不是要向你施壓，他們只是被主流文化制約，所以腦中只有這套育兒法。

我們要做好被排斥的心理準備，更要抱著同情心、同理心理解他人的行為。覺醒育兒確實有可能嚇到一些人，他們之所以不願接觸這種陌生的育兒法，是因為他們的父母從來都沒有這樣對待過他們。當他們看見你對待孩子的方式，可能會想起自己的父母從沒這樣溫柔的對待自己過。

無論他們的動機是什麼，你都要明白，**他們的抗拒並不是針對你這個人。也就是說，他們攻擊的不是你，而是在攻擊自身的恐懼**，因為他們害怕這種全新育兒法帶給他們的感受。

面對這些抗拒，你不必做出過激的回應，而是可以這樣回答對方：「我能理解你為什麼會這樣說。你可以不同意我的育兒方式，但我可以告訴你，我會堅持這套方法。我不需要把父母養育我們的那套方法，複製在自己的孩子身上，那套育兒方式是建立在恐懼和控制之上。而我要用全新的方式扶養自己的孩子，你可以選擇同意，也可以選擇不同意，而我的選擇是堅持到底。」

此外，也有很多家長會問：「萬一我的另一半，或和我共同扶養孩子的家長，不認同覺醒育兒該怎麼辦？」

關於這點，我的回答一直都沒變過：「**實踐覺醒育兒只需一名家長即可**，但如果另一位（或其他）家長也願意參與的話更好，但基本上只要一名家長就可以啟動改變的流程。總而言之，你必須擔任孩子的覺醒家長，因為家中至少要有一個人是覺醒的。」

很多家長都不敢反對自己的配偶，因為這種行為好像是在背叛婚姻關係。針對這個問題，我一貫的回答如下：「**在討論育兒時，請將孩子的福祉置於婚姻的需求之上**。你必須用覺醒度最高的方式養育孩子，而不是用能讓配偶開心的方式養育孩子。」

許多家長無法接受這個觀念，尤其是母親，我可以理解她們的想法。女性從小就被教育將來要當個懂事的妻子，必須透過扮演服從及柔順的太太來獲得認同感，而要求女性違背這些特質並反抗配偶，則會加重我們的情緒負擔。女性會因為恐懼而不敢違反常態，但如果是為了孩子，我們就必須走出舒適圈，並打破原有的模式，成為孩子的後盾。

我們還經常誤信一個不正確的說法：家長必須口徑一致。針對這種說法，我的回答是：「所謂的口徑一致，只不過是偽裝和假象。**如果另一半尚未覺醒，我們根本不需要和他們口徑一致，**

這樣只會讓兩人永遠陷入蒙昧的狀態。」

當家長的育兒理念不同時，勢必會引發各種衝突，缺乏共同目標只會令育兒的難度倍增。但這不代表我們必須為了統一陣線，而委屈自己迎合尚未覺醒的一方。這種合作行為和進化一點關係都沒有，而是一種不健康的糾纏，對孩子沒有益處。反之，當孩子親眼看見自己的父親／母親挺身而出捍衛正確的價值觀，對抗另一位家長的不平等對待，而不是站在同一陣線虐待自己時，他們就能進化成一個優秀的人。

當然，家長的分歧確實會讓孩子感到焦慮與困惑，但這只是暫時的，時間久了，他們就會懂得如何對虐待和蒙昧的行為說不，而不是默默承受。

有些家長起初完全不願接受覺醒育兒，但隨著時間推移，他們會開始使用自己認為有效的相關技巧。只要他們願意嘗試，親子關係就一定會改善，家人間的互動方式也會徹底改變，而原本不願接受覺醒育兒的家長，也有可能慢慢改變自己的育兒方式。你可能會在餐桌上，或是在載孩子上學的途中，發現另一半的改變。

你對進化的渴望，是否大於維持現狀？

每一位家長都渴望與孩子建立親密的紐帶，最初拒絕探索內心世界的家長，可能會在某天突然養成定期內省的習慣。所有人都有自己的節奏，也會在做好心理準備後開始改變，若你已經做好準備接受覺醒育兒，就不要受限於另一位家長的狀態，請義無反顧的踏上這段旅程吧。

這條邁向進化與覺醒成長的道路，一開始都是孤獨的，會讓你產生與世隔絕的感受，因為你將漸漸離那些和你理念不合的人越來越遠，而你也很有可能因此感到絕望和恐懼。或許你會有否認一切的衝動，也找不到事物的價值，甚至認為什麼都不管才是最好的做法。如果你有這種想法，那我必須提醒你，這只是你自我的聲音，它最大的願望就是看到你停止進化。

當人處於成長與改變的階段時，我們會不斷傾聽自己本質的聲音，這種行為不只會威脅到你身邊的人，也會威脅到你的自我。**你的自我會使出各種操弄伎倆，讓你停止成長，因為當你越是成長，就越不需要它。**

你的自我可能會說你是個背叛者，因為你把舊的觀念系統通通拋諸腦後；或是嘗試說服你覺醒跟成長都是屁話，要你趕緊停下腳步；或者是告訴你喜法莉博士是邪教領袖，她想把錯誤的觀念灌輸到你的腦中；又或者是勸你趕緊躺平耍廢，因為你的所有行為都毫無意義。

我聽過太多女性客戶對我說：「我先生超討厭妳，他叫我不要再播放妳的影片了。」或是「我媽覺得我被妳催眠洗腦了。」這些評語總能把我逗得樂不可支。我能理解這些人為什麼會這樣說，也很清楚他們內心的恐懼，因為他們發現自己已經被請下神壇，失去了以暴君身分控制家庭成員的權力。

你可能會被他們嚇到，而你的自我也會在一旁搧風點火，警告你如果再不收手他們就會拋棄你。你的自我只有一個目的，就是讓你再次進入蒙昧的狀態，這樣它就可以繼續在你的精神世界中安住。

我的自我至今都還沒放棄，它還是不斷提醒我，說我是個惡劣的女人（因為我離過婚）、不要臉的女人（因為我事業有成）、自私的人（因為我按照自己想要的方式生活）。有好幾次，我的自我成功將我拉進負面的深淵，幸好我透過打坐冥想意識到這些不過是自我的把戲，我完全可以置之不理。

如果你腦中也曾萌生過我剛剛提到的想法，請務必認清這些想法是來自你的自我。你可以用溫柔的口吻對自我說：「親愛的自我，請你安靜的滾到一邊，你在我的人生中扮演過相當重要的角色，但我現在已不再需要你了。你不用再保護我了，因為我已經治好內心那個孩子的創傷。我心中的小孩已經長大了，它可以保護自己，而我也找回那個完整又健康的自己。我現在以愛之名正式開除你，請把你所有的面具放在門口旁，我待會就要把它們全部燒掉。」

摘下自我的面具確實很可怕，相信我，我是過來人，我在《綻放如妳》中用了大量篇幅，詳細描述摘下自我面具的各個細節。對我個人而言，放下平事人與救世主的面具是最難的，因為這兩個角色對我這個四十四歲的女性來說，是神聖不可侵犯的，但最後我還是徹底擺脫了這兩張面具，並將它們撕成碎片。做完這件事情之後，我內心感到異常恐懼，但我也得到了無與倫比的解放感。

試著回答以下的問題：你覺得你親手燒掉的最後一張自我面具會是什麼？你最難放下的那張面具是什麼？你為什麼會害怕摘下這張面具？

我們之所以會抗拒踏上改變的旅程，主要是因為我們害怕蛻變後的自己將不再被愛，也不再受人肯定。確實，很多人都會在改變的道路上半途而廢。但你也會在過程中與轉變後，結識許多和你思想相近的人。

我總是會提醒我的客戶：「**你對進化的渴望，一定要大於你對維持現狀的渴望**，當你更渴望進化，就會開始相信未知的事物並選擇全然接受，且無法再接受維持現狀這個選項。只有到了那個時候，你才會心甘情願忍受拋下過去與迎接新生的痛苦。」

請回答這個問題：「你對進化的渴望，是否大於對維持現狀的渴望？」如果你的答案是肯定的，那就代表你已做好上路的準備了。我希望你一次踏出一小步就好，不要太急，穩紮穩打最重要。在進化的過程中，請時時保持你與內在認知聲音的連結，並按照它的指示前往下一個點。跟著這個聲音，大膽的向前走吧！

感謝自我所做的一切，並送它離開

你現在的任務就是揮別過去，迎接新的自己。到了這個階段，我通常會請客戶準備兩個籃子，一個是「擺脫」，另一個是「接受」。他們每週都要將自己擺脫的面具丟到第一個籃子中，並將自己新學到的處事方法放進第二個籃子內。接著，我會請客戶過幾週後，檢查兩個籃子中所有的東西。你可以和朋友一起進行這項練習，幫助彼此實踐放手與全然接受。

我覺得**寫信也是一種很有效的練習，特別是寫信給自我**。你可以在信中**感謝自我為了保護你所做的一切，並告訴它你已有所成長，並決定放手送它離開**。除了自我，寫信給嶄新的自己也是一種能治癒人心的練習。

你正在創造一個全新的自己，完成這項任務需要勇氣和智慧，我覺得能走到這一步的人都值得讚美。你的旅程才正要開始，你的速度也將從徐徐前行變成奔跑，很快就能振翅高飛。當你乘著風在空中自由翱翔時，就能用俯視的角度審視自己的人生，此時整個世界都在你的腳下，而你也會牢牢記住它的樣貌。

高處的空氣是如此清新迷人，只要體驗過一次就再也忘不了，你絕不能再回到過去的狀態，重拾那個你早已拋棄的自己。你和最初踏上這段旅程的自己已判若兩人，請放下舊的你，徹底接受新的自己。你的孩子早已做好與你合而為一的準備，他們其實一直都在等你回家，等你找到真正的自己。

歡迎你來到這個嶄新的世界。

你是背負世代負面循環的最後一人

覺醒育兒的重點不是只有養兒育女，它的另一個目的是要喚醒我們心中的人性。當我們發自內心理解覺醒育兒的原則，就會發現它除了能治好自己內心的傷口之外，還能處理他人的心理創傷。這就是覺醒育兒神奇的修復能力，它可以將創傷心理化為健全的心理。

有許多家庭出面證實，覺醒育兒的確具備改變人生的魔力，而覺醒育兒也正在慢慢成為當前主流的育兒模型，你亦有幸成為這股席捲全球的家長覺醒潮流的一分子。當你接受覺醒育兒的教誨，就代表世上又多了一名覺醒家長與受惠的孩子，也算是將這套育兒法推廣至全世界盡了一分力，而你現在的身分則是覺醒育兒法的推廣大使兼功效見證人。

成為覺醒家長的那一刻起，你就成了父母轉型的推廣者與實踐者。在你的眼中，世上所有孩子都是你的孩子，世上所有家長的自我都是你的自我。也就是說，你認為自己與他人是一體的，你與旁人的關係是互相連結且互相依存的。當你能夠用這種視角看待所有人事物，就等於是在向身邊所有的人展現覺醒的意識（包括孩子），而這就是覺醒育兒的力量，一種能夠解決世間所有難題的解藥。

本書的知識可以用來解決你在生活中碰到的所有難題。覺醒育兒的原則放諸四海皆準，所以你可以大膽的將它們應用在生活的各個方面。我希望你經常重溫本書的內容，因為書中的價值觀需要一些時間才能深入人心，唯有如此，我們才能破除世代相傳的制約模式。

實踐覺醒育兒，破除在家族中陰魂不散的負面模式、終止一切蒙昧的行為、畫上童年創傷的休止符。**讓自己成為背負世代自我遺產的最後一個工具人、讓自己成為扛起家族羞恥感最後一頭替罪羊**。你將進入一個新的境界，在那個地方，你可以放下所有的羞恥感和痛苦，因為你從一開始就沒必要承擔這些苦難。最後，你將跨過獲得覺醒意識的那條臨界線，並寫下一段新的敘事。

這些事情聽起來相當離經叛道，但只要你追隨覺醒意識，就絕對不可能走偏。每當你走到選擇的分岔路前，都問自己：「覺醒意識要我怎麼做？」只要跟著它的聲音走，你就不會迷路。所有與恐懼和匱乏有關的聲音，都來自於你的自我，你要用心分辨它們的不同。

你的人生篇章走到這裡，現在是一片嶄新的空白，所有舊內容都已被抹去，它正等著你提筆寫下最動人的現實文字：你真實的樣貌。展現全新自己的時刻到了，你已經做好準備重新開始了，現在就付諸行動吧。

寫在最後，給你的一封信

親愛的家長，這是趟精彩的旅程。
你讓眾人看見自己內心深處的面向，
你勇敢面對那些令自己咋舌的心態，
你堅持讀完這些將你敲碎、刺穿、撕裂的文字，
沒有因此而卻步，對吧？
你一路讀到了最後一頁，
也抵達了昨日種種昨日死的分界線，
準備迎接今日新生的自己。
你將踏出你之前未曾踏出過的步伐，
說出之前從沒說過的語言，
你會失足，也會摔斷幾根骨頭，
你會失去幾個朋友，也會被人拿石頭砸，
你選擇的道路，最終會將你帶往懸崖，
你可以在這裡回頭審視來時走過的路，

再回頭看看遠處的天空，
最後帶著一抹微笑，往前再踏一步，
前往遠方未知、狂野的地平線。
你的孩子會在遠處看著你起飛，
他們會放聲歡呼，因為他們知道你的自由，
已經成為他們命運的一部分。
你的目標已經實現了，
因為你已經履行了人生最神聖的義務，
讓孩子體驗自己的人生，
讓自己成為捍衛他們本質的保護者，
你現階段的任務已經完成，
唯一要做的，就是繼續朝著綻放的方向邁進。

致謝

瑪婭，我的繆思女神，我之所以會寫這麼多本關於育兒的書籍都是為了她。撫養瑪婭是一段艱辛的體驗，而我也在過程中走完了這趟從自我到真我的旅途。如果她的個性不是如此大膽，又這麼勇於做自己，我絕對不會獲得今日的育兒智慧。

吉迪恩．威爾（Gideon Weil）是我在哈潑柯林斯（HarperCollins）出版社的編輯，也是我的摯友，在本書寫作期間，他一直擔任我的指路明燈。他認為這本書完全符合市場需求，並願意放手給我創作的自由。我和吉迪恩對覺醒育兒與生活，都懷抱著相同的熱忱，所以說我倆是天作之合也不為過。

弗金．佩特爾（Ferzin Patel）和提娜．達魯瓦拉（Tina Daroowalla）是我志同道合的夥伴，她們從開始到最後都陪伴在我身邊。弗金和提娜是我最棒的啦啦隊，在我懷疑自己時，她們就會出現、消除我的疑慮，感謝她們願意陪我走到終點。

喬．海曼（Jon Hyman）是我認識最優秀的人（兼家長），他讓我學會了生命的真諦，也帶我認識人類的文化、社會、政治框架，並教我解構這些框架的方法，稱他是祖師爺也不為過。我無法用文字表達我對他的感謝，因為他不僅用自己的思想與存在，將我提升到更高的層次，還將它們融入我傳授給你們的每一種智慧之中。

國家圖書館出版品預行編目（CIP）資料

覺醒父母的育兒地圖：父母給子女的最棒禮物，不是無私的愛，而是「劃清界線」，讓他不論幾歲，都能獨立思考、勇敢逐夢。／喜法莉・薩貝瑞（Dr. Shefali Tsabary）著；朱家鴻譯. -- 初版. -- 臺北市：任性出版有限公司，2024.08
400 面；17×23 公分. --（issue；68）
譯自：The Parenting Map: Step-by-Step Solutions to Consciously Create the Ultimate Parent-Child Relationship
ISBN 978-626-7182-96-3（平裝）

1. CST：親職教育　2. CST：育兒　3. CST：親子關係

528.2　113007260

issue 68

覺醒父母的育兒地圖

父母給子女的最棒禮物，不是無私的愛，而是「劃清界線」，
讓他不論幾歲，都能獨立思考、勇敢逐夢。

作　　者／喜法莉．薩貝瑞（Dr. Shefali Tsabary）
譯　　者／朱家鴻
責任編輯／連珮祺
副 主 編／馬祥芬
副總編輯／顏惠君
總 編 輯／吳依瑋
發 行 人／徐仲秋
會 計 部｜主辦會計／許鳳雪、助理／李秀娟
版 權 部｜經理／郝麗珍、主任／劉宗德
行銷業務部｜業務經理／留婉茹、行銷經理／徐千晴、專員／馬絮盈、助理／連玉、林祐豐
行銷、業務與網路書店總監／林裕安
總 經 理／陳絜吾

出 版 者／任性出版有限公司
營運統籌／大是文化有限公司
臺北市 100 衡陽路 7 號 8 樓
編輯部電話：（02）23757911
購書相關諮詢請洽：（02）23757911 分機 122
24 小時讀者服務傳真：（02）23756999
讀者服務 E-mail：dscsms28@gmail.com
郵政劃撥帳號：19983366　戶名：大是文化有限公司

法律顧問／永然聯合法律事務所
香港發行／豐達出版發行有限公司 Rich Publishing & Distribution Ltd
地址：香港柴灣永泰道 70 號柴灣工業城第 2 期 1805 室
Unit 1805, Ph.2, Chai Wan Ind City, 70 Wing Tai Rd, Chai Wan, Hong Kong
電話：21726513　傳真：21724355
E-mail：cary@subseasy.com.hk

封面設計／初雨有限公司、林雯瑛　內頁排版／王信中
印　　刷／鴻霖印刷傳媒股份有限公司

出版日期／ 2024 年 8 月　初版
定　　價／新臺幣 520 元（缺頁或裝訂錯誤的書，請寄回更換）
I S B N ／ 978-626-7182-96-3
電子書 ISBN ／ 9786267182949（PDF）
9786267182956（EPUB）